Western
Philosophy
Class

傅佩荣的
西方哲学课

全3卷

I

古代 + 中世纪

傅佩荣 / 著

人民东方出版传媒
People's Oriental Publishing & Media
东方出版社
The Oriental Press

图书在版编目（CIP）数据

傅佩荣的西方哲学课 / 傅佩荣 著 . —北京：东方出版社，2023.8
ISBN 978-7-5207-3389-2

Ⅰ . ①傅… Ⅱ . ①傅… Ⅲ . ①西方哲学—通俗读物 Ⅳ . ① B5-49

中国国家版本馆 CIP 数据核字（2023）第 054443 号

傅佩荣的西方哲学课

（FU PEIRONG DE XIFANG ZHEXUEKE）

作　　者：	傅佩荣
责任编辑：	王夕月
特约编辑：	王　喆
出　　版：	东方出版社
发　　行：	人民东方出版传媒有限公司
地　　址：	北京市东城区朝阳门内大街 166 号
邮　　编：	100010
印　　刷：	三河市中晟雅豪印务有限公司
版　　次：	2023 年 8 月第 1 版
印　　次：	2023 年 8 月第 1 次印刷
开　　本：	710 毫米 ×1000 毫米　1/16
印　　张：	107
字　　数：	1300 千字
书　　号：	ISBN 978-7-5207-3389-2
定　　价：	399.00 元
发行电话：	（010）85924663　85924644　85924641

目　录

Part 1　哲学源自惊奇

Part 2 哲学双重系统

Part 3   努力安顿自我

Part 4　协调人神关系

半世纪的心愿，
跨越 2600 年的哲学普及作品

依我所见，介绍西方哲学的书，总会在一开头就说明：从古希腊开始，哲学的原意是"爱好智慧"。"爱好智慧"是个既动听又美妙的语词，谁会不喜欢呢？但是，鼓起勇气继续往下读，就可能是另一回事了。

（一）如何消除隔阂？

以西方的哲学普及作品《苏菲的世界》为例，它译为中文之后，广受欢迎，但是有多少人把它读完，并且因之获益？很多人告诉我，这本书最难懂的地方，是引述哲学家原著的部分。这些部分在排版时都会低两格，念起来不太通顺，勉强念完也不知所云，所以后来就直接跳过去了。

问题出在何处？出在翻译上。这方面我有一些经验。我年轻时得以跨过西方哲学的门槛，主要是靠翻译的训练。我译过的书不只十本，字数也超过 200 万字，所以很清楚翻译哲学书时的困惑：遇到难题要如何取舍？要直译还是意译？需要补充说明这段文字的背景吗？又要说明到什么程度呢？这些问题没有标准的解决方案。由此形成一个相当普遍的现象，就是：翻译的书读起来，"凡是看得懂的，都不太重要；凡是重要的，都看不太懂。"既然如此，又怎能借助这些哲人，而领悟爱好智慧的乐趣呢？

能在年轻时就觉察自己的使命，实在是一大幸运。我 18 岁考上辅仁大学哲学系，主要学习西方哲学。大三暑假时，译成《上帝·密契·人本》，这是美国大学哲学系《宗教哲学》一课的历代著作选读教材。28 岁开始在台湾大学哲学系担任讲师，第一门课是《当代西方哲学》。为了备课，我译成戴孚高（Bernard Delfgaauw）的《二十世纪的哲学》，其中扼要介绍了十七派学说。这段期间也着手翻译科普勒斯顿（F. Copleston）的《哲学史卷一·希腊与罗马》，由此打下西方哲学史的基础。30 岁赴美国耶鲁大学念书，主修宗教哲学，四年学成回台之后，译成指导教授杜普雷（Louis Dupré）的《人的宗教向度》。在台大哲学系教书的前 30 年，我主要讲授形而上学、宗教哲学、西方哲学史（上），以及哲学与人生。在教学相长的过程中，我学会了如何表达深奥的思想，如何把一个观念的演变与涵义说清楚。

（二）撰写哲普作品

逐渐的，我觉察自己的使命在于从事"哲学普及"的工作：要以讲课与写作的方式，把西方哲学家在爱智过程中所领悟的心得，向中文世界的阅听者清楚表述。哲学之所以有益于人生，不在于它的玄妙抽象，而在于它的三点特色，就是：澄清概念、设定判准、建构系统。这三点代表人类理性运作的极致表现。首先，理性一开始活动，就要思考与说话，此时概念若未能澄清，困惑与误会难免层出不穷，甚至会纠缠大半辈子。其次，我们每天在做各种判断，谈论有关真假、是非、善恶、美丑等，但是请问这些判断的标准是什么？是谁所设定的？为什么这样设定？然后，思想若是缺乏原则，将无法建立自己的宇宙观、人生观、价值观，进而整合这三观为一个系统。换言之，建构系统就是要形成"二加一"的格局。所谓"二加一"，就是把"自然界"与"人类"这两个有形可见的领域，统摄于一个"超越界"，以之作为前两者的来源与归宿。西方第一流的哲学家，都在努力以他们各自的方式，建构这样的系统。

因此，关于西方哲学，我长期以来所讲的与所写的，可以划归为"哲普作品"。这一类作品也有是否称职的问题，我于是再退一步，提醒自己要"照着讲"，而不是"接着讲"。所谓"照着讲"，就是努力根据每一位哲学家的观点，做同情的理解，设法分辨"他说了什么？他为何这么说？"然后加上"他的说法可以给人什么启发"。

在"照着讲"这一点上，我要深深感谢科普勒斯顿的帮助。他的《哲学史》（其内容自然是就西方而言）共有九卷，我自己译了第一卷，然后第二卷到第七卷的译文，由我负责校订。我校订得很仔细，并为每一卷写了导读，由此对于西方哲学 2600 年的发展有了全面而深入的认识。

与此同时，我在求学过程中，曾特别用心于柏拉图、托马斯·阿奎那、斯宾诺莎、怀特海、卡西勒、德日进、雅斯贝尔斯、马塞尔、加缪、埃利奥特、列维 - 斯特劳斯等人的思想与著作。比一般教授幸运的是，我长期在民间的教育机构（主要是洪建全基金会）为社会人士讲解西方哲学，最长的一个系列是 72 讲，等于把整部哲学史的代表人物梳理了一遍，并且探索他们对现代人生的启发。

（三）本书随缘而成

2016 年初，我从台大哲学系退休，所有的书必须从研究室搬出。当时我想的是，自己最近几十年来已经在全力钻研中国哲学（儒家、道家与《易经》），开始可以"接着讲"了，往后没有太多力气再谈西方哲学。既然如此，我忍痛把几百本西方哲学方面的书，分送给朋友与学生，只留下一部分难以割舍的。世事难料，想不到我还有机会总结自己"悬命半生"的西方哲学。2018年春，因缘巧合，"得到"知识平台约请我讲课，标题是《傅佩荣的西方哲学课》。

于是，我在一年之内，把西方2600年的哲学通讲了一遍，总共介绍了120位哲学家。这一年我再度体现了全力以赴的求知热忱，那是我在美国攻读博士之后，未曾想象过的。不同的是，以前是老师的要求，现在是自我的期许。120位哲学家是个什么概念呢？大家耳熟能详的姑且不论，说几位比较边缘的人物吧！请问：想了解中世纪的人生观，可以忽略但丁与薄伽丘吗？文艺复兴的彼特拉克与米兰多拉如何倡导人文主义？宗教改革之前的伊拉斯谟与托马斯·摩尔，如何献身于其理想？法国的蒙田与英国的培根，皆为哲理散文的高手，他们写作的灵感由何而来？歌德与陀思妥耶夫斯基，在作品中涵蕴了多深的人生智慧？然后，可以错过美国的爱默生、梭罗、杜威与桑塔亚那等人别开生面的观点吗？这些人也是西方的爱智一族，在哲学史课堂上，可能被一笔带过，但却是我个人想要多加了解的。

尽管匆忙，但更多的是兴奋，我把握所有的空闲时间，循序渐进地展开这门西方哲学课。这是个音频课程，每周5集，每集大约12分钟，全年260集，再加上每周回答听友的提问。一年下来，订户超过4万人。文字稿整理出来，经修订而成本书。这是一本哲普作品，所介绍的是西方哲学家的爱智成果。这也是一本西方哲学简史，描述了西方哲学从古希腊与罗马时期，经过中世纪与近代的演变，直到现代的发展过程。这更是一本认识西方核心理念的文化手册，展示了西方宇宙观、人生观、价值观如何形成、调适、变迁及走向。

在叙述哲学家的思想时，我会依其重要性分配适量的章节，文字求其清楚通顺。另外，还有三点特色：一是在每一节结束之处，附上"学习心得"，便于读者复习重点；二是列出"问题思考"，让读者跟着哲学家的观念，就自己的处境进行省思，看看能否迸出心灵火花，同时也逐步建立自己的观点；三是"补充说明"，这是根据听友提问所做的答复，其中论及不少关键概念，如自由、良心、罪恶、痛苦、死亡、真理、幸福、人性等。我在讨论时，也加入自己研究儒家与道家的心得，或许有助于读者在对照比较中，既可欣赏西方哲学，又能觉悟中国哲学的特色与价值。

（四）半世纪的心愿

要完成这样一套三大册的书，确实得力于许多朋友的慷慨协助，若非"得到"平台的信任与邀请，我不会有坚定的决心与实践的勇气。作业流程大致如下。

首先，我认真预备每一集要讲的材料，接着是初稿录音；然后由几位志愿者把音频整理成文字稿，我再加修订；修订稿经过"得到"编辑部的同意之后，就可以正式录音了。我在书房录音时，难免受到噪音干扰，像鸟鸣、犬吠、车声、喇叭、门铃、电话等，更多的是我自己的声音质量不佳，以致经常需要重复一些语句。以音频来讲课的话，这些都会造成很大的障碍。在我迫切需要救援助手时，女儿琪媗上场了。她曾在美国主修电影配乐，掌握了有关润饰声音的各项技术，现在小试身手，让我在这方面完全没有后顾之忧。琪媗修饰妥当之后的音频，再由王喆先生整理成附在音频之后的正式文稿。王喆先生也帮忙校订及补充了不少资料，使本书更为完善。

我自1968年开始念哲学，到2018年讲述西方哲学，正好半个世纪。活在平凡而安静的年代，没有动乱也没有战争，以一介书生，能为好学的朋友提供一本关于西方世界的哲普作品、哲学简史、文化手册，我为此深感荣幸与喜悦。这套《西方哲学课》将成为我自己的案头良伴，它代表的不只是个人 50 年治学的心路历程，也是我献给同代华人最真挚的礼物。

傅佩荣

导 论

极简哲学史

导论 1

古代哲学核心

在正式介绍西方哲学之前，我们将用四节的篇幅来介绍西方哲学史的重点。西方哲学至今已有 2600 多年的历史，可以分为四个阶段：古代、中世纪、近代和现代。首先要介绍的是古代哲学，即古希腊哲学。

对于古希腊哲学，先要记住一句话：苏格拉底（Socrates, 469—399 B.C.）是古希腊哲学的核心，他的魅力直到今天仍无法阻挡。苹果公司创办人乔布斯（Steve Jobs, 1955—2011）曾说："我愿意用一生的成就与财富，换取同苏格拉底共处一个下午。"关于古希腊哲学，需要了解以下三点：

第一，古希腊哲学的时空背景；

第二，为什么说苏格拉底是古希腊哲学的核心？

第三，古希腊哲学在西方哲学史上留下哪些宝贵财富？

（一）古希腊哲学的时空背景

古希腊哲学在时间上较为简单，它发源于公元前 6 世纪，绵延发展至公元 2 世纪，相当于中国的春秋时代中叶到东汉初期。在空间上则较为复杂。一般人提到希腊，就会想到雅典，雅典当然非常重要，不过它在哲学的发展上是第三站。古希腊哲学以爱奥尼亚（Ionia）为其发源地，经由意大利南部，最后在雅典开花结果。苏格拉底就是雅典人。

（二）苏格拉底是古希腊哲学的核心

为什么说苏格拉底是古希腊哲学的核心？在苏格拉底之前，其实已经出现好几位哲学家，可分为两大派别——自然学派与辩士学派（the Sophists）。

自然学派的研究焦点是自然界，试图探究万物的来源及其演化规律。他们将宇宙的起源归结为水、气、火、土，甚至归结为数字；然而这些说法都得不到充分的验证，所以很难取得共识。自然学派的主张很容易流于"独断论"，亦即只给出答案，而缺乏充分的理由。

另一方面，辩士学派的哲学家喜欢到处旅行，由此发现，各个城邦的风俗习惯、法律规章和宗教信仰都有所不同。他们由此认定：天下没有普遍的、共同的规范，一切判断都是相对的。他们教导年轻人通过辩论、修辞来取得现实的利益。但问题是：如果所有的价值都是相对的，那么人应该如何生活？所以，辩士学派很容易陷入"怀疑论"的困境。

不管是"独断论"还是"怀疑论"，对思想的发展都会造成致命的伤害。在这个关键时刻，苏格拉底出现了，他的两句话显示他超越了前面两大派别。

1. 我的朋友不是城外的树木，而是城内的居民。

无论在城外观察天象还是对自然界展开研究，都不能忽略人类生命的实际需要。人必须寻找规则来妥善安排自己的生活。

2. 未经反省检查的人生，是不值得活的。

一般人的生活，大都遵从父母的安排、社会的习俗和祖先的信仰，而没有经过自己的认真反省。这样的人生可有可无。

苏格拉底在这样的关键时刻挺身而出，觉察整个时代的困境，并设法探寻新的方向。苏格拉底之后，古希腊哲学在雅典开花结果。苏格拉底没有写下片纸只字，没有留下任何著作，却被视为重要的哲学家，这主要归因于他教出了一位杰出的学生——柏拉图（Plato, 427—347 B.C.）。柏拉图在他的著作《对话录》中介绍及推展苏格拉底的思想。柏拉图自己也教出了一位同样杰出的学生——亚里士多德（Aristotle, 384—322 B.C.）。亚氏著述甚丰，是古代最有学问的人。

（三）古希腊哲学留下的宝贵财富

想要了解柏拉图与亚里士多德，最好的方法就是通过拉斐尔（Raphael, 1483—1520）的名画《雅典学院》。在一座富丽堂皇的学院门前，汇聚着众多学者，或独自沉思，或激烈辩论。画的中间站着两位男子，左边的男子年纪较大，他左手拿书，右手指向天空，书名是《蒂迈欧篇》（Timaeus），旨在探讨宇宙及万物的来源。右边的男子较为年轻，他左手拿书，右手指向地面，书名是《伦理学》。年长者是柏拉图，年轻者是亚里士多德。

柏拉图重视理性思考，认为真正重要的是永不变动的形式，那一定高居上界，所以他用手指向天空；亚里士多德重视经验，对现实人生的问题更为关注，所以他用手指向地面。偏重理性还是偏重经验，这两种不同的探讨途径形成后世西方哲学的两大阵营。每个人在现实人生中也需要思考：要偏重理性还是偏重经验？或者两者各取所长，配合使用？

苏格拉底是古希腊哲学的核心与分界线，在他之前有自然学派与辩士学派，在他之后出现了柏拉图与亚里士多德。

古希腊哲学留下的宝贵财富可以概括为三点：

1. 以苏格拉底为分界，在他之后，雅典成为西方哲学的神圣殿堂；

2. 从苏格拉底开始，哲学家须同时关注宇宙观、人生观与价值观；

3. 苏氏的弟子柏拉图与再传弟子亚里士多德，两人各抒己见，留下丰富的著作，形成理性至上与经验优先两大系统，影响及启发西方哲学直到今天。

课后思考

西方第一本完整的哲学著作是柏拉图的《对话录》，在此之前的哲学家只留下断简残篇与少数语录。如果不经提示，你能想起几位先于苏格拉底时期的哲学家？你对他们有多少了解？

导论 2

中世纪哲学核心

接着要介绍的是中世纪哲学的核心观念。

中世纪哲学从公元 2 世纪横跨到 15 世纪，绵延发展 1300 多年。中世纪哲学有两点特色：一是时间最长。西方哲学史一共 2600 多年，中世纪约占整个西方哲学史一半的时间。二是创见最少。中世纪哲学对于宇宙、人生和价值等问题都预先给了答案，很难再有个人的特殊看法。

想要了解中世纪哲学，一定要知道"一个宗教"和两位代表人物。"一个宗教"是指天主教，两位代表人物是指奥古斯丁（Augustine, 354—430）与托马斯·阿奎那（Thomas Aquinas, 1225—1274）。两人都信仰天主教，分别代表中世纪前期的教父哲学（Patristic philosophy）和后期的经院哲学（Scholastic philosophy）。

本节要介绍以下三点：

第一，什么是基督宗教的"一教三系"？

第二，教父学派与经院学派；

第三，中世纪是黑暗时代吗？

（一）基督宗教的"一教三系"——天主教、东正教与基督教

天主教（Catholic）本来是犹太社会的一个宗教团体，创始人是耶稣（Jesus, 4 B.C.—29 A.D.）。犹太人是一个宗教性的民族，自古以来就相信自己是上帝的选民，受到上帝的特别照顾。他们虽然饱经忧患，甚至遭受国家灭亡的灾难，但仍然相信会有救世主来拯救他们。犹太人称救世主为"弥赛亚"或"基督"。耶稣是犹太人，很多人相信他就是救世主，于是就称他为"耶稣基督"。凡是相信耶稣是基督的人，统称为"基督徒"。在今天的世界上，基督徒人数众多。

如果想了解天主教开始是怎么回事，最好去看看由达·芬奇创作的《最后的晚餐》。位于画面中间的人就是耶稣，左右两边是他的 12 个门徒。这次晚餐之后，耶稣就被其中一位名叫犹大（Judas）的门徒出卖给了犹太人的当权派。犹太人当时被罗马帝国统治，犹太人当权派排挤耶稣，便把他交给罗马当局。耶稣最终被判了死刑，并于当晚过世。这个故事对西方人的影响很大，因为当时是 13 个人在星期五晚上共餐，所以后来如果某个月 13 日恰逢星期五，对西方人来说便成了非常凶险的日子。

在这幅画中，位于耶稣右手边第二位的是他的大弟子彼得（Petrus）。耶稣过世后，彼得召集所有的门徒开始传扬耶稣的宗教，称为天主教。彼得后来被天主教奉为罗马的第一任主教，也称为第一任教宗。今天位于罗马梵蒂冈的教会，就是从彼得传教开始，至今一脉相承的天主教。

天主教成立初期，教徒遭到罗马帝国的迫害。公元 313 年，罗马皇帝君士坦丁大帝（Constantinus I Magnus, 272—337）宣布皈依天主教。从此，天主教变得有权、有势、有钱，发展得非常顺利。罗马帝国分裂后，西罗马帝国于公元 476 年灭亡，整个西欧随即陷入混乱。

当时掌握西欧政权的都是文明尚未开化的蛮族，正是依靠天主教，才使得社会人心得以安定。

1054 年，以君士坦丁堡为中心的教会同罗马天主教分裂，他们自居正统，自称为 Orthodox（意为正统的）。由于君士坦丁堡位于罗马的东部，所以中文翻译为东正教。它的影响范围从希腊半岛经过东欧，发展到俄罗斯。

1517 年，马丁·路德（Martin Luther, 1483—1546）对天主教内部的腐化状况忍无可忍，于是着手进行宗教改革，这时才出现中文翻译所谓的"基督教"（Protestant）这个词，这个词的原意是"反对派"或"更正教"，即"更正天主教的错误"。因此，今天不能说"中世纪的基督教"，因为中世纪只有天主教，当时基督教尚未出现。

可见，在历史发展的过程中，由最初的天主教逐渐演化出东正教与基督教，这三大系统可统称为"基督宗教"（Christianity），三者的共同之处在于：都相信同一本《圣经》、同一位上帝、同一位耶稣。如此"一教三系"，便不易引起误会。

（二）教父学派与经院学派

基督宗教在一开始的阶段，只有天主教一个系统，主要分为两个学派。

1. 教父学派

首先出现的是教父学派。教父就是包括主教、神父在内的宗教领袖。他们之中有些人很有学问，便努力做一件事情：先学习古希腊哲学，再设法使之与宗教的教义相结合。他们认为，古希腊哲学虽然卓越，像柏拉图和亚里士多德都建构出完美的哲学系统，但最后都没有出路；他们强调存在着一个最高的力量，但都没有说清楚那到底是什么，究竟是一种最高的形式还是一种最高的原理？

教父学派认为，他们的宗教可以提供答案，答案就是上帝。从前通过哲学找到的最高原理无法与人沟通，但宗教里的神具有人格性，你可以放心地与神沟通，对于生前死后的种种问题，神都会予以解决。教父学派努力证明神的存在，但这种证明有没有效果呢？你如果相信，则不必证明；如果不信，听了之后也不见得会接受。

这样一来，哲学的意义何在？在古希腊时代，哲学被界定为"爱好智慧"。到了中世纪则认为"敬畏上帝是智慧的开始"。这意味着哲学只能为神学服务，宗教才是主人，哲学只能帮助宗教证明教义的正确性与合理性。哲学失去了自身的独立地位，人类的理性思考也就逐渐变得黯淡无光。

2. 经院学派

经院学派出现于9世纪。听到"经院学派"一词，就知道它和大学差不多。中世纪的教育掌握在教会手中，教育的目标是要培养传教士，通过学习哲学推动宗教的传播。

经院学派在学习中遵照一套严谨的程序：第一，提出问题，譬如人生下来是否有原罪？上帝存在吗？第二，正方和反方提出各自的观点；第三，逐条加以辩论；第四，得到结论。经过上述四步之后，才能证明上帝真的存在。

这样的论辩过程有正反两方面的效果。首先，所有的证明看起来就像是虚构的故事，既然早就知道答案，又何必证明？但不能否认的是，在证明过程中，大脑开始思考和运作。中世纪的经院哲学又被称为"繁琐哲学"，但它也能帮助每个人进行细致的思考，使思维更加周延而没有漏洞，因此效果有利有弊。

经院哲学以托马斯·阿奎那为代表，他著述甚丰，内容包罗万象。根据他的著作，一方面可以建构起整个宗教的神学，另一方面也可以为宗教的哲学立场加以辩护。

对于中世纪哲学，如果对一个宗教、两大哲学系统、两位代表人物都能了解的话，就可以掌握本节的重点。

（三）中世纪是黑暗时代吗？

很多人认为中世纪是"黑暗时代"，就人的理性没有得到自由思考的机会、百姓没有得到适当的教育来说，中世纪确实是黑暗时代。但如果没有宗教信仰，情况恐怕会更加复杂。

如果今天去英国或爱尔兰旅游，你会发现牛津大学、剑桥大学、都柏林大学里都有"三一学院"。在欧洲很多地方都会看到"三一"，什么是"三一"？"三一"是天主教重要的神学观念，指上帝"三位一体"（Trinity）。"三位"是指父、子与灵，"一体"是指只有一个神而不是三个神。基督徒相信"神就是爱"，任何爱一定有"能爱"与"所爱"，只有在两个主体之间才能相爱，而父子之爱是人间最亲密的情感；同时，由父子之爱产生的某种力量被称为"灵"。这样的解释听起来也有一定的合理性。

欧洲很多历史悠久的大教堂都保存有大量的艺术精品，包括建筑、雕塑和绘画等。譬如，罗马梵蒂冈的西斯廷教堂就保存着米开朗基罗、拉斐尔和达·芬奇的许多旷世名作，这些作品都与宗教的背景有关。另外，近代欧洲伟大的音乐家几乎都创作过圣诞歌曲。可见，对于中世纪，不能简单地用"黑暗"二字将其一笔抹杀。我们不见得要接受中世纪哲学的结论，但其思考过程和辩论程序仍然值得参考。

1. 中世纪哲学的时间最为漫长，长达 1300 多年，占整个西方哲学史一半的时间。宗教信仰安顿了当时民众的心灵，在很大程度上维持着社会的稳定。以此为基础，才有了近代西方民族、国家和整个现代化的发展。

2. 中世纪哲学是为宗教服务的，对此只要记住一句话："敬畏上帝是智慧的开始。"当宗教遇上哲学，难免会有一番辩论。中世纪哲学有两个发展阶段：教父哲学强调要为宗教信仰辩护；经院哲学则把重点放在理性论证的过程上。

3. 中世纪哲学并非一无是处，它上承古希腊的柏拉图和亚里士多德，使两大哲学家的思想得以传承；对后续的近代西方哲学，它提供了许多重要的哲学概念，如本质、存在、质料、性质、共相等；同时，近代许多学者探讨问题的方法也受到中世纪经院学派的影响。

4. 宗教消除了当时一般百姓对于痛苦、罪恶和死亡的疑虑。

因此，中世纪哲学虽然创见不多，但对于整个西方哲学来说，它仍是不可或缺的一环。

课后思考

中世纪哲学家奥古斯丁说："有多少力量就有多少爱。"你赞成这句话吗？或者可以反过来说："有多少爱就有多少力量。"你认为哪一种说法比较合理？

导论 3

近代哲学核心

本节要介绍近代西方哲学的核心。近代哲学的时间是从 15 世纪中叶横跨到 19 世纪中叶，在这 400 年间出现四大社会思潮和两大哲学阵营。

近代西方有两点特色：一是科学取代宗教，成为知识的权威；二是人的理性和经验取代神学，成为了解宇宙和人生的主要依据。这已经很接近今天的情况了。现在简要说明西方如何从中世纪的"黑暗时代"，逐步变成接近现代的想法。

本节内容包括以下两点：

第一，近代西方的四大社会思潮是什么？

第二，近代西方的两大哲学阵营又是什么？

（一）近代西方的四大社会思潮

1. 文艺复兴运动（15 世纪）

欧洲在 15 世纪出现文艺复兴运动。"复兴"二字是专门针对古希腊和罗马初期来说的。中世纪哲学"以神为本"，以宗教为其主导力量。文艺复兴则要恢复和发扬古希腊和罗马初期"以人为本"的精神。这一时期最重要的趋势就是人文主义的兴起。

文艺复兴时期的人文主义以米兰多拉（Mirandola, 1463—1494）为代表。他在 23 岁时搜集了当时的各种问题，计划邀请欧洲所有学者进行公开辩论，后来因为教会反对而作罢。他为此编写了《论人的尊严》一书，强调：上帝是造了人，但上帝并没有给人一种固定的性质，而是给人可贵的自由；人可以自由地改造自己，既可以达到像神一样的高贵，也可以堕落成像禽兽一样的可怜，这完全取决于人自己的决定。后世一般就把这篇文章当作文艺复兴的宣言。

2. 宗教改革运动（16 世纪）

欧洲在 16 世纪发生宗教改革运动。马丁·路德是天主教神父，并担任神学教授，是一位神学权威。他发现天主教出现各种复杂的问题，令人无法忍受，主要有以下三点：

（1）天主教的教会组织错综复杂，许多信徒根本不知道自己所信的是什么，只能接触到传教士。

（2）天主教的宗教仪式过于琐碎复杂，许多信徒都忘了宗教最需要的是真诚之心。

（3）天主教强调要有善行才能得救，善行包括向教会捐款。梵蒂冈的圣彼得大教堂的部分兴建经费，就是靠贩卖赎罪券来筹集的。

马丁·路德对这些现象忍无可忍，于是倡导宗教改革。他的改革强调三个重点。

（1）只要相信就可得救（faith only）。这是信仰的原则。

（2）只要恩典就可得救（grace only）。得救不是因为个人的功劳，不是因为你做了好事，而是要靠神的恩典。

（3）只要《圣经》就可得救（scripture only）。得救完全依赖于《圣经》。

此前的《圣经》只有拉丁文版本，马丁·路德和其他各国学者开始将《圣经》翻译为本国语言。

马丁·路德将《圣经》译为德文，对后来德国文学的发展产生了深远的影响。这时才出现中文所谓的"基督教"，按西方文字含义直译应为"反对派"或"更正教"。

3. 科学革命（17 世纪）

第三大社会思潮是科学革命。科学革命的历程长达 100 多年，始于哥白尼（Nicolaus Copernicus, 1473—1543）提出"日心说"，认为地球绕着太阳旋转，地球并非宇宙的中心。100 多年后，牛顿（Isaac Newton, 1643—1727）才正式确立整个经典物理学的原则。牛顿提出的万有引力定律和运动三大定律，清楚解释地球在绕太阳公转的同时，本身还在自转。科学革命让西方人感到天翻地覆，眼界大开。在这个时期，西方人通过航海发现美洲新大陆。与此同时，西方哲学也有了蓬勃的发展。

4. 启蒙运动（18 世纪）

第四大社会思潮是启蒙运动。启蒙运动对于西方来说非常重要。这一阶段出现许多杰出的思想家，从休谟（David Hume, 1711—1776）、卢梭（Jean-Jacques Rousseau, 1712—1778）、伏尔泰（Voltaire, 1694—1778）一路下来，都能够针砭时弊，力图摆脱传统王权的控制和宗教信仰的禁锢。只有摆脱政治和宗教的干扰，世人才有自由思考的空间。

想要了解近代西方哲学的核心，就要先了解上述四大社会思潮——15 世纪的文艺复兴、16 世纪的宗教改革、17 世纪的科学革命与 18 世纪的启蒙运动。启蒙运动最后引发 1789 年的法国大革命，它开创了欧洲的全新格局，但过程亦十分惨烈。

（二）近代西方的两大哲学阵营

近代西方哲学有什么特色？随着 17 世纪科学革命的突破，西方哲学也有了蓬勃的发展。近代哲学分为两大阵营：一派是位于欧洲大陆的理性论（Rationalism），始于笛卡尔（René Descartes, 1596—1650）；另一派是位于英伦三岛的经验论（Empiricism），始于培根（Francis Bacon, 1561—1626），经过洛克（Locke, 1632—1704）发展而成。

哲学为什么会分成两大阵营？理性论和经验论争执的焦点何在？在追求真理的过程中，首先要确保知识的可靠性。知识来自于先天还是后天？理性论认为知识来自于先天，人与生俱来的观念，这样才能确保知识具有普遍性。经验论则认为知识来自于后天，人依靠后天的印象形成观念，再逐渐累积构成知识，这样才能确保知识具有扩展性。

理性论的问题在于，"天生本具的观念"虽然可以确保知识具有普遍性，却无法用后天的经验来扩充知识的范围。经验论的问题在于，如果知识全部来自于后天经验，那么只能采用归纳法，从许多个案中归纳出共同的原则，其有效性只能到此为止，而无法把握未来的情况，这样建构的知识显然缺乏普遍性。

在理性论和经验论的争论中，开始占主导地位的是理性论的代表笛卡尔。笛卡尔被誉为"近代西方哲学之父"，他23岁时为了能够外出旅行、增广见闻而从军，期间连续三个晚上梦到自己这一生具有特殊的使命——以理性探讨真理。这句话今天听起来很平常，但在当时，真理通常是由宗教界所决定，"以理性探讨真理"代表要摆脱一切束缚。

笛卡尔说："每一个人在一生之中，至少要有一次，要去怀疑所有能被怀疑之物。"这句话到今天依然适用。譬如，我现在可以怀疑：

1. 这个世界真的存在吗？世界可能是假的，它与我做梦看到的世界不同，梦里的世界未必更虚幻；

2. 我真的存在吗？我以为我存在，事实上我可能是在做梦；

3. 上帝存在吗？上帝也可能是假的。

笛卡尔说，我怀疑一切，最后发现我不能怀疑那个正在怀疑的自己，否则是谁在怀疑呢？他由此断言："我怀疑，所以我存在。"他接着指出，怀疑属于思想的作用之一，思想还包括肯定、猜测、感受、喜悦等。因此，笛卡尔修正自己的说法，说出一句至今所有人提到笛卡尔都会引用的名言。

笛卡尔用拉丁文说：

Cogito, ergo sum. ——我思故我在。

另一方面，经验论的代表培根，在其代表作《新工具》中指出，要用严谨的归纳法来找到真理。西方的思想自此分为两大派。事实上，从柏拉图和亚里士多德就已经有了这样的区分。对近代西方哲学影响较大的则是笛卡尔这一派。理性论一路发展影响到康德的思想。

康德（Immanuel Kant, 1724—1804）建构完整的唯心论（Idealism）系统，随后便出现唯心论与唯物论的对峙。康德之后的黑格尔（G. W. F. Hegel, 1770—1831）建构了绝对唯心论，费尔巴哈（L. A. Feuerbach, 1804—1872）针锋相对地提出唯物论，马克思（Karl Marx, 1818—1883）则进一步提出辩证唯物论。西方哲学由此进入烽火连天的局面，各种观点纷纷出现，每种观点都有可取之处，也都有些漏洞。这在近代西方哲学的发展过程中是很普遍的现象。如果以西方化或现代化作为今天生活的参考，可以说，近代西方的每一次运动都深深影响着21世纪的人类。

近代西方的重大变革可以概括为两点：

1. 科学取代宗教，成为知识的权威；

2. 人的理性和经验取代神学，成为了解宇宙和人生的主要依据。

课后思考

康德说："你不能只以别人为手段，而不同时以他为目的。"他的意思是说，我们不可避免地会把别人当成手段，但同时也要尊重对方是一个人。你对此有什么看法？

导论 4

现代哲学核心

接着，要介绍现代哲学的核心。现代西方哲学从 19 世纪后期至今不过 100 多年，但可谓百家争鸣，流派众多。若想了解当前西方哲学的大致情况，要掌握以下三点：

第一，上帝死了；

第二，寻找根源；

第三，人类如何自处？

（一）上帝死了

西方哲学史流传一则笑话："尼采说上帝死了，上帝说尼采疯了。"上帝是否死了我们不知道，直到今天还是有很多人信仰上帝；但尼采确实疯了。尼采（F. W. Nietzsche, 1844—1900）是天才，25 岁尚未获得博士学位，就被瑞士巴塞尔大学聘为希腊古典文教授，35 岁因病退休，45 岁精神失常，56 岁过世。

尼采为何要说"上帝死了"？他到底想表达什么？事实上，西方经过中世纪发展到近代，上帝除了在少数信徒心中还有牢固的地位，在知识界已经岌岌可危。从中世纪开始，整个西方社会的道德观、价值观均建立在宗教信仰之上；但到了尼采生活的时代，西方社会已经相当堕落，很多人阳奉阴违，只有在星期日是虔诚的信徒，平常则肆意妄为，巧取豪夺，口是心非，相互伤害。

尼采毫不客气地说"上帝死了"，他的意思是：你们信仰的上帝已被你们这些信徒杀害了，上帝名存实亡。很多人以宗教信仰作为道德的基础，但他们的道德出了很大问题，这代表宗教信仰已经失效。因此，"上帝死了"并不是说有一个叫"上帝"的神因衰老而死亡，而是说上帝被这些人用不道德的行为谋杀了。大家口口声声说自己是上帝的信徒，但行为并没有比非信徒更好。

尼采提醒当时的欧洲人重新界定价值的系统。人活在世界上，要采取什么样的道德观、审美观和价值观，不能再以宗教作为借口、以传统作为根据，必须自己面对新的挑战。可见，尼采具有大无畏的精神和令人震撼的魄力。尼采后来提出"超人哲学"：上帝死了，我们要成为超人。西方人不能再以上帝为借口来满足个人的私欲，这也包括巧取豪夺的殖民主义和帝国主义。

（二）寻找根源

现代西方哲学的第二个方向是寻找根源。有一件事值得参考。第二次世界大战过后，1946 年夏天，德国哲学家海德格尔（Martin Heidegger, 1889—1976）在德国南部的木材市场巧遇中国学者萧师毅先生，两人聊得很投机。海德格尔崇拜老子，读过各种版本的《老子》翻译本，他总觉得自己懂老子，而现有的翻译都不理想。此时碰到一位可以直接阅读原文的中国学者，当然很高兴，他决定每周六下午邀请萧教授到他家，两人相对而坐，重新开始翻译《老子》。

从第一章"道，可道，非常道"开始，到第八章"上善若水"，两人因为意见不合而发生争吵。海德格尔年纪稍长，有点倚老卖老，他指着萧教授说："你不懂老子。"萧教授不甘示弱，也指着海德格尔说："你不懂中文。"其实，懂中文不一定懂老子，而懂老子也不一定非要懂中文不可。

海德格尔为何如此崇拜老子？因为他发现，老子所说的"道"是对古希腊时代探讨的"存在本身"（Being）的最佳描述。海德格尔认为，从古希腊时代以来，西方学者早就遗忘了什么是存在本身，他们用"存在的东西"（beings）来代替存在本身，但这两者是完全不同的。存在本身是根源，存在的东西是个体。个体充满变化，生生灭灭；存在本身则像老子所说的"道"一样，永远不会变化或消失。海德格尔通过各种翻译本了解《老子》的思想后，简直喜出望外，遂决定将《老子》再度翻译成德文，可惜此事未能成功。

由此可知，西方人在寻找根源时，通常会考虑以下几个方面：

1. 原始的少数民族未经现代化的污染，保存某些原始的智慧；

2. 从古代的宗教或神话中寻找灵感；

3. 从其他民族的智能中寻找材料。对西方人来说，老子的《道德经》就属于东方民族的伟大智慧。

（三）人类如何自处？

20世纪经历了两次世界大战，人类的未来应该何去何从？因此要把焦点拉回到人类如何自处。关于这个问题，有个故事很有代表性。

第二次世界大战期间，德军占领包括巴黎在内的法国大部分地区。有一天，在巴黎一家咖啡馆的沙龙里，法国哲学家萨特（Jean-Paul Sartre, 1905—1980）和加缪（Albert Camus, 1913—1960）辩论"人有无绝对自由"。萨特主张人有绝对自由，加缪则认为没有。两人都是哲学系的毕业生，口才和学识均属一流，辩论不分胜负。

最后，较为年轻的加缪因为失去耐心而使出"杀手锏"，他说："萨特先生，如果人有绝对自由，请问你能否向纳粹检举我是地下抗德分子？"萨特沉吟良久，然后说："不行，我做不出这样的事。"加缪说："因此，人没有绝对自由。"可见，自由至少应该以朋友间的道义作为底线。如果人与人相处完全没有底线，如果我不能尊重别人也像我一样是个主体，这个世界会变成什么样子？他们辩论的话题就是有关人与人应该如何相处的问题。

现代西方哲学已经开始转向：由以前形而上学的思辨——到底存在本身是什么，上帝是否存在，人性的本质如何，转到人的存在处境；由以前知识论的讨论——人到底能够认识什么，观念是先天的还是后天的，你所认识的能否经得起检验，转到人的生命需求。传统西方哲学重视形而上学与知识论，现代西方哲学则转而重视伦理学，就是要问：人活在世界上，什么是善？什么是恶？应该如何行善避恶？为什么要行善避恶？理由何在？

哲学研究的焦点转向人与人之间。不要把别人当作"他"——"他"是不在现场的，而要把别人当作"你"——"你"是在我对面、与我平等互动的；再进一步，不要把别人当作另外一个"我"，而要把别人当作"他者"。

"他者"像我一样具有位格，是某一位先生或女士，有独立的人格与思维。他者与我不同，不是我的复制品，不是另一个我。他者的面貌对我来说可能千变万化，每一种变化对我都是一种启发，我由此也可以了解自己的生命，因为我对别人来说也是一个他者。我与他者该如何相处，也牵涉到我与自己该如何相处。这样就使问题变得更加复杂而深刻。

西方许多学者都在探讨这一类问题，其中发展得最为充分和完整的就是存在主义，它对现代世界产生了广泛的影响。"存在"是指用真诚的态度选择成为自己，承担自己的命运与挑战。这不正是我们今天所面临的处境吗？

存在主义人才辈出，前面谈到的加缪和萨特都曾获得诺贝尔文学奖。加缪的《异乡人》和萨特的《作呕》这两部小说，使一代人都感受到世界有多么荒谬。《麦田里的守望者》也影响了整整一代人，它描绘主角无比苦闷、彷徨，直到精神崩溃的整个过程。

存在主义影响世界半个多世纪，直到今天仍发挥着作用。无论小说、电影还是其他艺术形式，都不停地讲述现代人的荒谬处境。然而，在荒谬中能否找到未来？向上寻求宗教，它已与人产生了隔阂；向下寻求科学文明的发展，它与人隔阂更深。那就从人与人之间的关系去寻找吧！当你与别人来往时就要问：我和他的关系是什么？因此，现代哲学发展到最后，特别强调"我"与"他者"的关系。

关于现代哲学，要记住三句话。

1. 上帝死了。人类不能再继续依靠上帝或宗教的启发，来解决人间的价值观问题。

2. 回到过去，寻找根源。人类的终极答案可能要到古希腊、原初民族或东方哲学里去寻找。

3. 影响现代文学、电影、艺术最深刻的哲学观点是存在主义。

现代哲学仍在发展之中，可以从多方面加以欣赏，譬如：

1. 重视方法论的，可以参考现象学与诠释学；

2. 关心社会现状的，可以注意批判理论与正义理论；

3. 志在寻找根源的，可以研究结构主义与初民存有学（最初的原始部落或少数民族的存有学）；

4. 强调人际相处的，可以探讨生命哲学与存在主义。

课后思考

针对现代哲学的三个方向，你觉得哪一项比较重要？或者哪一项是今日社会最需要的？

哲学源自惊奇

第一章

哲学的起源：理性萌芽

1-1

这一切是怎么回事？

从本章开始，将正式进入西方哲学的世界，学习其具体内容。

泰勒斯（Thales，约 624—546 B.C.）被称为西方哲学之父，他曾说："万物的起源是水。"就西方哲学而言，这句话标志着世人开始用理性思考万物的本质。探索万物的起源成为古希腊哲学的重要命题之一。

你也许会想：探讨起源有这么重要吗？举个例子来说明。假如你遇到一个外国人，想多了解他，通常第一句话会问："你是哪国人？"如果遇到本国人，通常会问他："你是哪里人？"你问的都是来源，好像在很大程度上，一个人或一样东西的性质可以由其来源所决定。回到古希腊时代，当时的学者看到宇宙万物充满变化，但变化中好像又存在和谐的秩序。他们想了解万物的性质是什么，自然就要问万物的来源是什么。

围绕泰勒斯的"万物的起源是水"这句话，要介绍以下三点：

第一，泰勒斯是谁？

第二，万物为何起源于水？泰勒斯是怎样思考的？

第三，这句话引起怎样的后续发展？

（一）泰勒斯是谁?

泰勒斯是古希腊人，生活在公元前 624 年至公元前 546 年，大致相当于中国春秋时代中叶，比老子、孔子的年代大约早了六七十年。他一生只留下两句话：

1. 大地浮在水上，万物的起源是水；

2. 万物都充满神明。

第一句话前半句"大地浮在水上"，并不会使人感到惊讶。泰勒斯生活在古希腊繁荣的港口城市米利都（Miletus），毗邻爱琴海。"大地浮在水上"的说法来自于他的观察，缺乏科学证据。后半句话的效果则完全不同，"万物的起源是水"这一说法在当时可谓惊天动地，因为它挑战了有关万物起源问题的社会常识。

在古代，无论哪个国家、哪种文明，都会不约而同地用神话故事来解释世间一切事物的来源。中国古人说盘古开天辟地，犹太人说上帝创造世界。现在，这个叫泰勒斯的希腊人竟然说万物的起源是水。水如此普通，何以作为万物起源？我们要分析泰勒斯的思考过程，看他是如何得出这个结论的。

首先，要了解泰勒斯的生活背景，看他为何会打破当时的社会常识而提出这样的观点。泰勒斯出生于米利都，它是爱奥尼亚的 12 个城邦之一。而爱奥尼亚和古希腊有何关系？

通过古代希腊地图可知，古希腊的地域十分广阔，除了现在的希腊半岛之外，还包括整个爱琴海区域、亚平宁半岛和小亚细亚等地。爱奥尼亚位于爱琴海东边的小亚细亚这一区域，在今日土耳其境内。这里堪称风水宝地，是当时亚、欧、非三大洲的交通枢纽。在这种地方，通常思想上的交流非常活跃，很容易出现新的观点。这就是泰勒斯提出颠覆性观点的地缘背景。

接着要了解泰勒斯其人。早期哲学家有一个共同特点：通常身兼数职。泰勒斯不但是哲学家，还是自然科学家，也通晓数学和工程学。他会利用影子来测量埃及金字塔的高度，也会通过观察天象来预测农作物的收成。

泰勒斯曾预言公元前585年5月28日这一天，太阳将变成黑色。当时米底人和吕底亚人正在作战，突然间天昏地暗，白天变成了黑夜。双方惊恐万分，立刻停战言和，许多人都觉得不可思议。这件事使泰勒斯成为传奇人物，这一天也被后代当作西方哲学的诞生之日。

（二）泰勒斯为什么认为万物起源于水？

泰勒斯通过观察经验的世界，发现水对于生命、对于世界是不可或缺的。比如，一切有生命的东西都要靠水才能活下去，生物死亡后则会脱水干枯。水还有形态的变化：在正常情况下是液体，结冰时变为固体，烧开后又变为气体。水的三态变化是2000多年前的希腊人留给后世的基本物理学常识。但是，就算知道水非常重要，又如何能得出"水是万物的起源"这个哲学结论呢？

泰勒斯显然受到当时创世神话的启发，并且不是一套神话，而是三套神话的启发，包括古巴比伦、古埃及和古希腊的神话。爱奥尼亚位居古代交通要冲，三种文明交汇于此，这使得泰勒斯可以概括出三种神话的共同特征。

古巴比伦神话说，天地尚未形成之前，天地的生父与生母在水中混合在一起，生出天地，所以水的存在比天地还要早。古埃及神话说，万物尚未出现之前，只有水的深渊，造物者从水的深渊中生出天地万物。古希腊神话也提到，大地母亲与天神合作，生出12位巨人，称做泰坦族（Titans），这就是后来电影《泰坦尼克号》名字的来源；泰坦族的第一位巨人就是海洋神，希腊文是Oceanus，英文就是 Ocean（海洋）。

将三套神话系统综合来看，泰勒斯发现其中具有共同的元素——水。他相信，水绝对不是一般的物质而已，水有一种神秘的力量，简直比神明还要伟大。于是，泰勒斯正式提出"水是万物的起源"这一说法。

（三）"水是万物的起源"引起的后续发展

事实上，从泰勒斯的学生安纳齐曼德（Anaximander, 610—546 B.C.）就已经开始提出不同意见了。他认为，如果把万物的起源说成是水，未免太具体和固定。万物的起源应该是"未定物"（apeiron），是一种还没有确定的东西。他的学生阿那克西曼德（Anaximander, 约585—525 B.C.）则认为，水过于明确和固定，未定物又过于抽象，最好将两者结合，因此万物的起源应该是"气"。

西方一开始进行哲学思考，就出现"吾爱吾师，吾更爱真理"的辩证思维特色。因此，泰勒斯被誉为"西方哲学之父"是当之无愧的。

收获与启发

1. 每个人都可以提出自己的观点，只要有道理、有根据、有实证。

2. 泰勒斯说"万物的起源是水"，重要的不是他给出什么答案，而是他为何要探问"万物的起源"这一问题。

3. 更重要的是学习泰勒斯的思考模式——用一统合多，这正是理性的基本功能。泰勒斯由此写下西方哲学史的第一页。

课后思考

请你尝试用泰勒斯的思考模式，论证相反的或不同的说法，譬如，万物的起源是火；也可以参考中国的五行（金、木、水、火、土）中的任何一种来说明万物的起源。

1-2

让神从神坛走向厨房

上一节提到，泰勒斯之所以被誉为"西方哲学之父"，是因为他说了两句话。第一句是"万物的起源是水"。他用一来统合多，用水这种物质来解释万物的来源，而不再用神话来解释。第二句是"万物都充满神明"，泰勒斯想用这句话将神明请下神坛。这句话真的有如此大的影响力吗？

本节要介绍以下三点：

第一，泰勒斯要将神明请下神坛；

第二，神话的三大功能；

第三，泰勒斯与庄子的对照。

（一）泰勒斯要将神明请下神坛

哲学家要替人类进行思考，往往展示先见之明，但是让群众接受某些超前的看法是非常困难的。泰勒斯说"万物都充满神明"，他甚至在自家厨房的门上写了一行字："请进，神明也在里面。"古代希腊人看到之后，真的会吓一跳，神明怎么会在厨房里面？

神明应该在两个地方：

1. 奥林匹斯山

奥林匹斯山高达 9,600 英尺,山顶终年积雪,空气无比清新,神明在其中逍遥自在,长生不死。

2. 神殿

今天到雅典旅游,仍然可以看到帕特农神殿,由此不难想象这些神殿全盛时期的景象:神殿庄严肃穆,信徒顶礼膜拜,献祭的人群络绎不绝。这才是神明居住的地方啊。

现在泰勒斯居然说神明在他家厨房,岂不是太过分了?泰勒斯这样说的用意,是要将神明请下神坛,从而使人的理性摆脱神明的束缚,可以进行独立的思考。

然而这件事并不容易,直到今天还没有完成。如果想知道其中的原因,就要先了解在古希腊人的心中,神话中的神明扮演着什么样的角色。

(二)神话的三大功能

神话主要有三大功能。

1. 说明自然现象

神话可以用来说明自然现象。古希腊文中,"神"(theos)和"力量"(theoi)两个词是同一个字根。换句话说,神一定有力量,而展现力量的地方也一定有神在里面,甚至神就等于力量。

譬如看到打雷、闪电,就相信一定有天神,称之为宙斯(Zeus)。宙斯在希腊文中是指明亮的天空。希腊人住在爱琴海沿岸,海上经常波涛汹涌,所以当然有海神,称之为波塞冬(Poseidon)。波塞冬在希腊文中是指摇撼着的大地。另外,人都会衰老死亡,死后会去哪里?死后会进地狱冥府,因此一定有地狱之神,称之为哈迪斯(Hades)。

在神话里面,天神、海神和地狱之神本来是三兄弟,但三兄弟之间有纠结的恩怨情仇，于是造成了复杂的自然现象，像地震、山崩、海啸之类的可怕现象都与他们有关。了解这些之后，大家就知道在什么状况下，向哪个神献上什么祭品才能平息神的愤怒，这样活在世界上才会有安全感。

2. 肯定社会分工

神话还可以用来肯定社会分工。人类社会有各种不同的行业，有的行业看起来比较高贵，有的行业看起来比较低贱和辛苦。不过你放心，每一种行业的背后都有神在加持，像耕种、畜牧、打猎、医药、战争、法律、音乐、艺术，只要你说得出来的行业，就有相关的神，就连为天神传递消息都有专门的神，叫做赫尔墨斯（Hermes）。这就使得人不管从事什么行业，都相信自己的职业具有神圣性，从而可以安心地做好本职工作。

3. 解释人的欲望

神话可以用来解释人的欲望，这一点更为重要。对人来说，最难认识的是自己。有时我们会觉得自己像个君子，心中有好的念头，想做些好事。但不要忘记，我们心中偶尔也会有复杂的想法和不可告人的冲动，有些甚至会付诸行动。如果你发现人性是如此地复杂和丑恶，你还活得下去吗？

没关系，你在神话中会发现，所有匪夷所思、可怕、违背伦理道德的事，神明都做过，但他们还能继续存在。这样一来，就可以让人的生命后退一步，喘一口气，相信自己在犯错后还有改过的机会。

有人说神话都是假的，可以被理性所取代，但即使在2000多年后的今天，理性仍然无法完全替代上述神话三大功能。譬如，关于自然现象，现在连最好的科学家也承认，人类所了解的物质只占宇宙的4%，还有96%的暗物质和暗能量无法被了解。关于社会分工，现在社会上的行业早就超过了三百六十行，很多工作之所以没人做，是因为大家觉得这些工作没有任何神圣性，没有任何意义。关于人的欲望，自从弗洛伊德提出"潜意识"之后，每个人都认为自己的内心有各种复杂的情况，似乎永远也搞不清楚。如今患抑郁症的人愈来愈多，这种现象变得更加明显。

（三）泰勒斯与庄子的对照

泰勒斯说"万物都充满神明，我家厨房也有"，是想把神明请下神坛，请下奥林匹斯山。他希望世人调整观念，不要再崇拜那些高高在上的、不可企及的神明，而要问自己：作为一个人，我应该承担怎样的责任？

"神明在厨房"的说法已经够让人惊讶了，但比泰勒斯晚200多年，中国出现了一位哲学家叫庄子（约368—288 B.C.），他的说法有过之而无不及。庄子是道家学者，有人问他"道"在哪里，他依次给出四个答案：道在蚂蚁身上，道在杂草中，道在瓦块中，道在屎尿中。老子说"道可道，非常道"，如此伟大神圣的"道"怎么会在屎尿中？其实，庄子真正的答案是"道无所不在"，这与泰勒斯"万物都充满神明"的说法不是很接近吗？

这些哲学家之所以这样说，是希望你了解：人不能永远靠神话来生活，最后一定要回到自己的理性和经验上，以客观心态，实事求是地探索宇宙；不要再幻想着神明的援手，而要靠人类自己的力量去面对一切挑战。

1. 对于万物是否和谐有序之类的问题，可以用人的理性慢慢加以研究，而不必再用神明的作为来解释。
2. 对于理性能否全面取代神话的功能，仍要持保留态度。

课后思考

听到"万物都充满神明"这句话，你会调整自己对万物、对人类的态度吗？如何调整？

赫拉克利特：万物的起源是火

本节要介绍赫拉克利特的一句话：万物的起源是火。他用这句话来强调万物的流转变化。本节要介绍以下三点：

第一，赫拉克利特的背景；

第二，火是万物的象征；

第三，火是万物的本质。

（一）赫拉克利特的背景

赫拉克利特是谁？黑格尔说："赫拉克利特开创了一个完美的哲学开端。"马克思在其早期著作里也特别强调他的思想。连尼采也说："赫拉克利特永远不会过时。"原来赫拉克利特这么厉害，那么他有怎样的背景？

赫拉克利特（Heraclitus, 535—475 B.C.）是小亚细亚地区以弗所的贵族，他放弃王位继承权，隐居在月亮女神阿尔忒弥斯的神殿附近，整天与小孩一起玩耍。他喜欢思考人生问题，最后成为哲学家。

赫拉克利特的名言是："你不能两次把脚踏进同一条河流。"河水一直在流动，你的脚第二次踏进去时，接触到的已不是第一次踏进去的水。这句话令人印象深刻。他真正想表达的是：万物一直处于流转变化之中。这就是赫拉克利特"万物流转"的学说。这句话虽然有名，却不是他最重要的思想。他最重要的思想是：

1. 万物起源于火；

2. 万物皆有"逻各斯"（logos），但它善于隐藏。

古希腊第一位哲学家泰勒斯说："万物的起源是水。"赫拉克利特则说，宇宙的起源不是水，而是水的对立面——火。那究竟谁的说法更有道理？

事实上，说"万物的起源是火"可能更值得信赖。根据现代天体物理学的研究成果，世人基本上都认可宇宙起源于一次大爆炸，大爆炸就是火。物理学发展至今，很多科学家仍在设法证明宇宙的起源与火有关，但是赫拉克利特早在 2500 多年前，就提出这样的想法了。

为什么赫拉克利特认为宇宙的起源是火？他提出两个理由：第一，火是万物的象征；第二，火是万物的本质。

（二）火是万物的象征

为什么说火是万物的象征？赫拉克利特认为：火不断变化，并且保持某种均衡。

就他的观察，火永远在跳动，一停下来就会熄灭，所以火的特性是：不可能有片刻停止变化。宇宙万物也在不断变化，四季轮转、昼夜更替、河水流动，每一秒都在变化。因此，不停变化的火可以象征宇宙万物的变化。

因为火在不断变化就说火是宇宙的象征，这样是否过于草率？赫拉克利特又说，火虽然不断变化，但它始终保持一种均衡。它消耗多少物质，就能产生多少能量。以冬季围炉取暖为例，添加多少木柴就产生多少热量，在消耗与产生之间，一定保持着均衡，不多也不少。赫拉克利特将这种均衡状态解释为"对立与冲突"的关系。所以，火的均衡也象征着万物的均衡。

综合上述两个方面，火既象征万物的变化，也象征万物的均衡。由此可见，"火是万物的象征"这一观点似乎可以成立。

（三）火是万物的本质

赫拉克利特进一步说，火不但是万物的象征，它在根本上还是万物的本质。他提出了三个理由。

1. 火生成万物

火是怎样生成万物的？赫拉克利特认为，火有两个方向的运动。一个被称为"下降之道"：由火产生气，气产生水，最后凝结为土。水和土就是海洋和陆地。有了海洋和陆地，万物就会顺理成章地出现。另外还有反方向的"上升之道"：由土变成水，水变成气，最后成为火。这种说法显然没有明确的证据，但他想表达的是：火是万物的来源与归宿。

2. 火生成人类的灵魂

从诞生那一刻起，人的心脏就一直跳动，好像蜡烛的火焰一样。睡觉时跳得慢，激动时跳得快，生病时跳动会失去规律。而一旦停止跳动，生命就危在旦夕。可见，生命就像火一样，一直处于活动与变化之中。

人的生命由身体和灵魂组成。身体的来源是土与水这些比较具体的物质，灵魂则来自于火。因此，人活着的时候，要尽量让灵魂走向火，让自己保持清醒，向往光明。灵魂必须力求干爽。赫拉克利特还说，灵魂干爽的人最聪明，也最善良。

3. 宇宙中有一个永恒之火

火生成万物，又生成人的灵魂，怎样将两者联系起来呢？赫拉克利特又提出一个大胆的想象：宇宙中有一个永恒之火。他想藉此说明，宇宙不是分散的，不是只有矛盾，宇宙背后存在统一的力量。

那么如何理解永恒之火？他用战争对永恒之火做出明确解释。他说，永恒之火就是战争，战争是万物的父亲，也是万物的君王。他还为此批评荷马："应该把荷马从先贤名单中拖出来鞭打。"因为荷马在《荷马史诗》中写道："但愿在神之间，在人之间，永远不要再有战争。"赫拉克利特认为荷马大错特错。火就是缺乏与满足，战争正是如此。如果没有战争，没有对立与冲突，整个宇宙将会停止而彻底毁灭，人的世界亦会消失。他说："战争使少数人成为神，使大多数人成为凡人，使某些人成为自由人，而另一些人成为奴隶。"他还强调，战争可使战士的灵魂回归宇宙之火。的确，在人类的历史上，战争从来没有完全消失过。

听起来赫拉克利特好像是好战分子，其实不然。广义的战争不仅包括军事斗争，也包括一切矛盾与冲突。矛盾与冲突正是一切变化与发展的基础，而变化与发展正是一切事物存在的根本性质。

收获与启发

1. 不必害怕变化，因为变化是万物的自然状态。因此，对个人的生老病死与成败得失也可以看得淡一些。
2. 努力保持自己的均衡。在岁月匆匆流逝的同时，要不断提升内在的能量。
3. 如果人的灵魂来自于火，这种火应该不是一般的火，而是另藏玄机。这就是下一节要介绍的"逻各斯"。

课后思考

赫拉克利特认为"战争使世界保持均衡"，这是不是意味着"战争即是正义"？你如何看待这样的观点？请想一想，有没有可能避开战争而依然保持世界的均衡？

万物皆有逻各斯，但它喜欢隐藏

接着介绍赫拉克利特的第二句话："万物皆有逻各斯，但它喜欢隐藏。"本节内容包括以下三点：

第一，什么是逻各斯？

第二，逻各斯是对立的统一；

第三，逻各斯是对立统一背后所隐藏的法则。

（一）什么是逻各斯？

当听到一个人说话颠三倒四、自相矛盾时，就会认为这个人说话不合逻辑。"逻辑"这个词到底是什么意思？简单来说，逻辑就是说话有条理。你说的话能让我明白，就是有逻辑；你讲得前后矛盾，就是逻辑混乱。

"逻辑"一词在生活中使用广泛，其实它本身是一个标准的哲学词汇。在大学的哲学系里，逻辑是一门成熟的课程体系，称为"逻辑学"或"理则学"，主要内容是探讨思维及推论的正确方法。如果给逻辑下个定义，逻辑就是思维的规则。

在西方的语境中，"逻辑"一词至关重要。很多学科都以"逻辑"（-logy）作为学科名的字根，表示这门学科是用理性的方法研究特定领域的知识，如心理学是 psychology，生物学是 biology，社会学是 sociology。

那么"逻辑"一词究竟从何而来？"逻辑"一词的字根在古希腊时代就已经出现了，古希腊文为 logos，音译为"逻各斯"。在古希腊哲学中，"逻各斯"一词有多种含义，类似于中文的一字多义，但我们只需要掌握其中最重要的两个含义。

1. 逻各斯就是"言语"。一个人说出有意义的话，就代表这句话里有逻各斯。

2. 逻各斯就是"法则"。如果一个人说的话有意义，就表示他可以做出恰当而合乎理性的安排，因此逻各斯也代表法则。

有趣的是，"逻各斯"一词与道家的"道"居然有高度的相似性。近代西方学者在研究老子的思想时，发现其中最难解释的就是"道"这个字，于是有些学者就用"逻各斯"加以翻译。

老子说："道可道，非常道。"第一个"道"是指永恒的道，代表万物存在的根源、万物存在的法则；第二个"道"是指用言语把它说出来。道与法则、与言语恰好都有相关性。可见，"逻各斯"与"道"有高度的相似性。

更有趣的是，中国也有学者把《约翰福音》开头两句话翻译为"太初有道，道成肉身"，而《圣经》的原文是"最初有逻各斯"。逻各斯代表神的言语，在这里就是指耶稣。前面介绍过，"三位一体"是指父、子、灵，子是父的显示，等于是父的言语。所以，在英文中 the word 表示言语，大写的 the Word 则代表耶稣。

赫拉克利特想用"逻各斯"一词表达什么样的哲学观点？有以下两点值得注意：第一，逻各斯是对立的统一；第二，逻各斯是对立统一背后所隐藏的法则。

（二）逻各斯是对立的统一

首先，赫拉克利特认为，逻各斯是对立的统一。所谓"对立的统一"是指：对立的事物是相互需要的，是不可分离的，是相互转化而合成一体的。

1. 对立的事物相互需要

譬如，疾病使健康变得愉悦而美好，饥渴使饮食变得香甜可口，疲倦使休息变得令人向往。《孟子·公孙丑上》也有类似的话："饥者易为食，渴者易为饮。"肚子饿了什么都好吃，口渴了什么都好喝。

2. 对立的事物不可分离

在一个人身上，醒着与睡着、年轻与年老、生与死，都是不可分离的对立；并且只有通过对立，才能完整地认识一样东西。譬如，通过黑暗才能了解光明，通过噪音才会欣赏音乐，通过痛苦才可体味快乐，通过失败才能获得成功。

3. 对立的事物相互转化而合成一体

对立之物可以相互转化。表面上对立的事物，实际上是统一的；朝某一方向的变化，一定会引发朝相反方向的变化。比如，白天与夜晚组成一天，阴与阳构成太极。对立之物通过无休止的冲突，可以维持宇宙总量的平衡。如果没有冲突，宇宙就会毁灭。《老子·五十八章》中有一句话说："祸兮，福之所倚；福兮，祸之所伏。"表明祸与福相生相倚，也表达了类似的道理。

（三）逻各斯是对立统一背后所隐藏的法则

逻各斯除了表现出对立统一的现象之外，赫拉克利特还进一步肯定：逻各斯就是让宇宙总量保持平衡的不变法则。一切都在变化，但变化的规则是不变的。逻各斯安排世界上一切的对立统一，所有变化背后不变的就是逻各斯,逻各斯掌控着一切。

逻各斯听起来很抽象,赫拉克利特也知道这不好理解,因此补充说:"逻各斯喜欢隐藏。"逻各斯隐藏起来,平凡人既看不到它,也难以理解。我们要如何才能发现逻各斯呢?赫拉克利特认为要使用人的理性。

人的灵魂来自逻各斯,灵魂的作用就是理性。前面提到万物的起源是火,火生成人的灵魂,现在又说人的灵魂来自逻各斯,那么火与逻各斯有何关系呢?其实,逻各斯就是宇宙中的永恒之火。赫拉克利特还说:"逻各斯就是天神宙斯。"这些观念在他看来都是一样的。有一种力量总是在背后掌控一切,万物虽然一直在变化,但都有法则可依循,这种力量就是逻各斯。人类有理性,可以认识自己、思考世界,进一步就会明白这一切都是逻各斯的安排。

收获与启发

首先简单总结逻各斯所代表的哲学观点。

1. 逻各斯是对立的统一。对立的万物互相需要,不可分离,且相互转化而合成一体。

2. 对立统一背后的法则是不变的,它掌控一切变化与对立。

3. 逻各斯喜欢隐藏。人的灵魂来自于逻各斯,因此灵魂具有的理性能力可以努力了解逻各斯。

我们从中可以获得以下三点启发:

1. 由对立统一学到初步的辩证观念;

2. 逻各斯逐渐取代希腊神明的主宰地位;

3. 人使用理性,可以在一定程度上认识逻各斯,但不可能完全了解逻各斯。

赫拉克利特被称为"晦涩的哲学家",他话总是说一半,点到为止。因为他知道,真正的智慧不可能用言语完全说清楚,人的理性永远在探索之中,理性不可能完全掌握万物背后的逻各斯。

课后思考

你能否用对立统一的观念,分析正在或者曾经让你感到困惑的一段人际关系?

补充说明

从人际关系来看,常见的对立统一关系包括:在家庭中有丈夫与妻子、父母与子女;在工作中,有领导与下属、公司与客户;在学校,有老师与学生;在国际上,有国与国之间的关系。人活在世界上,只要跟别人接触,就会碰到或强或弱、或深或浅的对立统一关系,我们要进一步思考三点。

1. 对立双方有共同目标,它们的统一才有可能。老师和学生的目标都是真理,亚里士多德说:"吾爱吾师,吾更爱真理。"

2. 要以何种方法来达成这个目标?对立双方一定要建立"我与你"的关系,要把对方当作在现场一样,尊重对方。

3. 达成阶段性目标之后,大家还要各自向前。原来的学生后来也可能成为老师,人生要在不断的角色互换中实现成长和发展。

宗教被想象给绊住了

本节要介绍色诺芬尼（Xenophanes, 约 570—475 B.C.），他认为神是人类主观的创造，这一论断成为后世批判宗教共享的说法。

本节要介绍以下三点：

第一，古希腊宗教的情况；

第二，色诺芬尼对神明问题的反思；

第三，色诺芬尼对古希腊宗教的批评。

（一）古希腊宗教的情况

古希腊第一位哲学家泰勒斯曾努力想把神明请下神坛，他大声疾呼"万物都充满神明"，但是希腊人根深蒂固的神话观念依然存在。后来的色诺芬尼则疾言厉色，直接指出神明根本是人类主观的创造，人在想象中把神看成像人一样，同形同性。到底当时的宗教是怎么回事？不妨先看看现在的情况。

谈到西方宗教，你会想到什么？是尖顶的大教堂、万能的上帝，还是在教堂里忏悔祷告的信徒？在一般的观念里，宗教是神圣肃穆的领域，神应该高高在上。但在古希腊哲学家色诺芬尼生活的时代，宗教的情况则完全不同。

举例来说，古希腊神话中最有名的神是天神宙斯，他的父亲是克洛诺斯（Cronus）。克洛诺斯为了稳固自己的地位，阉割了自己的父亲乌拉诺斯（Uranus）。他还预知将来会有一个儿女推翻他，于是吞噬掉自己与妻子瑞亚（Rhea）生育的五个子女。第六个孩子是宙斯，瑞亚不想让这个孩子再被吞下去，于是就用布包裹了一块石头冒充宙斯，把它交给克洛诺斯。克洛诺斯吞下石头，宙斯则被送走。宙斯成年后回来与父亲抗争，打了十年的仗，最终获胜，迫使父亲吐出以前吞下的五个兄姊。这就是希腊最早的一段神话故事。

可见，古希腊的神完全不像今天的神。古希腊的神其实与人类很像，有阴谋与背叛，有爱也有恨，有人类的喜怒哀乐等一切情感。他们的世界与人类世界一样复杂，只不过他们的外貌更为健美，并且能长生不老罢了。色诺芬尼为何会提出"神是人类主观的创造"这一观点？可以从以下两个方面来看。

（二）色诺芬尼对神明问题的反思

1.《荷马史诗》中的神明形象不佳

关于天神宙斯的故事，在《荷马史诗》中亦有多次描写。色诺芬尼指出，荷马把人类种种无耻的、丑陋的行为都加在神的身上，如偷窃、奸淫、欺诈等，他描写的神明都太差劲。不过我们也知道，《荷马史诗》与中国的《诗经》类似，是根据民间流传的短歌编写而成的。它是古希腊人的集体创作，是当时世人观念的投射。

2. 不同民族所信仰的神明反映了他们自身的愿望

色诺芬尼说：埃塞俄比亚人说他们的神是黑皮肤、扁鼻子，色雷斯人说他们的神是蓝眼睛、红头发。这完全反映这些民族自身的实际状况。

3. 如果可能的话，连动物也会如此想象

色诺芬尼最精彩的一句话是："假如牛、马、狮子有手，并且能

像人类一样用手去绘画、雕刻的话，它们就会照着自己的模样，马画出或雕刻出马形的神像，狮子就画出或雕刻出狮形的神像。"换句话说，对马来说，它的神像马；对牛来说，它的神像牛；因此，人所了解的神当然像人。后代批评宗教的人常会引用他的这句话。

(三)色诺芬尼对古希腊宗教的批评

1. 宗教无法改善人的作为

古希腊的宗教不能改善人的行为。既然神明也有贪婪、背叛、仇恨等人类的弱点，那么神明比人类伟大之处并不在于精神与道德，而只在于身体的健壮、美貌以及长生不死。因此，人与神的关系是外在的、机械的。换句话说，人在适当的时候奉献、祈祷、举行宗教仪式，罪过就可以得到赦免，这和良心没有什么关系。试想，如果一种宗教与良心无关，这种宗教能带给人什么启发？当然很有限。

2. 宗教是功利取向的

古希腊的宗教是功利的。他们认为，人可以通过宗教活动来求福免祸，可以用各种占卜方法来预测未来。遇到灾难时，可以去供奉阿波罗神（Apollo）的德尔菲神殿，也可以去供奉宙斯神的多多纳神殿，里面都有女祭司替人解签。各种祭祀活动皆有交易的性质：祭则受福，不祭则受罚。罪恶有如疾病，可以用仪式治疗，无论当事人是否忏悔。

3. 宗教并不能解决人的根本问题

人的根本问题是：生命的意义以及对死亡的恐惧。古希腊人对尘世非常迷恋，对死亡非常害怕，根本无法面对可能出现的未来。换句话说，希腊宗教无法启发一个人在道德与精神上产生崇高的愿望，并进一步认真修行，这是因为他们的神在外形上与人相似，在性质上也没有太大差别。这样的神没有真正的超越性，又怎能指出人生的意义何在！

色诺芬尼完全不能接受这样的宗教和神。他认为，人不应该再受想象力的控制。如果神只是出于人的想象，那么他对人的启发将非常有限，他只会让人看到现实世界的利害。这样的神对人的精神生命没有多少帮助，反而极易成为迷信，使人完全忽略理性的作用，不去认真思考，只是盲目崇拜，最后陷入各种复杂的陷阱。

色诺芬尼并非完全批判，他在批判的同时也有积极的观点。假如有神明的话，神明应该是什么情况？色诺芬尼认为，真正的神无所不在、无所不见、无所不听。神是唯一的，神什么都知道，他可以用他的心灵和思想毫不费力地左右一切。这样的神永远静止在一个地方，完全不动。后代许多哲学家谈到神的时候，都会参考他的上述观点。

色诺芬尼认为神有一个特色：神静止在一个地方，完全不动。可见，色诺芬尼当时仍是从物质的角度出发，认为神具有一定的体积和质量，需要在某个地方才能存在。他的说法有唯物论的倾向。这一点是与后代宗教所说的神最大的差别。

近代西方哲学唯物论的代表费尔巴哈进一步延伸色诺芬尼的思想，他说：不是神造了人，而是人造了神。他甚至说，要用人类学来取代神学。费尔巴哈的思想显然受到色诺芬尼的启发：宗教被人类的想象给绊住了，很多神都是透过人的想象而被发明出来，人只是藉此满足自己的愿望而已。

1. 色诺芬尼主张神人同形同性论（Anthropomorphism），认为神完全是人类想象的结果。Anthropo 指人类，morphism 指模仿他的样子。
2. 如果有正确的信仰，应该可以提升人的精神关怀与道德水平。
3. 哲学家不必回避宗教问题，但是应该以理性的态度去面对它。

课后思考

宗教被想象给绊住了，宗教成为人类主观愿望的投射。请想一想，你对宇宙与人生的看法中，是否也有一些出自主观的想象？这样的想象一定不好吗？

第 2 章

唯物论与唯心论：同源异流

2-1

毕达哥拉斯：万物皆数

古希腊哲学家毕达哥拉斯说："万物的起源是数字。"这句话让人觉得莫名其妙，数字与万物的起源有什么关系？实际上，他是想藉此强调：在探讨万物的起源或性质时，形式比质料占有更优先的地位。

本节要介绍以下三点：

第一，毕达哥拉斯的背景；

第二，形式与质料；

第三，数学的重要作用。

（一）毕达哥拉斯的背景

毕达哥拉斯（Pythagoras, 约 571—497 B.C.）是数学家、宗教家与哲学家。中学所学的"勾股定理"（直角三角形两条直角边的平方和等于斜边的平方），就是他的贡献之一。

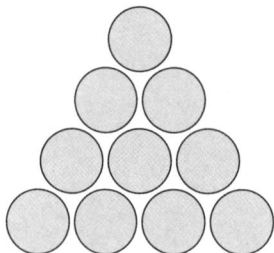

毕达哥拉斯也是宗教家，他组织了一个宗教社团——毕达哥拉斯学派。他用一个神秘的图案象征宇宙万物起源的奥秘，每天学生集合后都要先向神秘图案鞠躬行礼，然后才开始上课。这个图案很容易画：

最下面一行画四个圆点，往上依次为三、二、一个圆点，由此构成一个正三角形。无论从三角形的哪个端点看，都是一、二、三、四的排列顺序。一、二、三、四是所有数字中最开始的四个数字，总和为十，代表了完美。因此，这个图案就变成神秘的图案，具有神圣的作用。

（二）形式与质料

毕达哥拉斯说："万物的起源是数字。"这听起来有点奇怪。在他之前的哲学家对万物起源有不同看法。泰勒斯说"万物的起源是水"，赫拉克利特说"万物的起源是火"。水、火、气都是有形可见的物质，是人的感官掌握得住的，可以称为质料。毕达哥拉斯则认为，更重要的是形式，而不是具体的质料。

比如，到动物园一看就知道哪种动物是熊猫，因为熊猫的样子很独特，那是熊猫特有的形式，天下所有熊猫都长那个样子。但是，天下没有两只熊猫是一样的，它们大小不同，轻重不同，体质也不同。所有的熊猫可以统称为熊猫，代表它们有相同的形式；而单个的每一只熊猫，则有质料上的不同。

因此，形式比质料具有优先性，人类通常都是先认识形式。譬如，有位朋友送我一件礼物，我打开一看就知道是条皮带，说明我是先通过形式来辨认出礼物是什么。形式可以包括形状、作用或功能。确定它是皮带后，我会进一步辨认它是由什么材料做的，是真皮还是塑料，这叫做质料。

形式与质料在西方哲学史上是非常重要的一对概念。形式可以被理性所掌握，用来分辨一样东西是什么，以区别于其他东西。质料可以让人分辨出一样东西的材料是什么，材料有好有坏，有的贵重有的便宜。将形式与质料两者配合，就可以认识世界万物。

（三）数学的重要作用

如果将数学元素全部去掉，可能就无法与人沟通。譬如，我们遇到一个人，总想知道他哪一年出生、今年几岁、家中几人、房子多大……这些都是数字。又如，今天星期几？出差坐哪班飞机或哪趟高铁？可见，如果没有数字，则很难与别人来往或沟通。

数学除了数字，还包括各种图形。以汽车为例，方向盘、车灯、车轮都是圆形的，方向盘中间被支架分割为三角形，车窗有的接近长方形、有的接近正方形。如果没有这些图形，将无法辨认任何东西。数字与图形是数学中的重要元素。没有数学，将无法认识和了解这个世界。

毕达哥拉斯本身是数学家，对数学深有研究。他说，今后谈到万物起源的问题，不用再去考虑质料，那不会有定论；真正应该思考的是形式部分。对于形式部分，数学恰好可以发挥作用。

毕达哥拉斯为何将数学看作宇宙万物的起源甚至本质？他如何证明万物都是数字？譬如，1、2、3、4 这四个数字，1 代表点，2 个点构成线，3 个点构成面，4 个点构成体；因此，1、2、3、4 分别代表了点、线、面、体。宇宙万物都是有形可见的具体之物，一定会有某种具体的形状（如圆形、三角形、六边形、八边形等），万物正是在点、线、面、体的基础上发展而成的。可见，数字构成了万物以及整个宇宙。

毕达哥拉斯还进一步认为宇宙有三个特色，均与数学密不可分。

1. 平均

毕达哥拉斯认为，宇宙特别会使用平均数。譬如白天晚上各占一半，一年分为四季，每一季都是三个月，每月平均 30 天。这都体现了平均。

2. 秩序

秩序表现可以用数学来测量。时间上的先后、空间上的远近，都可以用数字来计算和标识。譬如，两地距离多远，走过去要多久，都要用数学表达。这也说明宇宙很有秩序。

3. 和谐

和谐是宇宙的主要特征。毕达哥拉斯巧妙地借用音乐来说明宇宙的和谐。他说，美妙动听的音乐同样离不开数学。他发现音符之间存在有比例的规律，善于利用这个规律就能产生和谐的音乐。懂一些乐理的人都知道，音符之间的距离叫做音程。毕达哥拉斯总结出著名的琴弦定律：音程之间比例愈简单，和声愈和谐。可见，毕达哥拉斯对音乐也很有心得。

他还强调，哲学与音乐密不可分，哲学就是至高的音乐。天才可以听到行星的乐音，但不能用耳朵去听，而要用灵魂去听。下一节就要介绍毕达哥拉斯的灵魂观。

收获与启发

1. 在认识任何事物时，形式比质料更优先也更重要。数学所象征的正是宇宙的形式。

2. 没有数学提供的大小比例、快慢节奏、长短对比，以及相似、反差、对称等观念，便无法欣赏任何东西，尤其是音乐。

3. 感官所能把握的是具体的事物，经由数学可以提升理性的抽象作用，并进一步领悟更普遍的知识，如真、善、美。

课后思考

形式与质料这组观念也可以用来认识人。一个人的身高、体重是他的质料，但你要靠他的长相来辨认他是谁。因此，长相是人特有的形式。然而，我们也常说"知人知面不知心"，由于长相会自然改变，或者通过整形而改变，所以人的心才是他特有的形式。请你思考一下，你认为一个人的形式究竟是什么呢？

补充说明

对毕达哥拉斯来说，灵魂是人的形式，所以他才会提出照顾灵魂的各种方法。若要进一步分辨形式与质料，可以从三个方面来看：第一是对物，第二是对人，第三是对己。

1. 对于万物，可以通过分类找到它的固定性格或可以预测的本能，以此来界定它的形式。将万物的形式掌握住之后，它在质料上的变化就属于比较次要的。

2. 对一个人来说，他的形式应该是他的灵魂，正所谓"日久见人心"。不过人心也会变，这正是人作为万物之灵最特别的地方。

3. 比较重要的是，对自己要有"自知之明"。一个人有身、心、灵三个层次。"身"比较明显，从外表一看就能了解，就像认识物质的东西一样。"心"比较内在，不过人与人之间可以通过说话来表达心意，互相沟通。"灵"完全是自己的内在世界，是一个人的生命最特别的地方。

也有人说，人的形式应该是基因，因为基因是不变的。但是，基因很明显地又属于物质。这个问题并没有所谓的标准答案。毕达哥拉斯以及其他哲学家都类似，他们提出新概念是为了帮助世人理解，进而发现事实的真相。因此，我们要就这个哲学家的定义来使用概念。更重要的是他的思考模式，他是怎样思考才得出这样的结论的？将他的思考模式学会之后，你就可以慢慢自己展开思考，从而领悟出自己的心得。

真的有灵魂吗?

毕达哥拉斯认为灵魂才是真正的人,所以,照顾灵魂成为人生的首要大事。

一般人听到"灵魂",会感觉很神秘。有些人信仰宗教,认为灵魂本来就存在,而且会不断轮回或死后接受审判;有些人不信仰宗教,而将灵魂当作内在真正的自我。这些想法都有其来源与背景,先不必急于判断对错,最好先了解一下古希腊哲学家是如何看待灵魂的。

本节要介绍以下三点:

第一,古希腊人对灵魂的看法;

第二,人生最重要的就是照顾灵魂;

第三,照顾灵魂的三种方法。

(一)古希腊人对灵魂的看法

古希腊人对灵魂的看法大致有以下三种观点:第一,灵魂是普赛克;第二,灵魂是生命气息;第三,灵魂是生命原理。

1. 灵魂是普赛克 希腊神话中有一段普赛克（Psyche）与爱神的故事。普赛克本来是凡间美女，后与爱神相恋，历经种种考验而成为女神。

这个神话表达了一个人内心的犹豫不决，又想爱又想恨等非常复杂的情绪，因此，后来"心理学"（Psychology）便以 Psyche 作为其前缀。

2. 灵魂是生命气息

在《荷马史诗》中经常会看到，灵魂是指"生命气息"，好像人的呼吸一样。然而，人活着时才会呼吸，一旦死去，灵魂就会变得苍白无力。

特洛伊战争中的英雄阿喀琉斯（Achilles），死后进入地府，他抱怨道："我现在好似游魂一般，我宁可活在世间做别人的奴仆，也不愿意在死者的幽灵中称王。"可见，将灵魂当作生命气息的观念在当时非常流行。

3. 灵魂是生命原理

比较重要的是毕达哥拉斯的观点，他强调灵魂是"生命原理"。只要是有生命之物，一定具有某种力量或原理，使其生命得以延续和发展。植物与动物也不例外，它们一样具有生命原理，可以称为植物魂、动物魂。

这听起来有些奇怪，但是几年前在电影《阿凡达》中，这一点显示得很清楚：所有的动植物都有魂，它们都能与人类沟通，甚至比人与人之间的沟通更顺畅。人当然也有灵魂，但是不能简单地将人与动植物相提并论。

毕达哥拉斯将灵魂分为三个部分，分别负责感觉、活动与心智。动物、植物的灵魂只有感觉与活动的能力，但是人类不一样。人的灵魂除了可以感觉与活动之外，还有心智的能力，可以进行理性的运作。心智才是人的灵魂本质。接下来就要问：人生最重要的是什么？

（二）人生最重要的就是照顾灵魂

毕达哥拉斯认为，人生真正重要的事就是照顾灵魂。可以参考以下几种有关灵魂的说法。

1. 灵魂才是真正的人，身体只是灵魂的监狱。

"身体是灵魂的监狱"这一论断在古代非常盛行，所以很多人将克制身体的欲望、修养自己当作人生的首要目标。毕达哥拉斯认为，灵魂会按照命运的规则而轮回。这一观念是由古代东方的奥尔弗斯教派（Orphism）传到希腊的。该教派的详细主张今天已经不得而知，但毕达哥拉斯至少从中学到一点——相信灵魂会轮回。

他曾经制止一个人鞭打一只小狗，他说："请你停下来，因为我从小狗的嗷叫声中听到已故朋友的声音。"这句话究竟是不是毕氏说的，目前无法考证。他认为人的灵魂轮回不但可以转生为动物，甚至可以变成植物。因此，他禁止学生或信徒吃豆子，因为他觉得豆子很像人的生命的原始状态。

2. 灵魂不死，灵魂是神明的亲戚。

古希腊人相信神明永生不死，人的灵魂是神明的亲戚，因而也是永生不死的。灵魂轮回的目的是让人的灵魂再度回到神明的世界。如此一来，人生好像有一个光明的未来与远景。

（三）照顾灵魂的三种方法

毕达哥拉斯提出三种照顾灵魂的方法。

1. 研究数学

数学是万物的来源或本质所在，通过研究数学，可以进而认识万物及整个宇宙。此外，数学有抽象作用，可以说明提升心灵的层次，使人不再局限于具体的生活享受之中。

2. 欣赏音乐

毕达哥拉斯认为音乐的本质是和谐。当然，古代还没有现代的重金属音乐及各种风格怪诞的音乐。通过欣赏音乐可以促进心灵的和谐，对人生修养有直接的帮助。

3. 沉思冥想

一个人如果频繁地用感官去听、去看、去触摸，就会分心。相反的，沉思冥想会使人回到内在的自我，这是真正的修炼。毕达哥拉斯对此十分重视。他的学生在拜师五年内要保持沉默，专心听课；五年之后，有问题才能请教老师。

毕达哥拉斯组建的社团具有宗教性，有许多类似宗教戒律的规定：他要求学生睡醒后叠好被子，不然灵魂就会被卷在被子里；他相信人是神的财产，所以不可纵欲，亦不可自杀，自杀等于谋夺神的财产；勿在灯旁照镜子；更古怪的是，洗脚时先洗左脚，穿鞋时先穿右脚，等等。

毕达哥拉斯曾在南意大利的克罗顿（Croton）取得统治权。100多年后，当地居民对他的教条实在忍无可忍，于是驱散了他后代的徒子徒孙。这个宗教团体的结局显然不好，但毕达哥拉斯有关灵魂的各种论述仍有参考价值。

收获与启发

1. 灵魂是生命的原理。人有身体与灵魂，身体是人的质料，灵魂才是人的形式，是人之所以为人的标志。

2. 人的灵魂有心智的部分，可以表现出理性的力量，这种力量可以让人为善或者为恶。如果选择正确的方向，灵魂最后可以回归到神明的大家族。

3. 人生的首要大事是照顾灵魂，方法是研究数学、欣赏音乐以及沉思冥想。

在西方哲学史上，毕达哥拉斯最大的影响力体现在柏拉图身上。后文谈到柏拉图时，我们将会看到毕达哥拉斯的灵魂观念对古代最伟大的哲学家有着怎样的启发。

课后思考

先不管毕达哥拉斯对灵魂的各种说法是否正确，对于他提出的照顾灵魂的三个方法——研究数学、欣赏音乐、沉思冥想，你觉得哪一个最值得参考？

补充说明

毕达哥拉斯既然提出三种照顾灵魂的方法，一定有他的考虑。在数学、音乐和沉思这三点之中，哪一点需要更高的门槛？

1. 谈到数学。毕氏所谓的数学以什么程度为准？我认为，凡是有形可见、可以让你肯定它是什么形状的，凡是可以计算、可以累积的数字，就是基本的数学。如果数学是指高深的解析几何、微积分等，那很多人都是门外汉。

2. 谈到音乐。音乐可以让人由感性的和谐提升到心灵的和谐，人在不同的年龄层会欣赏不同的音乐。重要的是，你听的音乐能否达成毕达哥拉斯所说的目的，即让你感觉到和谐、安全、稳定、永恒？

3. 谈到沉思冥想。许多人都选择这一点，因为沉思冥想好像不需要太高门槛，其实不然。沉思冥想并非只是向外观察，目的还是要向内回到自身。沉思冥想一定要有思考的材料。在这个方面谈得比较具体、比较深刻的是亚里士多德，他认为人生的最高幸福在于观想，可以与这里的沉思冥想连起来思考。

除了这三点之外，有人认为绘画和运动也可以达成专注的效果，可以照顾灵魂。但是，身体运动的效力是否可以达到灵魂？绘画是在表达一种创意，表现你的心思。而毕氏所谓的照顾灵魂，关键还是在于收敛。

哲学原来是爱好智慧

本节的主题是：哲学就是爱好智慧。为何会有这样的说法？

本节要介绍以下三点：

第一，哲学是什么？

第二，为什么说哲学就是爱好智慧？

第三，毕达哥拉斯表现出三种爱。

（一）哲学是什么？

先来谈一谈哲学是什么。谈到哲学，会发现下面两种现象。

第一，世界上任何一所图书馆的图书编号都是从"0"开始，编号"1"则是哲学类。不禁让人好奇哲学为什么排第一？这是因为人间所有的学问都分门别类，只有哲学是统合性的学问，可以将各种学问整合起来，找到重点，并给予明确的归纳。

第二，有些人明明研究的是数学、物理、化学，或者专攻社会学、心理学、人类学，但研究到最后，他们取得的最高学位都称为"哲学博士"（Ph.D., Doctor of Philosophy）。这是因为西方从中世纪发展到近代的学术传统认为，哲学是所有学问中最特别的，它被称作学问的学问、知识的知识或科学的科学。这三种说法都来自于同一个拉丁文的词组 Scientia Scientiae，翻译成英文为 the Science of Sciences，意为各门学科中统合性的学科。

第一点说明哲学范围广泛，无所不包；第二点说明哲学十分高深，好像是一门最深刻的学问。然而在现实生活中，情况并非如此。常有人笑称，哲学家就是整天在漆黑的房子中寻找黑猫的人。然而哪里有猫呢？你可能只是自己在幻想吧！也有人说得更直接，哲学是把简单的东西说成复杂，把原本懂的事情说得让人迷惑不解。众人对哲学有这样的印象，实在令人遗憾。

（二）为什么说哲学就是爱好智慧？

首先使用"哲学"（希腊文的拉丁文写法是 Philosophia）一词的是毕达哥拉斯。他怎么会想到用这个词来形容研究哲学的人呢？原来他是从奥林匹克运动会上得到了灵感。古希腊奥林匹克运动会每四年举办一次，到毕达哥拉斯时已经举办了六十余届。他发现运动场上有三种人：

1. 商人：他们看到运动会现场人数众多，有利可图，于是摆摊叫卖或做广告推销自己的产品。商人的目的在于求利益。

2. 运动员：运动场上的运动员代表着自己的城邦，他们希望通过比赛获得荣誉，也可以让自己从此衣食无缺。运动员的目的在于求名誉。

3. 观众：观众中有极少数人并不是任何一支队伍的粉丝，也没有任何其他想法，他们只有一个念头：要发现真相。譬如，每四年举办一次这样的竞赛，意义何在？人生到底应该追逐什么样的目标？这些观众可以从运动竞赛中，体会到人生应该走什么样的路。他们代表了爱好智慧、希望了解真相的人。

于是，毕达哥拉斯区分出三种人：第一种追求利益；第二种追求名誉；第三种追求真正的知识，亦即智能。他为此创造了一个新的词，叫做 Philosophia，这个词由 Philia 和 Sophia 两个希腊字合成。

Philia 就是爱。古希腊人通常用三个词来表达爱：

1. Eros 代表情爱，描写感性的情欲之爱、男女之间的激情等；

2. Agape 代表博爱，这种爱具有宗教情操，能普遍爱每一个人；

3. Philia 代表友爱，通常指朋友间的友谊，它温和而理性，可以长久地维持下去。

Sophia 就是智慧。谈到智能，需要对信息、知识和智能三个词加以分辨。

1. 信息：就是信息或每天发生的事件，如每天最热门的新闻、八卦消息等。信息往往都是片段，缺乏前因后果与可靠性，并且常处于变化之中。

2. 知识：大学一般都分为几十个学科，每一个学科都有专门的知识。一个人可以针对世界上某个领域进行专门的研究，获得深刻的了解，从而成为某方面的专家。但是这类专家通常分而不合，无法将专业知识与自己的生命相结合。他们只是某一方面的专家，对其他领域可能一无所知。

3. 智慧：简单来说，智慧就是完整而根本的理解。说到"完整"，人生的完整历程是生老病死，你能否将人生视为一个整体？你年轻时是否会想到，当自己年老后甚至面临生命尽头时，会有怎样的心态？说到"根本"，则是指人生中最复杂、最深刻的问题，比如什么是痛苦、罪恶或死亡？所谓"智慧"，就是对这些问题做出完整而根本的思考。"爱好智慧"意味着你可能一生都在寻找答案，却未必能获得最终的解答。但是在追求的过程中，整个生命会不断地转化提升，表现出与众不同的特色。

(三)毕达哥拉斯表现出三种爱

毕达哥拉斯通过自己的观察与思考，发明了"哲学"一词。他在现实生活中身体力行，亲身示范，具体表现出以下三种爱。

1. 爱沉思

毕达哥拉斯创建的毕达哥拉斯学派在南意大利的克罗顿逐渐发展。他住的房屋表面看起来像是一座神殿，进去之后会发现里面还有一个地下室，他每天都要花好几个小时在地下室中沉思。可见，一个人若想向上提升，首先就要向下沉潜到幽深之处。他从地下室出来后，就对学生说：我在地狱里听到了什么消息，现在要往上提升了。他说自己到过地狱，这只是他个人的说法，但至少表明他能与别人保持距离，让自己进入深刻的思考。前面也介绍过，要当毕达哥拉斯的学生，前五年不能说话，只能认真地学习和思考老师所教的一切。

2. 爱治病

毕达哥拉斯有一段时间到处旅行，目的是给人治病。他要治疗的不是身体方面的疾病，而是灵魂上的问题。譬如一个人活得不快乐，他会问：你追求的是物质还是精神？你是否忽略了它们的平衡？这有点类似于今天的心理医师。这一点深深影响了尼采，尼采后来说过一句名言："哲学家是文化的医生。"有些人表面看来很正常，毕达哥拉斯却能发现他内在的问题。尼采把这一点延伸到对整个文化的诊断上，他认为真正的哲学家能够提早诊断文化向好还是向坏的发展趋势。

3. 爱教书

毕达哥拉斯认为教书是最神奇的事。别的东西（如权力、财富）给别人之后，自己拥有的就减少了，给别人愈多，自己剩下的就愈少。但教书不一样，老师把所有的学问都传授给学生，自身的学问非但不会减少，由于教学相长的缘故，他的学问还可能增加。

从上述三种独具特色的表现，可以看出毕达哥拉斯言行一致，是一位真正的哲学家。

收获与启发

1. 在奥运会上心态超然、只想知道真相的极少数观众才是哲学家。哲学家的这种形象，也表现在后代所有的科学家和学者身上，他们专心致志，为了求真而求真。只不过哲学家所追求的"真"，是完整而根本的道理。

2. 哲学就是爱好智慧，所以哲学要做根本的探讨，或探讨根本的问题。在哲学界，很多人都有不同的观点，这些观点不一定都对，我们要学习的是哲学家分析问题的方法与面对问题的态度。所谓"爱好智慧"，是说人这一生只能慢慢地接近智慧，却不可能真正地拥有智慧，因为智慧是属灵的，是神明的特权。这是西方非常明确的立场。

3. 哲学会调整及改善人的观念与行为。学习任何一套哲学，都会对你有某种启发。不同的观念会带来不同的行为，行为造成习惯，习惯塑造性格，性格再进一步决定你的命运。

课后思考

哲学与哲学家的关系如何？对于前文介绍的哲学家，你觉得可以接受哪位哲学家的思想？接受之后，你在行为上或生活态度上有没有转变？

2-4

巴门尼德：
能被思想的就是存在吗？

本节介绍巴门尼德说的一句话："能被思想的就是存在。"这句话听起来非常抽象，简直不知所云，所以特别值得用心探讨。

为什么要重视巴门尼德这个人呢？我们介绍过古希腊有三大哲学重镇：爱奥尼亚、南意大利、雅典。南意大利有两大学派：毕达哥拉斯学派（Pythagoreans）、埃利亚学派（Eleatic School）。埃利亚学派的主要代表人物就是巴门尼德（Parmenides, 约515—445 B.C.）。

巴门尼德到底有多重要呢？柏拉图在他的著作中提到巴门尼德时说："巴门尼德值得我们尊重与敬畏。对于他所说的话，你要担心的是你懂不懂，而不是他说的对不对。"更重要的是，整个西方哲学史上有两大思想派别——唯心论与唯物论，两者共同的来源都是巴门尼德。这足以让人产生高度的兴趣，一个人怎么会同时启发两种完全对立的思潮呢？

本节要介绍以下三点：

第一，巴门尼德寻找真理之路；

第二，巴门尼德对存在的看法；

第三，巴门尼德如何启发唯心论和唯物论？

（一）巴门尼德寻找真理之路

巴门尼德留下一首诗叫做《真理之路》。他在诗中描写自己来自无知的黑夜，在人群中孤独地走着自己的道路，最后得到女神的教诲，让他进入冥界。要知道生，必须先知道死，这样才能使生命恢复完整。最后女神向他伸出右手，肯定他觉悟了真理。这首诗启发我们：人本来是无知的，所以要孤独地寻找，最后得到神的启示，在寻找的过程中要对生与死有全方位的了解和体认。

请问，他找到真理了吗？巴门尼德说有三条路供你选择：第一条是意见之路，第二条是虚无之路，第三条才是真理之路。

1. 意见之路：宣称一样东西既存在又不存在

譬如你说："一朵花先是存在，后来它凋零了，不存在了。"巴门尼德认为这是你的意见，根本不可靠。意见来自于感官的经验，会让你认为一样东西先是存在，然后变成不存在。但说同一样东西"既存在又不存在"，是矛盾的说法。因此，感觉是不可靠的。

2. 虚无之路：宣称一样东西不存在

如果宣称一样东西不存在，既然不存在，何必谈它呢？比如，我现在说"独角兽不存在"，既然独角兽不存在，这句话不就等于说"不存在的东西不存在"吗？何必多此一举？因此，对于虚无根本不必谈，也不必想。

3. 真理之路：凡存在之物皆存在

"凡存在之物皆存在"，这句话不是在绕圈子吗？这样说代表没有其他可能性，既没有虚无的东西，也没有从存在到不存在的变化，这才是真理。如果不能认识到这一点，根本就不能与你谈论这样的问题。

因此，如果一样东西真的存在，它一定能被谈论；既然能被谈论，就一定能被思想。所以结论是：能被思想的才是真正的存在，能被思想与真正的存在是同一回事。这叫做"存在与思想的一致性原则"，这是巴门尼德最主要的贡献。

（二）巴门尼德对存在的看法

听到巴门尼德所谓的真理，我们都会愣一下。如果能被思想的才能存在，思想与存在是一致的，那么会推出什么结论？从负面来看，巴门尼德否定了时间、空间以及变化。不能谈变化，因为变化是感觉的经验，是不可靠的。从正面来看，如果把时间、空间、变化统统排除，可以得到以下三点结论。

1. 一切存在之物形成单一整体，它不可毁灭。

如果存在本身能够被你思考，它当然是唯一的存在，它形成一个整体，在它之外没有任何东西。宇宙万物统统在这个存在整体里面，这个整体不是被造的，而是完整而充实的东西。

2. 这个单一整体的内部没有对立、冲突与矛盾，它不可分割。

3. 这个整体是不变而永恒的。

它在时间上是无限的，没有任何限制；但在空间上必须是有限的，因为人类无法思考在空间上无限的东西；并且它是圆球形的，因为从圆球的中心到球面的任何一点都是等距离、等重量的。这是巴门尼德非常有趣的观点。

（三）巴门尼德如何启发唯心论和唯物论？

自从巴门尼德提出了上述的观点之后，从此在西方哲学史上探究真正的存在，就不能只看那些暂时存在的、不断变化的、个别的东西，而要关注永恒者与持续存在者。这样一来，唯心论和唯物论的"唯"这个字就出现了。那么，后来又是怎样发展出唯心论和唯物论的呢？

按照巴门尼德的说法，存在只能由思想去把握，这一点启发了西方唯心论之父——柏拉图。柏拉图对他推崇备至，认为在苏格拉底之前的希腊哲学家里，只有巴门尼德是伟大的，可以与创作史诗的荷马相提并论。关于柏拉图是不是唯心论者这个问题，我们在介绍柏拉图的部分会再做说明与讨论。

但是，"存在只能由思想去把握"并不等于"存在本身就是思想"。巴门尼德明确地说，存在本身在空间上是有限的，并且是圆球形的。这代表存在本身是一种类似于物体的东西。存在本身既没有变化也不会消失，而且存在本身又是物质，由此推出物质是不灭的。从这个角度来看，巴门尼德也是唯物论的启发者。古代第一位标准的唯物论者是德谟克利特（Democritus of Abdera, 约460—371 B.C.），他是原子论的创始人。

柏拉图与德谟克利特属于两种完全不同的思想，一个是唯心论，一个是唯物论，两者同源而异流——有相同的来源，但在发展方向上却分道扬镳。

收获与启发

1. 讨论万物的起源，不能只关注其质料（如水、气、火），或只关注其形式（如数学），而要关注那唯一的"存在本身"。

2. 能被思想的就是存在本身，它是永恒的、唯一的。巴门尼德这一观念同时启发了唯心论与唯物论。

3. 巴门尼德所否定的虚空、变化、时间，真的不存在吗？这不是会引起更多的争论吗？下一节，就要介绍他的学生是怎样替他辩护的。

赫拉克利特认为万物一直在变化中，巴门尼德则认为万物没有任何变化。你认为谁的说法更可信？

补充说明

从巴门尼德开始，推出了"思想三律"。什么是思想三律？

1. 同一律（A=A）。任何东西一定是它本身。

2. 不矛盾律（A ≠ –A），有时也称为矛盾律。任何东西都不是非它本身。

3. 排中律（A 或者 –A），A 或者非 A 必有其一。任何东西或者是它本身，或者不是它本身，没有中间的可能。

你可能会认为：这有什么稀奇的，本来就是如此啊！但是请进一步思考，当你说"张三是勇敢的"那一刻，张三必须遵守这三律：张三就是张三，张三不是非张三，张三或非张三必有其一。这样一来，你在思考时必须排除一切变化。如果关注变化，你根本不可能进行任何思考，因为当你说"张三"的一刹那，张三已经变化了，已经不是你所说的"张三"了。因此，人类所知的世界是被人的思想定格的世界，它永远不可能等于具体存在的世界，因为后者一直在变化中。

变化只是幻觉吗？

本节的主题是：变化只是幻觉吗？

前文介绍了巴门尼德的核心观念，他强调：能被思想的才能存在，存在是一个整体，没有任何变化的可能。这种说法引起许多人的批评和嘲笑。不过，他的学生芝诺（Zeno of Elea, 490—425 B.C.）为老师辩护，他还发展出一种特殊的哲学方法——归谬法，后来被广泛应用。

本节要介绍以下三点：

第一，什么是归谬法？

第二，芝诺批判多元论；

第三，对芝诺的批评与评价。

（一）什么是归谬法？

所谓"归谬法"是说，当你与别人辩论时，先暂且接受别人的说法是正确的，然后再通过举例或推论得出荒谬的结论。

归谬法非常好用。譬如你说"张三是好人"，而我认为张三是坏人，我可以先接受"张三是好人"的说法，然后通过举例，说明张三做的许多事情完全违背"好人"的定义，从而证明"张三是好人"

这一说法是荒谬的。换句话说，我不用急着去证明张三是坏人，因为有时证实自己的说法更不容易，还不如先接受对方的观点，再证明他的说法最后会导致荒谬的结论，这就叫做归谬法。

芝诺是如何使用归谬法来替老师巴门尼德辩护的呢？巴门尼德的一元论否定了变化。一般人以为有变化，而变化代表有很多东西，具有多样性，这样才能从这个东西变成那个东西；而且变化一定是在时间、空间中展开的。芝诺现在要告诉这些人，认为有变化、有时间、有空间，都是错误的。

芝诺提出一个很有趣的论证。阿喀琉斯是有名的飞毛腿，但是如果让乌龟先走一步，他就永远也追不上乌龟。芝诺说，如果你认为有变化、有空间，则空间是由无限的点所构成。如果让乌龟先走一步，虽然这一步看起来很短，但是由于点不占空间，所以任何一段距离都包含了无限的点，那么阿喀琉斯怎么可能在有限的时间内跨越无限的点呢？因此，阿喀琉斯永远也追不上乌龟。这就是芝诺的著名论证，一听就知道这是诡辩。

芝诺还有一个"飞箭不动"的论证也很有趣。运动就是一种变化，但是飞箭射出之后，一定在某一个瞬间占有某一个空间位置，那它不就是静止的吗？飞箭在每一刹那都是静止的，又怎么能射中目标呢？

亚里士多德在他的著作《自然学》中，特别对芝诺加以批评，说他提出的 40 多个悖论令人感到莫名其妙，与日常生活经验完全不相吻合。这些批评使得芝诺比他的老师巴门尼德还要有名。

（二）批判多元论

其实，所有的荒谬结论都要归咎于"多元论"。巴门尼德主张"一元论"，后代学者在此基础上发展出唯物论与唯心论，"唯"就代表一元。但是，如果主张有变化，就意味着有很多东西，这样才能由一个东西变成另一个东西，这当然是多元论。

芝诺在学术上最有名、最常被讨论的是下面这则论证。芝诺旨在批判多元论，他认为"多"是一种幻觉。他说：如果主张多元论，就代表宇宙是由许多单元组成的，那么这些单元有体积吗？首先，单元若有体积，则可以被无限分割，宇宙就成了由无限单元所组成的，从而变得无限大，这是荒谬的。其次，单元若无体积，则无论如何叠加这些单元都不会有体积，宇宙就变得无限小。所以，如果你认为宇宙不是唯一的整体，而是由许多单元组成，不管你是主张单元有体积还是无体积，最后都会推出荒谬的结论。这就是标准的归谬法的应用。

芝诺还有一个很有趣的论证。一袋米掉在地上会发出声音，那一粒米或千分之一粒米掉在地上有声音吗？凭人的耳朵无法听到声音，但结论一定是有声音。如果千分之一粒米落地时没有声音，那为什么一袋米落地时会有声音呢？请问是从第几粒米开始出现声音的？这显然是荒谬的。他这样说的用意是：理论上如果承认有东西，它就必须能被无限地加以分割。

"无限"两个字能被理解吗？中国战国时代有个学派叫做名家，代表人物是惠施，他是庄子的朋友。《庄子》书中提到过惠施的一个论证："一尺之棰，日取其半，万世不竭。"（《庄子·天下》）意即一尺长的木杖，每天截取一半，万世（三十万年）都不会用完。这与芝诺所说的"千分之一粒米掉在地上是否有声音"是一样的意思，无论怎么截取，从理论上来说一定还剩有木材，但实际上根本无法想象。

芝诺提出许多类似的论证，目的只有一个，就是证明巴门尼德的一元论是正确的，即没有任何变化，没有空间，没有时间。芝诺在论证中充分使用归谬法以及辩证法。芝诺的论证其实是一种诡辩，他要强调的是：有永远是有，无永远是无，没有什么变化，没有什么多元的东西。

但是，这种说法能够成立吗？

（三）对芝诺的批评与评价

亚里士多德这样批评芝诺，他说："时间，就算是最小的一个片刻，也有它的连续性。"换句话说，由于时间是连续的，所以在任何一刹那，物体仍然可以移动。因此，芝诺关于"飞箭不动"的说法不能成立。

在空间方面，所谓的"无限可分性"只是说明它具有这种潜能。任何东西无论怎么分，分到最后一定还是有东西。不可能刚开始的时候有东西，而分到最后就没有东西了。"无限可分"仅仅是就潜能来说的。其实，分到最后已经超出人的感觉范围，也超出认识能力。

亚里士多德虽然对芝诺有不少批评，但他还是肯定芝诺这位前辈，称他为"辩证法的发明人"。黑格尔也说："芝诺主要是客观地、辩证地考察了运动，不愧为辩证法的创始人。"（《哲学史讲演录》）。

所谓"辩证法"（dialectics），简单说来就是"正反合"，对话的正反双方互相吸取对方观点中的优点，然后向上提升，形成一个新的观点，称之为"合"。芝诺提出很多有趣的论题，他在论证中就充分使用了辩证法。

收获与启发

1. 芝诺是个辩论高手，他首创归谬法，并且增强辩证法的威力。

2. 芝诺深入探讨动与静的关系、无穷与有限的对照、连续与离散的状态，并做出进一步的辩证思考。

3. 他提出的许多论证生动有趣，有助于思维能力的训练。当然，对于结论我们不一定要接受。

课后思考

请你思考一下，假如你买了一辆新车，从第几年开始你会觉得车已经旧了呢？

补充说明

用芝诺的方法就会知道，在买到车的一刹那，车就已经开始变旧了，否则这辆车永远没有旧的问题。

有些人联想到"忒修斯之船"的典故，亦即从现在开始换这艘船的木板，请问换到什么时候它就不再是忒修斯之船了？

"忒修斯之船"的典故来自一个神话故事。雅典国王打不过米诺斯，于是被迫每九年进贡七对童男童女，送到半人半牛的怪兽弥诺陶洛斯那里。忒修斯自告奋勇说："让我去吧。"他和大家约定好，如果他杀了怪兽平安回来，他的船就换上白色的船帆。结果他杀了怪兽，太过高兴而忘了换船帆，返航时仍旧挂着黑帆，国王以为忒修斯已死，于是就自杀了。

回到忒修斯之船的悖论，事实上，你不断更换木板，甚至最后换掉全部木板，你还是会肯定它是原来那艘船。这里要注意两点：第一是它的形式，若这艘船的形式不变，仍保留着原来的外形特征，你就会说还是那艘船；第二是它的定名，也就是它的招牌，大家若约定俗成地说这样的船就叫忒修斯之船，你就会说还是那艘船。即便木板全被更换了，质料完全不同了，它还是那艘船。因为判断它是什么船的关键不在于质料，而在于形式。

不过，忒修斯之船的悖论与本节课后思考侧重点不同。忒修斯之船谈的是船的"同一性"问题，即这艘船还是原来那艘船吗？课后思考谈的是同一辆车的"新旧"问题。这是两个不同的问题。

第 3 章

苏格拉底之前的哲学流派：原子论与辩士学派

谁把哲学带到雅典?

本章要介绍苏格拉底之前的哲学流派,本节的主题是:谁把哲学带到雅典? 主要介绍以下两点:

第一,古希腊时期的雅典如何成为哲学的殿堂?

第二,阿那克萨戈拉是把哲学带到雅典的第一人。

(一)雅典成为哲学的殿堂

雅典的成就首先要归功于两位政治家:立法者梭伦(Solon, 638—559 B.C.)、执政官伯里克利(Pericles, 495—429 B.C.)。梭伦在公元前 594 年出任雅典城邦的首席执政官,是最早为雅典制定法律的人。他制定的法律有两个重点:

1. 所有公民都享有平等的权利;

2. 为城邦服务是所有公民的最高荣耀,因为个人的命运与城邦的命运紧密相连。

100 多年后,雅典进入由伯里克利主政的"黄金时代"。伯里克利在纪念阵亡将士的演讲中,特别强调雅典具有三点特色:一、雅典的民主政治肯定人人平等,大家都是自由的;二、雅典人的命运一向与城邦结合在一起,服务城邦、为城邦牺牲是公民的荣耀;三、雅典是全希腊的学校，所有希腊人都应该向雅典学习。

雅典人如此自豪，是因为雅典很特别，可概括为"三个兼顾"。

1. 兼顾身心

兼顾人的身与心，这不仅是雅典人的特色，在希腊很多地方也有类似的风气。有一位埃及祭司遇到梭伦时说："梭伦啊梭伦，你们希腊人真是小孩子！"他的意思是说，小孩子喜欢游戏，而希腊人是人类历史上第一个懂得认真游戏的民族。

除了四年一度的奥林匹克运动会之外，希腊还有许多每年一度的竞赛与表演活动，这些活动让希腊人每天都兴高采烈的生活。他们一方面享受活着的乐趣，另一方面对于生命的痛苦和阴暗面也有充分的认识，并愿意忍受。对于一个人生命的正面和反面、快乐和痛苦，希腊人都有深刻的认识。因此，希腊的特别之处，第一点就是兼顾身心，喜欢游戏。

2. 兼顾心智与精神

"心智"与"精神"两个词看起来很相似，该如何区分？"心智"针对的是有形的层次，"精神"则针对无形的层次。有形的层次包括科学、技术以及现实人生等方面，它们有形可见，可以被思考、被测量、被掌握。无形的层次包括文学、艺术、哲学等方面的发展。雅典能够兼顾心智与精神，在这两方面都取得辉煌的成就。

谈到西方以下几个领域的代表人物，总是少不了雅典人。提到历史学，没有人会忘记西方历史学之父希罗多德（Herodotus，约484—425 B.C.）与紧随其后的修昔底德（Thucydides，约460—400 B.C.），他们两人在西方历史学上永远闪闪发光；谈到戏剧，没有人会忘记希腊三大悲剧作家——埃斯库罗斯（Aeschylus，526—456 B.C.）、索福克勒斯（Sophocles，496—406 B.C.）与欧里庇得斯（Euripides，480—406 B.C.）；谈到诗歌，立刻就会想到品达（Pindar，518—438 B.C.）；

谈到医学，则一定不会忘记希波克拉底（Hippocrates, 460—370 B.C.）的贡献。

希腊在哲学领域更是人才辈出。一直在希腊各地发展的自然学派，以及后来迎头赶上的辩士学派，都在雅典这个地方有重大的发展。接着苏格拉底上场了，随后又出现了柏拉图与亚里士多德。他们三人被称为"希腊三哲"，是学习西方哲学必须要记住的三位代表人物。

3. 兼顾个人与城邦

第三个兼顾就是本节开头一再强调的兼顾个人与城邦。同时兼顾这三点，思想便会形成完整的体系，并且与整个社会相配合。

在希波战争之后，波斯王后非常好奇地问属下："听说希腊人作战时都好像自由人一样，为了他所珍爱的国家、人民、土地而奋战，难道他们没有主人吗？"属下回复她："他们只服从法律。"波斯帝国的统治者总认为"我们是主人，拥有很多奴隶，我们可以让奴隶做任何事"，但是他们碰到的希腊民族不一样，尤其像雅典这样的城邦，雅典人都是自由人，他们只服从于法律。由此可见古希腊时代雅典的特色。

接着要问：是谁把哲学带到雅典？这个人有何主张？

（二）把哲学带到雅典的第一人

我们应该记住的是：阿那克萨戈拉（Anaxagoras of Clazomenae, 500—428 B.C.）是把哲学带到雅典的第一人。他原本在爱奥尼亚学习哲学，20 岁时（约公元前 480 年）移居雅典，在此教学 30 年。伯里克利是当时雅典的政治领袖，阿那克萨戈拉一开始是伯里克利的老师，后来两人成为朋友。阿那克萨戈拉后期因为公然宣称"太阳是一块炽热的石头，月亮则是一块土"，而被控以"不敬神"的罪名，正是在伯里克利的帮助下才得以离开雅典。

阿那克萨戈拉的哲学主张有两个重点。

1. 自然学派方面的主张

阿那克萨戈拉原来也属于自然学派。自然学派一路发展，后来受到巴门尼德的影响而进入一元论。阿那克萨戈拉的思想非常具体，在探讨万物起源时主要有两点看法。

（1）万物由同质体（Homoeomereity）组成。他将宇宙万物的组成元素称为"同质体"，即同样性质的物体或单元。为什么要强调同质体？他提出了两个小问题：人没有吃头发，为何会长头发？一头牛只吃草而不吃肉，为何会长肉？这说明，在人的食物中可以找到人的头发的成分，在草中也可以找到牛肉的成分。可见，宇宙万物都是由同质体所构成的，如此才能顺利转化。

（2）万物皆含有万物的部分。阿那克萨戈拉还说："一切都在一切里面。"即任何东西中都有其他一切东西的成分。他的上述主张，很快就会被另一位更重要的唯物论者——德谟克利特所超越。

2. 提出宇宙"知性"的概念

阿那克萨戈拉认为，探讨宇宙万物的来源不能只关注质料与形式，还应注意到动力的问题。"宇宙"一词的希腊文为 cosmos，代表秩序（order）。如果只关注质料与形式，那么宇宙为何会有秩序？秩序是由谁在安排的？阿那克萨戈拉提出他的创见，认为宇宙中应该有一个"知性"在安排一切，使宇宙显得有秩序。知性类似于人的理智，是一种能够思考的力量，也可称为"超级知性"，希腊文是 Nous。

这句话曾让苏格拉底大为惊艳，并称赞"阿那克萨戈拉是此前的哲学家中唯一清醒的人"。苏格拉底清楚意识到，宇宙中的秩序不可能纯粹由物质的随机碰撞而形成,应该有一个超级"知性"在安排这一切。阿那克萨戈拉的说法让他看到一线曙光。

但是,后来苏格拉底对他非常失望,因为他在提出"知性是宇宙秩序的来源"之后,就把知性弃之不顾了。究其原因,是由于对知性的研究无从着手。在知性启动万物混合体的运转后,阿氏接着用机械论的方法来加以解释:宇宙万物出现之后,万物之间互相碰撞,呈现一种机械式的运作。但他还是无法说明一个重点:运动的目的何在?

简单回顾思想的发展过程。人首先要掌握宇宙万物的"质料"是什么,再问它的"形式"是什么,接着就要问"动力"何在,但不能忽略还有最后一步,这也是苏格拉底等哲学家最为强调的:这一切有"目的"吗? 100多年后,亚里士多德根据质料、形式、动力、目的这四个词,提出了他重要的"形而上学"理论。

阿那克萨戈拉虽然强调动力,但他只是将知性拿出来偶尔一用,接着就把它放回到"盒子"里。此后,西方哲学用一个专门的术语来描写这种方式,称之为"解围的神明"(deus ex machina)。这就好比我有个机器盒,每当无法解释世界是如何形成的,我就把机器盒里的神请出来,说"这一切都是神造的";说完后又把神放回盒子里,然后继续说"世界就是这样发展的,我们很难想象它有什么目的"。这就是阿那克萨戈拉让苏格拉底既兴奋又失望的地方。

收获与启发

1. 雅典经过百余年的发展，在公元前 5 世纪创造了文化上的辉煌成果，在哲学上的成就更是令人佩服。其原因在于：梭伦和伯里克利这两位伟大的政治人物，让雅典人的心灵完全自由，人与人之间相互平等，个人与城邦的命运紧密相连。

2. 希腊哲学的第一站是爱奥尼亚，第二站是南意大利，第三站是雅典。阿那克萨戈拉是把哲学引进雅典的功臣。他的学说一方面提出"同质体"作为万物的根源，另一方面强调有一个宇宙"知性"在安排一切，使一切有秩序。

3. 哲学家在探讨万物的性质时，已经由来源转向动力，再进一步就要转向目的了。

课后思考

有两种人生态度：

1. 你可以充分安排自己要做的事，就像有"知性"在主导一样，并且努力达到预期的成果；

2. 你身不由己，随着社会潮流走下去，心里想的是"船到桥头自然直"。

请问你比较欣赏哪一种态度？或者你希望采取某种折衷立场？

3-2

德谟克利特：
万物皆由原子与虚空组成

本节要介绍的是德谟克利特，他建构了西方第一个唯物论系统，提出原子论（Atomism）。原子论与西方近代科学革命所发展的一系列科学成果都有关系，因此，德谟克利特的思想受到众多科学家的肯定与欣赏。

本节要介绍以下三点：

第一，德谟克利特的重要性；

第二，德谟克利特的原子论在说什么？

第三，德谟克利特的思想为何会长期沉寂？

（一）德谟克利特的重要性

德谟克利特（Democritus of Abdera, 约 460—370 B.C.）是古希腊时代一位百科全书式的作家，作品内容丰富，涵盖物理学、数学、技术、音乐和伦理学，可惜流传下来的数据很有限。

德谟克利特也是古希腊时代颇具个人特色的哲学家。如果看古希腊哲学家的肖像画，会看到两个人：一个哭脸，一个笑脸。

哭脸的是前面介绍过的赫拉克利特。他认为宇宙中有一个逻各斯，但它善于隐藏，无论如何也想不透逻各斯到底要做什么，所以他经常愁眉苦脸，说出来的话总是晦涩难懂，西方称他为"哭脸的哲学家"。

笑脸的是这里要介绍的德谟克利特。他整天笑眯眯的，因为他已经想通了。他认为根本就是唯物论，所有的一切都是由原子构成的；人不用伤脑筋，不用担心死后的世界，不用害怕死亡；不需要去奉承神明，也不用担心神明会对人如何。想开这点之后，就尽情享受人生吧！

德谟克利特的重要性还不止于此，马克思的博士论文题目就是《德谟克利特的自然哲学与伊壁鸠鲁的自然哲学之比较》。

伊壁鸠鲁（Epicurus, 342—270 B.C.）比德谟克利特晚出生 100 多年，他的思想远承德谟克利特，但他发展出更为明确的人生态度，被称为"享乐主义"（hedonism）。伊壁鸠鲁的"享乐主义"并非每天不顾一切地吃喝玩乐，而是在看透人生的许多问题之后，不再自寻烦恼，让自己过一种有节制的、平静的生活，让自己的精神状态保持和谐。

马克思曾对这两位古希腊哲学家进行过深入研究，后来提出自己的思想，我们在其中的很多地方都可以看到这种相关性。

（二）德谟克利特的原子论在说什么？

先看"原子"（atom）这个词，它是由希腊文转化而来，由 a 和 tom 两个词合成。在希腊文中 tom 代表切割，a- 作为前缀代表否定，atom 就是指不能再切割的东西。可见，宇宙万物就是由原子这种不可切割的单元所构成。

原子有什么特色呢？原子的性质完全相同，它不可分割而且永远存在，它数量无限，形状不定，分散在虚空中。原子之间只有体积与形状的不同，它们经过不断碰撞，构成了我们所见的万物。

万物在"性质"上的差别（可分为矿物、植物、动物等）是由原子的数量、形状以及排列次序的不同所决定的。这种解释很单纯，你会发现宇宙万物其实没有那么复杂。不要再问宇宙万物背后有什么、里面有什么，万物完全是由同样性质的原子所构成的，仅此而已。

但是这样一来，又面临着新的问题。请问：人也是由原子构成的吗？说"人的身体是原子构成的"还比较好解释，因为身体属于物质，也会像其他生物那样新陈代谢。

但是进一步就要问：人有没有灵魂？难道人的灵魂也是由原子构成的吗？

德谟克利特这样解释人的身体的感觉能力。譬如，我能看到一辆车，那是因为我的身体是由许多原子构成的，当我看一辆车时，我的眼睛会派出眼睛的原子，车就派出车的原子，车的原子可代表车的形状、颜色、体积、大小等，双方的原子相互碰撞之后，我就会知道那是一辆车。这样的解释虽然很难证实，但是听起来也很有趣。不过接着要问：除了身体的感觉能力之外，人还有理智能力可以去理解，理智不是与人的灵魂有关吗？

德谟克利特认为这很容易解释，灵魂也是由原子构成的，不过较为特别的是，灵魂是由一种球形的原子构成的，因为球形最有穿透力。我们与别人谈话时能相互理解，这是因为人说话时会向外发射某些球形原子，它能穿透对方的身体而被对方接收，因而两个人可以互相沟通，了解彼此的思想。不但如此，因为人的灵魂原子非常精密，而且活动力很强，有时还可能出现自发的思想。譬如，我学会几样东西之后，可以将其整合起来形成新的想法。德谟克利特认为这样就可以解释灵魂的问题了。

重要的是，德谟克利特的原子论保持了理论的一致性。如果主张万物是由原子构成的，就不能说人类是例外。人的身体与万物相似，还比较容易用原子来解释，但不能说灵魂是例外。否则，难道还有另一个属于灵魂的世界吗？

不但如此，一旦说一切都是由原子构成的，后面就要进一步说明：神明是否存在？神明是否是一种更精密的原子？这种原子与构成万物的原子有何差别？

德谟克利特认为这也很简单，它们只有程度上的差别，而没有种类上或本质上的差别。他用原子的粗糙与精密来说明万物的存在，不失为一派具有完整系统的哲学。

以这样的方式思考固然可以解释人的灵魂，但还是要问人生的目的何在？人会思考，自然就会面对这样的问题，这是下节将要探讨的主题。

（三）德谟克利特的思想曾长期沉寂

值得一提的是，为什么德谟克利特的思想在很长一段时间内没有得到发展？这是因为他与苏格拉底处于同一时代，柏拉图在《对话录》中全力推崇苏格拉底，对德谟克利特的思想却只字未提，而柏拉图的《对话录》对后代的影响相当大。

柏拉图认为，人活在世界上最重要的就是目的，如果目的没有澄清，人应该如何生活？到最后，活不活都差不多。德谟克利特的思想因为长期受到几位大哲学家的"围剿"而沉寂多时，这是历史上的一个客观事实。

知道德谟克利特的原子论如何解释灵魂的问题，也明白他的思想为何会被长期压制，接着还要进一步思考：人与人之间难道没有价值上的差别吗？能够不分辨人的善与恶吗？如何界定人生的意义？死后的生命会消解从而恢复到原子状态吗？下节将会介绍德谟克利特的伦理学，将对上述问题做进一步的思考，却不一定能得到圆满的答案。

1. 真正存在的只有原子和虚空。原子在古希腊文中是指不能再切割的基本单元。原子的数量是无限的，原子有形状和体积的差异，排列方式也不相同，原子在虚空中活动，聚散分合，由此形成宇宙万物的变化。

2. 人有灵魂，灵魂是一种球形原子，具有很强的穿透力。因此，人可以思考、互相沟通、了解彼此的想法，甚至还能有创意。

课后思考

为了保持理论的一贯性，原子论认为灵魂也是由原子组成的。先不管这种说法是对是错，请你思考一下，如果主张原子论，那么人生该何去何从？

低调的人生态度

德谟克利特的原子论是西方第一个完整的唯物论系统，他在实际生活中也表现出低调的人生态度。本节要介绍以下四点：

第一，人生应该怎么过？

第二，爱智慧的人有什么表现？

第三，德谟克利特对人生的客观描述；

第四，如何进行主观上的修炼？

（一）人生应该怎么过？

了解原子论的具体内容之后，接着就要问：人生应该怎么过？德谟克利特主张低调的人生态度。所谓"低调"就是说不要唱高调，不要说死后还有轮回、有天堂地狱这些问题。低调可以用三个词来说明：

1. 平安：人活在世界上，总是希望身体健康、心理正常，这叫做平安；

2. 平静：在世界上有很多朋友而没有什么敌人，不用担心任何突发的灾难，这叫做平静；

3. 平衡：即内外平衡、身心平衡，我与社会之间始终能保持一种和谐的关系。

平安、平静、平衡，代表低调的人生态度。就唯物论哲学来说，很自然会发展出类似德谟克利特的观点。那么，德谟克利特是如何说明人生幸福这个问题的？

人活在世界上都在追求幸福，这是千古不变的道理。但对于幸福是什么？每个人的看法都不太一样。在古希腊时代，这个问题比较单纯。"幸福"的希腊文是 eudaimonia，eu 代表优质的、好的东西，daimon 代表精灵。所谓的幸福人生，就是一出生就有一个好的精灵陪伴着你。daimon 这个词很难翻译，译为"精灵"听起来仍有些抽象，可以把 daimon 想成一个人的命运，就好像每个人出生时都带着一幅命运的地图，决定了他这一生会如何发展。拥有一个好的命运，就叫做幸福。

德谟克利特是希腊人，自然会受到希腊神话的影响。在神话中，精灵被当作某一位神的代表，可以直接决定某人一生的遭遇。因此，幸福就是拥有一个好的精灵，而精灵就住在人的灵魂里。

我们可以猜想，若灵魂本身是球形的原子，构成精灵的原子恐怕更为精密。更进一步，应该还有一个神明的世界存在。德谟克利特直言不讳地说："神明总是给人好东西。但是人由于自己的欲望有偏差，便把好东西用在坏的地方；甚至完全不领情，自己情愿选择不好的生活方式。"也就是说，人误用了神明的礼物。

（二）爱智慧的人有什么表现？

哲学就是爱智能，在唯物论的系统下，德谟克利特认为爱智慧的人应该有以下三点表现：

1. 思虑周到：考虑任何事情都面面俱到，事先想好所有可能的发展。考虑成熟后，还要表现出以下的行为特点；

2. 言语得当：说话恰到好处，就不会得罪人，或带来后患；

3. 行为公正：做事合乎法律和风俗习惯，就不会引起别人批评。

由此可见，德谟克利特的哲学很务实。对于人生应该如何，他有两方面的建议。

1. 做一个客观的描述。他先要让你知道人生的实际状况，然后让你自己做选择。当你客观地了解这个世界之后，自然就知道怎样生活可以让自己过得平安、平静、平衡。

2. 做一些主观的修炼。修炼自己才能对自己的人生负责，可以让自己获得快乐，减少不必要的烦恼。

（三）德谟克利特对人生的客观描述

下面引用德谟克利特重要的五句话，看他是如何对人生做出客观描述的。

第一句：身体的强壮与容貌的俊俏是年轻人的优点，但是智慧之美则是老年人所特有的资产。

这句话告诉我们，从年轻到年老应该重视哪一方面。

第二句：如果你欲望不多，那么很少的一点资产对你来说也显得很多很够，因为有节制的欲望使穷人也像富人一样有力量。

这句话说得很好。后来笛卡尔还模仿他的口吻说：一个人的欲望不超过能力范围，就很容易感到快乐。

第三句：为了孩子而积聚太多的财富，只是一种借口，用于自欺欺人地掩饰自己的贪欲。

很多做父母的都说"我赚钱是为了孩子"，但说到底，只不过是在掩饰自己的欲望而已。

第四句：大胆是行动的开始，但是决定结果的则是命运。

做事大胆、勇于尝试固然不错，却不一定能够成功，成功显然还要靠命运的帮助。

第五句：整个宇宙大地对智者是敞开的，因为一个高尚灵魂的祖国就是这个宇宙。

这句话说得最为到位，这种客观描述已经达到最高境界。我们介绍过阿那克萨戈拉，他提出"太阳是一块炽热的石头，月亮则是一块土"，这让雅典人无法忍受，认为他对神明不敬，后来他就不再过问政治。有人问他："你怎么不再为祖国着想了？"阿那克萨戈拉就指着天空说："你千万不要乱讲，我永远在替我的祖国设想。"这说明他把整个宇宙当作他的祖国。

德谟克利特和阿那克萨戈拉虽然属于不同的学派，但在这方面的观点却十分类似。

以上五点是德谟克利特对人生实际状况的客观描述，稍加思考便会觉得很有道理。从年轻到年老，有钱或没钱，如何掌握欲望，一直到最后整个宇宙都是关怀的对象，实在令人向往。

（四）如何进行主观上的修炼？

德谟克利特在《伦理学》中留下了几百句话，下面这五句话告诉我们应该如何从主观上加以修炼。

第一句：谴责自己的过错比谴责别人的过错更重要。

这句话听起来很熟悉，孔子说过类似的话："已矣乎，吾未见能见其过而内自讼者也。"《论语·公冶长》，意思是我没见过能够看到自己的过失，就在内心自我批评的人。不一样的时代和文化背景，说出来的话却很类似，都是要严以律己而宽以待人。

第二句：要留心，即使独自一人时，也不要说坏话或做坏事，而要去练习在自己面前比在别人面前更知耻。

这不就是把"慎独"换了一种说法吗？《大学》第四章提到"慎独"时说：我一个人在房间时，就好像有五个人在旁边看着我、指着我一样。（原文：此谓诚于中，形于外，故君子必慎其独也。曾子曰："十目所视，十手所指，其严乎！"）这与德谟克利特所说的又高度类似。

第三句：既然都是人，就不应嘲笑别人的不幸，而应该悲叹。

因为我们都是人，都属于人类，发生在别人身上的不幸，也可能发生在自己身上，或发生在我们关心的人身上。

第四句：明智的人不去烦恼他所没有的东西，而是能够享受他所拥有的东西。

这句话非常好，有人进一步说："人生的快乐有两种，第一种是取得你所要的，第二种是享受你所有的。"但是很少有人会去实践第二种——享受你所有的。这句名言居然脱胎于此！

第五句：应该尽量思想得多而不是知道得多。

他在这里分辨了两个词。一个是"知道"。上课听到别人说什么，看书看到别人写什么，这些都属于"知道"，我可以每天学点新东西，让自己知道得更多。但更重要的是，要"思想"得更多。"思想"代表要深入地加以体会，把老师说的、书上写的与自己的经验相结合，从而孕生自己的心得。

由此可见，德谟克利特提到的五种主观上的自我修炼，非常切合实际。

1. 要珍惜现实的人生，不论任何哲学立场，都是在追求合理而幸福的人生。

2. 与其烦恼灵魂问题，不如先平静度日。以原子论来看，灵魂也是由原子组成的，人死之后原子自然消解，所以不用担心死后灵魂会到哪去，因为根本不存在这个问题。

3. 但是，人生真的没有性质上的差别吗？活得久一点只是"量"上的差别，到底有没有"该做什么样的人"这一类的问题？

了解德谟克利特关于"客观的描述""主观的修炼"的说法之后，就会发现，他也认为人生有性质上的差别，但是在他的唯物论系统中要证明"质"的差别显然有困难。一般而言，古代哲学家对于人类世界的现状和未来发展，有时并未做出明确的区分。不过，至少可以从平安、平静、平衡这三点低调的人生态度中，获得一定的启发。

课后思考

本节谈到"低调的人生态度"是世间众人在生活上的最大公约数，先认真客观地理解人生的实况，再选择自己要修炼的目标。德谟克利特说："明智的人，不去烦恼他所没有的东西，而是能够享受他所拥有的东西。"你对这句话有何体会？

人是万物的尺度吗？

本节的主题是：人是万物的尺度吗？

苏格拉底之前的古希腊哲学发展成为两大系统：一个是自然学派，它的巅峰成就和结晶就是德谟克利特的原子论；另一个就是辩士学派。本节要介绍的是辩士学派的第一位代表人物——普罗泰戈拉（Protagoras of Abdera, 490—420 B.C.），他说过的一句话直到今天仍被许多人引用，即"人是万物的尺度"。

本节内容包括以下三点：

第一，辩士学派的由来；

第二，普罗泰戈拉的名言；

第三，对普罗泰戈拉的批评。

（一）辩士学派的由来

先简要介绍辩士学派的由来。当时希腊各个城邦有一群受过教育的人，他们喜欢到各地旅游，发现各个城邦或国家有不同的风俗习惯、法律制度与宗教信仰，各种生活规范都是相对的，由此认为人间的法律和信仰都是相对的东西。他们学问和口才俱佳，便教导年轻人修辞学和辩论术，以便在人间取得具体有效的成果。

有人将辩士学派译为"智者学派"或"哲人学派"，这种翻译并不恰当。因为从毕达哥拉斯以来，就一直将哲学界定为爱好智慧。人只能爱好智慧，却不能拥有智慧。如果某个学派自诩为"智者"，反而有讽刺的意味。另外，在《庄子·天下》里，专门用"辩士"一词来描写当时的一群人，他们口才出众，思想敏捷，擅长辩论，但事实上都是诡辩，让别人口服而心不服。所以，用"辩士"一词来翻译这个学派是比较恰当的。

（二）普罗泰戈拉的名言

普罗泰戈拉是辩士学派的代表人物，他说了很多名言，其中最重要的一句话是：

人是万物的尺度，他看起来存在的就存在，看起来不存在的就不存在。

这句话长期受到极大关注，引起许多讨论。"人是万物的尺度"，所谓的"人"是指个人还是人类？当然不可能是人类，因为人类不可能达成共识，因此一定是指个人。这样一来，这句话就变成"个人是万物的尺度，他说存在的就存在，说不存在的就不存在"，这句话的含义需要分析一下。

首先，在感觉方面，每个人都可以自行判断。比如，今天是冷还是热，每个人都有自己的判断，无法勉强别人认同自己的说法。你说今天很冷，但从北极来的人会觉得很热；你说今天很热，可是从非洲来的人会觉得很冷。可见，冷热是相对的。

其次，在个人嗜好方面也是相对的。有人喜欢吃江浙菜，有人喜欢吃蒙古烤肉，每个人的口味不同。

另外，在认知方面，每个人生下来都有特定的环境与教育背景，因此在认知方面也是相对的。

比较麻烦的是在道德方面。如果每个人在道德上也各行其是，社会怎么稳定发展？另外，如果在宗教信仰上也是各说各话，各信各的神，也会导致一定的困难。

因此，说"个人是万物的尺度"，很容易造成相对主义。"相对主义"是指每个人都有自己的说法，既不能说自己一定对，也不能说别人一定不对。相对主义很容易演变为"怀疑主义"。可见，对于"人是万物的尺度"这种观念，确实应该予以警惕，需要澄清这句话的内涵到底是什么。以这句话为基础，还能衍生出其他的论断。再来看他说的第二句话：

一切判断因人而异，都是相对的，不能正确使用任何名称来称呼任何东西。

譬如说"这座山很高"，那要看与哪座山比较，即使是喜马拉雅山，在飞机上看也不觉得高。有一次我在北京机场取行李时，忽然吓了一跳，以为自己变成《魔戒》中的霍比特人（个子矮小的种族）了，因为正好有一队美国职业篮球联赛（NBA）球员也在等着取行李，他们每个人都比我高出两个头以上。其实我身材中等，这就说明身材的高低是相对的。可见，用来描述人间事物的任何词语都不是固定的，都是比较而言。说一个人是好人，但还有比他更好的人，坏人也一样，美丑就更不用说了，所以普罗泰戈拉的话确实有一定道理。

第三句话是普罗泰戈拉说过的最好的一句话，这句话经久流传：

"对于神明，我不知道他们是否存在，也不知道他们像什么样子，因为人生太过于短暂。"

这句话可谓千古名言。在西方只要谈到宗教问题，很多知识分子就拿这句话来搪塞，说：我不和你谈了，有关神的问题太晦涩，我既没见过也不了解，人生太过短暂，还没来得及想通，生命就已经过去了。

（三）对普罗泰戈拉的批评

普罗泰戈拉的这几句话都在说明：一切都是相对的。但问题是，如果每个人说的话都是相对的，或者每个人说的话都同样有价值，那么普罗泰戈拉凭什么要教导年轻人？此外，他收的学费出奇地高，按今天的情形来说，他只要教十个学生就可以买一栋房子了，为此他饱受批评。

柏拉图在《对话录·普罗泰戈拉篇》中曾批评他和辩士学派，讽刺他们是"贩卖精神杂货的掌柜"。

不过，普罗泰戈拉确实很喜欢教别人。有个故事是这样的，普罗泰戈拉希望能找到好的学生来传承他的学问。有一次，他发现一个资质非常优秀的年轻人，但是年轻人没钱付学费。普罗泰戈拉对他说："你来跟我学习，学成之后，你去打官司。如果官司打赢了，代表我教得很有成效，你再付我学费；如果官司打输了，就不用交学费了。"口头约定好之后，他就认真地教这个年轻人。

年轻人学成之后离开，后来打官司都打赢了，但他就是不交学费。于是普罗泰戈拉去找他，说："我们约好的，如果你再不交学费，我就去法院告你。如果法官判我赢，按照法官的判决，你就要付我学费；如果法官判你这个学生赢，按照我们的约定，你官司打赢的话，也要付我学费。所以，不管法官判我赢还是判你赢，你都要付我学费。"但这个学生非常厉害，可谓青出于蓝胜于蓝，他说："那我就一定不用付学费了。如果法官判老师赢，按照我们的约定，毕业后我打官司输了，则不用付学费；如果法官判我赢，按照法官的判决，我赢了也不用付学费。所以，不管法官判我赢还是判我输，我都不用付学费。"这是一段很有名的诡辩。从古至今，很多思想都被这种诡辩给搅混了。如此一来，人与人之间到底该如何相处？没有人能说出什么道理来。

1. 人有理性，可以判断，在许多方面确实成为万物的尺度。譬如你个人觉得冷热，喜欢吃什么口味的菜，或是对于审美的判断，都是你个人可以决定的。

2. 我们所见的价值是相对的，这并不必然就倒向怀疑论，而是可以转向另外一个问题：价值的绝对基础何在？或者，价值到底有没有绝对基础？苏格拉底就是从这个方向发展他的想法。

3. 普罗泰戈拉有关神明的说法确实是千古名言，今天想起来仍觉得有效——关于神明的问题太过于晦涩，而人生太过于短暂。

课后思考

在感觉与嗜好方面，每个人都是万物的尺度，请你想一想，还有哪些方面可以这么说？这种观念若是普遍推广的话，你能想象它的优点与缺点吗？

3-5

什么都不存在吗?

本节的主题是: 什么都不存在吗? 我们要介绍古希腊时代的另一位辩士——高尔吉亚 (Gorgias of Leontini, 约 483—375 B.C.)。高尔吉亚说: "没有东西存在。" 这句话将辩士学派的相对主义推到怀疑主义的极致。

上一节介绍了辩士学派的代表人物普罗泰戈拉, 他认为 "人是万物的尺度", 所谓的 "人" 指的是个人, 这样一来, 我们所说的所有东西都是相对的。以这样的观念来看万物, 很容易从相对主义变成怀疑主义。现在, 高尔吉亚就明白地告诉你, 所有的一切都可以被怀疑。

本节要介绍高尔吉亚所说的三句话:

第一, 没有东西存在;

第二, 即使有东西存在, 也不能被你认识;

第三, 即使有东西存在, 也能被你认识, 你也不能告诉别人。

(一)没有东西存在

高尔吉亚为何会说出这么奇怪的话? 因为他也运用了芝诺的归谬法。如果有人说 "有东西存在", 他就先接受别人的说法, 然后从 "有东西存在" 开始推论, 直到推出荒谬的结果。

高尔吉亚说："如果说有东西存在，这个东西只有三种可能：第一种，它是存在的；第二种，它是非存在的；第三种，它是既存在又非存在的。"

1. 它是存在的

我们先解决第一种可能，后面的就很容易解决了。如果说有东西存在，那这个东西是永恒的还是派生的？派生就是从别的东西衍生出来。存在之物只有这两种可能。

如果它是永恒的，永恒的东西是无所限制的，无所限制的东西不能在任何地方，因为它不能被限制；但不能在任何地方就等于不存在。所以，若它是永恒的，则它不存在。

如果它是派生的，那它是被什么东西派生的？是被存在派生的，还是被非存在派生的？如果它是被存在派生的，既然已经存在，则谈不上派生；如果它是被非存在派生的，非存在是虚无，又怎么可能派生出存在？

因此，它既不能是永恒的，也不能是派生的，所以它本身不是存在的。

2. 它是非存在的

既然是非存在，怎么能说它存在？如果把非存在说成存在，那存在就是非存在。

3. 它是既存在又非存在的

既存在又非存在，这显然是自相矛盾的命题。所以，高尔吉亚的第一个说法"没有东西存在"可以成立。他也知道，如果只讲这一句话，别人会认为他脑袋有问题，所以他又提出第二个说法。

（二）即使有东西存在，也不能被你认识。

什么是"认识"？"认识"是思想的一种作用，当看到一样东西并加以界定——它就是它，而不是别的东西，这就叫做认识。但是，人的思想很奇特，请问：你能否想象一些不存在的东西，如怪兽、女神？如果你可以想象这些东西，则说明你可以去思想许多不存在的东西。

那么，存在的东西能否被你完全思想到？这就不一定了。因为你思想的内容不见得可靠，所以存在的东西不一定能被你完全思想到。因此，就算有东西存在，也不能被你思想；不能被你思想，又怎么能被你认识？

（三）即使有东西存在，也被你认识了，你也不能告诉别人。

这个说法比较有道理。即使有东西存在，也能被你认识，但是你也不能告诉别人，因为你告诉别人要通过言语。如果我用声音描述一样东西，譬如"车子"，当你听到"车子"这个声音，怎么知道我说的车子具体是什么颜色，大小如何，有哪些功能？所以，当你听到我用声音来描述一样东西的时候，你无法掌握我真正要表达的东西。

你听到的是声音，而我看到的是真的东西，我描述一个人长得很高、很帅，这些都是一句话的声音而已，你怎么能想象出真人是如何高？如何帅？

可见，我要表达的东西和你想象的东西完全是两码事，所以就算我可以认识，也不能告诉你。这样一来，人与人的沟通都变成不可能了，你又怎么可能去教别人？

我们介绍了辩士学派的两位代表，这里有一个很有趣的结论。根据普罗泰戈拉的说法，每个人的说法都对，因为"人是万物的尺度"，所谓的"人"是指个人，所以每个人的说法都是对的；根据高尔吉亚，每个人的说法都是错的，因为每个人说的话都不能被别人理解，最后只能说每个人的说法都是错的。同样的辩士学派，两位代表居然得出完全相反的结论，无论哪种说法，一般人恐怕都很难接受。

对于高尔吉亚所说的第三点——沟通的困难，我们都深有体会。我们有时很认真地描述一件事情，对方怎么愈听愈糊涂？话说得愈多，造成的误会可能愈深。所以，与人交往的时候，不见得要说很多话。

《庄子·大宗师》描写几个好朋友在一起，他们彼此"相视而笑，莫逆于心"。真正的好朋友之间不必多言，彼此深有默契，见面笑一笑就知道对方的心意，可谓志同道合。当然，这种境界是很难达成的。

一般人如果想与别人沟通、向别人学习，通常也很不容易，在《庄子·天道》当中有这样一个故事。齐桓公在堂上读书，堂下有一个做车轮的老先生好奇地问："君上，请问您所读的书是谁写的？"齐桓公得意地说："圣人写的。"车匠说："请问圣人还活着吗？"齐桓公说："圣人早就过世了。"车匠于是说："那么君上所读的，不过是古人的糟粕罢了！"齐桓公听了很生气，说："寡人读书，你一个做车轮的工人竟敢妄加评论！快说个道理出来，否则就杀了你。"车匠说："我从小就做车轮，如果下手慢了，轮子与承轴接起来就很松散；如果下手快了，接起来就很紧涩。下手必须不慢不快，得之于手而应之于心（演变为成语"得心应手"），这其中的奥妙是无法用言语来描述的。我的心得无法传授给我的儿子，所以我现在70岁了还在做车轮。君上所读的书是圣人写的，但圣人早就不在了，他留下的文字不过是糟粕罢了。"这个故事说明，语言文字只是一种工具或载体，目的是要传达人的观念与思想，但让别人准确理解自己的想法是十分困难的。因此，我们在与别人沟通时，要特别注意这个问题。

1. 辩士学派的主要问题在于相对主义：依照普罗泰戈拉，则每个人说的都对；依照高尔吉亚，则每个人说的都错。对错是相对的，由此很容易演变成怀疑主义，根本没有办法判断谁说的是正确的。

2. 人际沟通必须使用言语，所以始终会有各种困难。"就算你认识一些东西，也很难告诉别人"，这一点高尔吉亚说的是对的。我们甚至可以再加一句话："就算你告诉别人，别人也不见得听得懂。"我长期教书，对此很有心得，老师上课认真教书，学生的考试结果则千差万别。同样上课，有人理解，有人完全不理解，由此可见沟通之困难。

3. 辩士学派提醒我们要思考多元价值观，这一点是正确的，但未必就要互相怀疑对方的观点，一个社会还是需要建立某些共同的价值标准。

课后思考

人与人的沟通向来是个难题，听了高尔吉亚的说法后，你下一次与别人沟通时会注意哪些问题？如说话慢一些，换个别人懂的方式来说，或者请别人重述你说过的意思？

第 4 章

苏格拉底：以反诘法探讨真理

4-1

苏格拉底的"无知"

本章要介绍的是苏格拉底。苏格拉底十分好学,对于在他之前的自然学派与辩士学派都非常熟悉。但他后来只做一件事,就是每天上街与别人聊天、对话,最后发现好像没有人能说得过他。听到这里,我们会问:他是真的有学问,还是仅仅口才比较好? 本节的主题就是:苏格拉底的"无知"。

用"无知"形容人,一般都是贬义,代表这个人很天真、什么都不懂,或强不知以为知;但苏格拉底的"无知"并非如此。苏格拉底始终保持一种质疑的心态,就算是权威专家的结论,他也会有所警惕,他求证的过程恰恰反映出他的明智。这背后有什么故事呢?

本节要介绍以下三点:

第一,苏格拉底发现了三种人的无知;

第二,德尔菲神殿的箴言;

第三,苏格拉底与两位中国哲学家的对照。

(一)苏格拉底发现了三种人的无知

苏格拉底(Socrates, 469—399 B.C.)每天都与朋友在一起聊天。他的朋友凯勒丰(Chaerephon)比较调皮,有一天去德尔菲神殿问了一个问题。

德尔菲神殿在古希腊时代赫赫有名，直到今天依然广为人知。它供奉的是阿波罗神，即太阳神，代表白天、光明、一切清清楚楚。雅典人遇到重大的困惑，无论是城邦大事还是个人问题，都会带一只山羊到德尔菲神殿向女祭司请教，女祭司根据她得到的启示给出解答。

曾经有两个城邦要作战，其中一个城邦派人去问战争结果如何，得到的答案是"战后会有一个城邦灭亡"，但是没说是哪个城邦。这就像许多人算命或占卦时听到的解释，总觉得有点模棱两可。

凯勒丰的问题是："在雅典有没有人比苏格拉底更明智？"得到的答案是"没有"。凯勒丰喜出望外，立刻跑去告诉苏格拉底说："我去请示了神明，神明说没有人比你更明智。"苏格拉底心想：我怎么能算明智呢？我一天到晚与别人讨论问题，自己都没有把握，但是神说的话一定有道理。为了了解神到底是什么意思，检验一下神是否讲错了，我要设法找到一些真正明智的人。

于是他带着一些年轻的朋友，拜访社会上公认为明智的三种人：第一种是领导城邦的政治人物；第二种是拥有很多粉丝的作家；第三种是具备专业技术的工匠。

他先去拜访政治人物。交谈之后发现，这些人虽然有其专业的知识，却未必了解人生真正的幸福是什么。他们只知道发展经济、改善生活，除此之外一无所知，却以为自己知道。苏格拉底说："我不知道，但是我从不会自以为知道。从这一点来看，我比他们要稍微好一点。"他还补充道："我发现那些最有名声的人，正是最愚蠢的人。"这样一来，他树立了许多敌人。但他并不害怕，他说："我必须首先考虑神的话，我要分辨神为什么说我最明智。"接着他拜访第二种人——有名的作家，在当时包括悲剧作家、颂神诗作家、史诗作家等。苏格拉底说："我拿出他们作品中最精彩的片段请他们解说，你相信吗？在场其他人几乎都比作者本人解说得更好。"苏格拉底由此得出结论：诗人写诗不是靠智慧，而是靠天才与灵感。就像为人占卜、算命的人一样，他们说了很多话，却不知道自己为什么这样说，也不知道自己说的是什么意思。这些作家靠写诗受到欢迎，就认为自己最聪明，以为自己也可以对别的事情发表许多见解。

接着他又拜访第三种人——有专业技术的工匠。工匠很有能力，可以建造城墙、神殿、军舰、商船等。苏格拉底说："这些工匠具有专业的技艺，确实知道许多一般人不知道的事，但他们也犯了同样的错误——他们是很好的工匠，就以为自己也知道其他重要的事物。"最后他得出结论："神说我最明智，因为只有我知道自己是无知的。别人都像我一样无知，却自以为有知，在自己本行以外的事物上也以为自己胜过别人。"苏格拉底是在提醒我们，只有神是明智的，人的明智其实没有多大价值，或者根本就没有价值。苏格拉底很清楚自己的无知，结果反倒成为神眼中最明智的人。

这种说法当然会引起许多人的反感，他后来被三个人联手控告，在他70岁时被告上了法庭，有两大罪状：腐化雅典青年、不信城邦的神明而自立新神。

我们先谈第一点，他为何被告腐化雅典青年？因为经过苏格拉底对三种人的拜访和对话之后，年轻人发现了真相，所以对他们不再像从前那样毕恭毕敬，这不是对年轻人造成了不良影响吗？苏格拉底其实是想让年轻人知道：一个人的名声、地位和权力并不值得尊重，值得尊重的是他拥有真正的知识。

（二）德尔菲神殿的箴言

什么是真正的知识？我们将视线转回到德尔菲神殿。德尔菲神殿上刻着两句话：

"认识你自己，凡事勿过度。"

第一句话"认识你自己"与"知"有关。人生最重要的是先认识自己：到底我是什么样的人？我这一生要追求什么？对我来说什么是最重要的？我这一生完成什么目的就值得了？

第二句话"凡事勿过度"与"行为"有关。做任何事都要有分寸，这个"度"是很难拿捏的。要记得一个原则——不要太过分，这样一来，行为就会比较收敛。

（三）苏格拉底与两位中国哲学家的对照

说到苏格拉底认为自己无知，有趣的是，中国古代也有两位哲学家谈到这一点。

第一位是孔子（551—479 B.C.），他的年代比苏格拉底更早。孔子在《论语·子罕》中公开说过："吾有知乎哉？无知也。"我什么都知道吗？我是无知的。有一个很老实的乡下人问我问题，我就设法从这个问题的正反两方面详细推敲，然后找到答案。这说明真正有学问的人都是谦虚的，知道学无止境。

第二位是道家的庄子（约 368—288 B.C.），他的年代晚于苏格拉底。庄子说："知止其所不知，至矣。"（《庄子·齐物论》）一个人知道在他所不知道的地方停下来，他的知识就达到顶点了。这句话听起来好像有点夸张，但不要忘记，这正是孔子所说的"知之为知之，不知为不知"（《论语·为政》），如此才是正确的求知态度。人活在世界上，如果在某些方面确有所知，也一定要知道：我们不了解的其实更多。

1. 我们从小受教育，学到了一些专业知识，但千万不要以为自己对其他事物也有所知，我们不知道的东西太多了。我们应该要保持求知的心态和好奇心，才能不断增长知识。

2. 人只能"爱好智慧"，在一生中努力"认识自己"，并且"行事不要过度"。换言之，人生是从无知走向有知的过程。苏格拉底承认自己的无知，因而成为西方哲学家的典型。

课后思考

承认自己无知可能引发两种情况：

1. 鼓励自己奋发上进，不断求知；

2. 难免感到泄气，不知道应该如何改变这种情况。

不知道你的想法如何？是否有更好的建议？

在对话中思考

人的思考在本质上就是一种对话。譬如在看到一个人时，我就会自问："他是张三吗？他不是张三吗？他确实是张三。"我没有说任何话，只是脑筋一转，就是一个对话的过程。

思考就是对话，在与别人对话的过程中，你能否进行有效的思考？苏格拉底在这方面做出了重要示范，他的学生柏拉图流传后世的著作就称为《对话录》，这是西方哲学最重要的第一本书。苏格拉底在对话中发展出三种方法：反诘法、归纳法和辩证法。

本节将介绍苏格拉底如何在对话中思考，内容包括以下三点：

第一，苏格拉底在对话中的表现；

第二，苏格拉底的作风；

第三，苏格拉底从对话中发展出三种方法。

（一）苏格拉底在对话中的表现

1. 论勇敢

《对话录》中有一篇叫做《拉克斯篇》（*Laches*），描写苏格拉底与两位将军聊天，其中提到苏格拉底以前从军作战时很勇敢。勇敢有时表现为进攻时奋勇向前，有时也表现为撤退时勇于殿后。苏格拉底就属于后者，他慢慢后退，双眼紧盯着对方，随时准备拿起武器作战。可见，苏格拉底有令人称道的勇敢事迹。与他聊天的另外两位将军都曾亲自带兵打过许多胜仗，由他们三人讨论"什么是勇敢"这一主题显然非常适合。但讨论到最后，居然没有得出结论，这是怎么回事？

对话开始时，苏格拉底一定会请别人先提出他们的观点。其中一位将军拉克斯说："所谓'勇敢'，就是按照长官的命令向前冲锋，绝不后退。"苏格拉底说："这真的是勇敢吗？一定不能后退吗？""当然不能后退。"苏格拉底于是举例说明："普拉提亚之役（Plataea, 479 B.C.），面对波斯人的进攻，斯巴达的将军先下令撤退，然后再进行反攻，最后取得了胜利。如果勇敢是绝不后退，这个例子与定义不就矛盾了吗？"拉克斯于是很惊讶地说："我以前一直以为勇敢就是向前冲，大不了一死了之，这样看来，勇敢非但不是盲目的冲锋——那显得很鲁莽，反而要有计谋，要思考勇敢的目的是要战胜对方。"这三人在作战方面都很有经验，对勇敢都有实际的体会。两位将军原以为自己知道什么是勇敢，但与苏格拉底谈话之后，他们都承认自己不知道什么叫勇敢了；就连苏格拉底也承认自己不知道。

2. 论友谊

《对话录》的另外一篇《吕西斯篇》（Lysis）描写苏格拉底遇到一对朋友，聊起关于友谊的话题。苏格拉底说："你们两人是好朋友，有深厚的友谊，你们一定知道友谊是什么。请问，友谊是两人有相似之处而互相吸引，还是两人完全相异而互相弥补？"这个问题很有趣，如果说两人因为相似而互相吸引，但既然相似，你有的他也有，他有的你也有，这种友谊有什么好处？这不叫友谊，而叫同类相聚，彼此之间并没有特别的吸引力。

那么，友谊是因为两人相异而可以互补吗？现在有许多人经常分析哪些星座或属相可以互补，甚至说人与住房也能形成某种互补，有各种各样的说法。但是，与自己不同的人交朋友来实现互补，这也行不通。你怎么知道别人可以与你互补？与你不同的人太多了，假如你是某个星座的，那么还有 11 个与你不同的星座，你选哪一个？

苏格拉底就是以这样的谈话方式让许多人陷入困惑，本来以为自己知道的东西，经过讨论之后变得不太确定，到最后甚至根本无法确定了。

3. 论虔敬

苏格拉底生平最后一次对话的场景令人惊讶，这次对话就发生在法院门口。他接到法院的传票，一大早就到法院门口等待开庭，好像等待他的命运一样。这时他遇到一位名叫尤西弗罗的中年人，《对话录》中这篇的篇名就叫做《尤西弗罗》（*Euthyphro*）。

尤西弗罗看到苏格拉底便问："你怎么到法院来了？你这种人不可能告别人吧？"苏格拉底说："我确实不是原告，而是被告。"他反问尤西弗罗："你为什么来法院呢？"尤西弗罗回答说："我是原告，我要告人。""告谁呀？""告我父亲。"居然有儿子要告父亲！苏格拉底说："那你一定有非常特别的理由吧，能否说来听听？"原来尤西弗罗的父亲是一个农庄的主人，在夏天农忙时临时雇了一个工人，后来这个工人与家里的长工发生争执，把家里的长工打死了。父亲身为主人，就把外雇的工人捆起来，丢到山沟里，派人向德尔菲神殿请示："神啊，该给这个人什么惩罚？"结果因为冬天太冷，还没等到神的回答，雇工就冻死了。

尤西弗罗说："我父亲因为自己的疏忽而侵犯了神的权力，所以我要告我父亲对神不敬。"苏格拉底听后真的吓了一跳，他说："既然你对神这么重视，对于什么是'敬神或不敬神'肯定有清楚的认识，请你一定要当我的老师，启发我的智慧，解除我的疑惑，因为我被告的两条罪状中，就有一条说我对神不敬。"于是两个人开始讨论什么是对神虔敬，结果发现尤西弗罗的解说很难成立。尤西弗罗说："对神虔敬就是做神喜欢的事。"苏格拉底说："神有很多，老神喜欢的，新神不一定喜欢；这个神喜欢的，那个神不一定喜欢。神与神之间还有斗争和战争，到底该如何判断神是否喜欢呢？"苏格拉底进一步问道："请问，一件事因为神喜欢，所以它是善的；还是这件事本身是善的，所以神一定要喜欢？"答案当然是后者。一件事本身为善，那么神必须喜欢，否则便违反了神的本性，神就不能叫做神了。

更重要的问题是：你为什么要对神如此虔诚呢？苏格拉底举例说："你家里养了一匹马，你平常照顾好这匹马，是要利用它替你拉车。你对神这么虔诚，难道是要利用神吗？"这种说法听上去就是对神不敬。讨论到最后，尤西弗罗只好说："哎呀，我突然想起来还有别的事没做，我先走一步。"尤西弗罗为什么要走？因为他根本没弄清楚什么是敬神或不敬神，又怎能以此为标准去状告自己的父亲？苏格拉底居然化解了一桩家庭纠纷。

（二）苏格拉底的作风

这三次对话体现了苏格拉底的作风。他在任何地方与任何人聊天，只要聊到关于人的德行方面的重要概念，就一定穷追不舍，要与他展开进一步的对话。苏格拉底从来不演讲，也不上课，只是每天上街与别人聊天。聊天开始的时候，对方谈论的往往并非苏格拉底关心的话题，苏格拉底便一再阻拦，让对方不要谈那些无聊的事，直到对方开始谈论起自己目前的生活状态和以往的生活方式，也就是要谈谈他自己。一旦对方陷入苏格拉底所设想的话题，他就会从各个角度完整地检视对方，让对方反思自己这一生过得是否真实，对于德行是否有真正的认识。讨论到最后，苏格拉底便会说出他的至理名言："没有经过反省检查的人生，是不值得活的。"一般人的生活都是遵照习俗，什么时候拜神献祭、怎样与别人说话、说什么话，大家都照着习俗去做，以为那样就是对的。大家都认为这样叫做勇敢，那样叫做德行或善，你便信以为真。苏格拉底这种令人厌烦的质问究竟有什么意义？他想让世人了解：人应该如何自处，才能成为真正的人；正确的思考方式可以转化为正确的行动，关键在于要思考，要了解。

（三）苏格拉底从对话中发展出三种方法

苏格拉底从对话中发展出三种方法，分别是反诘法、归纳法与辩证法。

1. 反诘法

所谓"反诘法"，就是把握别人言论中的一个重要概念或观念，不断反问，请他说清楚那到底是什么意思。直到今天，西方在教学中仍然广泛采用"苏格拉底的反诘法"，这是一种很好的教育方法。譬如听到别人说今天天气不错，就请他先定义一下所谓"不错"是指什么。这样一来，大家说话就会比较清楚，可以避免产生误会，实现有效的沟通。

2. 归纳法

讨论问题时，一般人都会从自己的见闻出发，根据各种例子，归纳总结出其中的规律，这就是归纳法。归纳法的问题在于缺乏普遍性，过去发生过许多类似的事，并不代表将来一定会发生同样的事。譬如，你研究了100只北极熊都是白色的，由此归纳出"凡北极熊皆为白色"的结论，但你没有把握明天是否会出现一只其他颜色的北极熊。可见，由归纳法得出的结论只是暂时有效，它缺乏普遍性，还需进一步采取其他的思考方法。归纳法在学术上被广泛应用，但我们也要知道它的限制。

3. 辩证法

我与你的立场不同，我们两人通过对话，互相吸取对方的优点，对同一件事就会有更全面的看法，使认识能够向上提升，这就是辩证法。辩证法一般可以概括为"正反合"三个字。所谓"合"就是将正反双方的观点向上提升，从而形成某种共识。但是一旦出现"合"，它也是一种说法或立场，马上就会有一个与之相对的不同立场出现。因此，辩证法可以不断运作，辩证的过程可以持续进行。"辩证法"的英文是 dialectic，"对话"是 dialogue，两个词有相同的字头 dia，该字头来自于"二"。有两个人才能进行对话，有正反两种立场才能展开辩证。辩证法是西方重要的哲学方法。

下面举一个例子，来说明怎样使用苏格拉底的方法。

首先提出一个被大家认可并视为常理的说法，如"有钱就是好的"。接着要质疑该说法的正确性：有钱真的是好的吗？这个钱是如何得到的？通过抢劫或骗人得来的钱也可以说是好的吗？显然不行。这说明"有钱就是好的"这句话有问题，需要修正为"有钱，并且要使用正当手段赚到才是好的"。进一步来看，用正当手段赚到钱之后，成为守财奴显然也不好，因此这个说法还要再度予以修正。苏格拉底会说，看到一个人有钱，要问两个问题：第一，他赚钱的方法是否合理合法？第二，他赚到钱之后，是做金钱的奴隶，当个守财奴，还是做金钱的主人，可以用他的钱去做好事？

我们常常听到别人说赚钱最好，你可以这样思考：用什么方法赚钱？赚钱之后对钱的态度如何？运用辩证的思考或对话，将会产生比较积极的正面效果。

1. 使用反诘法，可以使对话更为深入。与别人讨论问题时，要一再请别人把他用的字词界定清楚，这样会使对话更有效率。

2. 使用归纳法，可以提炼自己的观点。譬如谈到勇敢或正义，你可以使用自己所见过的勇敢或正义的例子，归纳出自己的看法。

3. 使用辩证法，可以保持开放的心态。辩证法承认，我是正方，相对的一定有反方，因此要保持开放的心态，才能吸取别人有价值的观点，再向上综合提升。

课后思考

你在日常生活中与别人讨论或争论时，遇到过以上哪些辩论方法？你善于使用哪种对话方式？不善于应对哪种方式？你认为自己应该提高哪一方面的认知？

4-3

倾听内心的声音

苏格拉底除了遵守城邦的法律与传统的信仰之外，他还有一个人生指南——倾听精灵的声音。这个特别的说法是他在法庭上替自己辩护时提出的，因此，先简要介绍一下苏格拉底出庭受审一事。

苏格拉底在 70 岁时被三个人联手控告，指控他有两大罪状。

第一条罪状是腐化雅典青年。他带领年轻人去拜访社会上三种有地位、有名声的人，由此得罪了这些人。他教导年轻人要追求真理，不要在乎社会上的名声、地位、权力、财富等，被认为是腐化雅典青年。

另一条罪状听起来更严重，告他不信仰城邦的神明而自立新神。苏格拉底替自己辩护说：事实并非如此，我没有自立新神，不过我确实在很多时候会听到精灵的声音。

本节要介绍以下三点：

第一，什么是精灵的声音？

第二，精灵的声音可以理解为良心的声音；

第三，良心的声音只会说"不"。

（一）什么是精灵的声音？

首先，什么是精灵？当时的雅典人认为，每个人一出生都有精灵在身边守护，精灵就像守护天使，把你一生该做什么、不该做什么都安排妥当。简单来说，精灵就像一张命运的地图。一般人都不太在意，从未感觉到精灵的存在。但苏格拉底不同，他在法庭上说，精灵从他小时候就发出声音，警告他不要去做那些不该做的事。譬如他曾经想要从政，精灵的声音就提醒他说"不要做，不要做"，于是他就放弃了。

苏格拉底又说："今天早上我到法院的时候，精灵并没有发出声音来阻止我，说明我到法院接受审判不是坏事而是好事。"我们都知道苏格拉底最后被判了死刑，天下还有比死亡更可怕的坏事吗？但不要忘记，苏格拉底在西方能有如此大的影响力，最重要的原因就是他面对死亡的态度。他等待执行死刑的那段时间，有大量珍贵的数据经由《对话录》的记载而流传于世。

说到精灵，古希腊时代并不认为那是迷信，几乎所有希腊人都相信有这样的精灵，他会适时给你某种启发。在希腊文中，"幸福"就是 eudaimonia，"精灵"就是 daimon，可见幸福与精灵有关。"幸福"的前缀 eu- 意为优质的、好的，因此，你这一生得到一个好的精灵就是幸福。有些人表面上看起来糊里糊涂的，但是做任何事都很顺利，一般会说他"命好"，其实说不定是因为他可以听到精灵的启示。

苏格拉底就能听到精灵的启示，由此避开不好的事，而去做那些该做的事。这让他的一生首先在道德上站稳脚步，可以进一步追求重要的人生真理。苏格拉底对于精灵当然非常佩服，愿意接受他的启示。

苏格拉底为什么强调精灵的声音？因为他不愿意再用人格化的方式去描述精灵。前文介绍过，古希腊宗教的最大问题就是拟人化，把神看作像人一样同形同性而缺乏超越性，对人的实际生命很少有启发。

苏格拉底用"声音"来代表"精灵"，而且这个声音只说"不"，从来不说"是"。

（二）精灵的声音可以理解为良心的声音

是否只有希腊人、雅典人才有这种精灵？中国人没有吗？其实每个人都有，我们可以把"精灵之声"理解为"良心的声音"，而每个人都有良心。"良心的声音"后来在西方产生重大影响，当你的行为不被社会接受时，你是否还要继续做？如果你只看外在的要求，就会被群众化，变成许多人之一，从而丧失主见。所以，你应该坚持做你认为正确的事，这叫做"良心原则"。良心原则在很多地方都可以应用。

譬如第二次世界大战时，有许多德国军官拒绝接受长官的命令，他们不愿意杀害犹太人，因为他们良心上认为：犹太人中有很多老弱妇孺，他们一辈子没做过什么坏事，看起来就像我们一样善良，为什么只因为是犹太人就要被杀？所以他们宁可不做军官而选择叛逃，拒绝执行杀人的任务，这就是良心原则的体现。

尼采在这方面有个观点非常精准，他在谈到苏格拉底时说："苏格拉底成就了人类历史上的转折点。每当人类社会出现危机，都有一个确定之物是不可怀疑的，那就是人的心灵深处有一个恒存的、坚持行事正当的义务，这是一个绝对的义务。"苏格拉底的伟大发现就在于此，他以自己的生命作为见证，肯定每个人的内心都有一个最后的坚持。

尼采对苏格拉底有很多评论。在谈到悲剧创作时，尼采强调日神和酒神的共同作用：日神代表形式，使人谨守规矩，每天安分守己地过日子；酒神的作用好比一个人喝醉酒，由此启发灵感，使他充满创意。尼采认为，苏格拉底接近日神的立场，尼采本人显然更欣赏酒神的立场，崇尚没有任何限制的创造力。但是，对于苏格拉底的伟大贡献，尼采的看法很值得参考。

从另一方面来看，苏格拉底既然肯定有一种精灵的存在，就不能说他是无神论者。18 世纪的启蒙运动兴起了反宗教的思潮，伏尔泰有一句话很有趣，他说："那个无神论者说只有一个神存在。"这是什么意思？古希腊时代是多神论，奥林匹斯山上就有许多有名的神。伏尔泰是在反讽苏格拉底是无神论者，因为他相信只有一个神。

（三）良心的声音只会说"不"

并不是只有苏格拉底一个人能听到精灵的声音，如果把精灵的声音理解为良心的呼声，那么很明显每个人都有。中国的儒家对这一点说得尤为透彻：孔子与学生讨论问题，会问"你的心安不安"；孟子谈到人性的问题，会问"你的心忍不忍"。"不安"与"不忍"这两个词，是了解儒家的重要关键，它们有一个共同的特色——都从"不"来说。这与苏格拉底的说法不是很接近吗？

苏格拉底说，从年轻时期开始，每当他想做一件不该做的事，内心都会有个声音对他说"不要做，不要做"。这个声音只说"不"，却从来不说"是"。因为你如果去做该做的事，这叫做顺其自然，内心不会发出声音；你如果去做不该做的事，内心就会产生一些压力，发出禁止的声音。苏格拉底比一般人更真诚，所以可以听到内心的声音。

1. 人生的修炼要由真诚面对自己的良心开始。只要用心倾听，良心就会提供指示。

2. 人活在世界上，必须尊重国家的法律与祖先的信仰，但是在具体的行动上，不可忽略内心的声音。

课后思考

苏格拉底强调，内心的声音只会对他的不当行为说"不"，而不会对正当的行为说"是"。请问，你有没有类似的经验？

补充说明

谈到良心的时候，首先最基本的是要分辨"良心"与"道德意识"的不同。

什么是道德意识？在某个时代、某个社会里，对于善恶一定有某些共同的判断，它通过教育、舆论等方式为人所熟知。所以，每个人都会对道德有某种清楚的认识，知道什么是善、什么是恶。道德意识的内容通常与法律不会相差太远，但它比法律更细腻、更深刻。道德意识是相对的，每个人都有自己的道德意识，但别的时代、别的社会的人未必认同。

良心则是一种绝对的要求。一个人如果没有善恶分辨的要求，代表他没有良心，不再属于"人"这一范畴。孟子多次提到，如果没有恻隐之心、羞恶之心、辞让之心、是非之心，就不是人，原因就在这里。

有些事情属于日常生活的个人选择，在这方面永远没有标准答案。没有人能告诉你，是家庭重要还是职业重要，你要根据个人的情况来判断，譬如要考虑你的父母、孩子的情况如何。这不涉及良心的问题，只涉及智慧的判断和选择。

真正的良心只有在碰到道德底线时才会出现。比如在纳粹统治期间，很多德国军官不忍心杀害无辜的犹太人，他的良心过不去，这就是所谓的道德底线。苏格拉底也一样，当他面临重大的、攸关生死的抉择时，才会出现精灵的声音。因为道德抉择一旦放松，人会觉得自己变成了行尸走肉，根本不再是一个真实的人，所以内心才会产生如此大的力量。

可见，对于良心，我们要特别敏感。良心是对善恶的要求，这种要求一定存在。另一方面，良心虽然是天生的，每个人都具备，但只有碰到道德底线时，良心才会出现，你才会知道"这一点我过不去"。

4-4

知与德必须合一吗？

本节的主题是：知与德必须合一吗？

在西方哲学史上，"知德合一"是苏格拉底的招牌理论，它到底在说什么？简单来说，一个人只有知道什么是德行，才可能有真正的德行，这就是"知德合一"。

但问题是，一个人知道应该孝顺就一定会孝顺吗？反之，一个人如果不知道什么是孝顺就一定不会孝顺吗？

苏格拉底的意思是：如果你知道孝顺而没有去做，代表你不是真正知道什么是孝顺，你的"知"只是一种见闻，只是听别人说过或书本上看过，并没有真的了解孝顺的重要性和必要性。

反之，如果不知道什么是孝顺，也许偶尔可以做出孝顺的行为，但那只是碰巧，你并没有真正了解孝顺的重要，因此不会一直坚持下去。

譬如，当父母心情不佳时，子女安慰他们就是孝顺。你如果不用上班，也会去安慰父母；但是如果急着上班或有其他事，你就先不管他们了。这代表你没有真正了解孝顺的意义，所以只是偶尔为之，但不能一直坚持，这就是苏格拉底的意思。

本节的内容包括以下四点：

第一，分辨两种德行；

第二，知与德的关系；

第三，德行只能靠自己觉悟；

第四，知德合一引发的后续讨论。

（一）分辨两种德行

先介绍苏格拉底的立场。"知德合一"的"德"一般指德行，即善的行为。德行有两方面的要求：

1. 每个人按照他的职责而应该有的行为，如工程师、教师、警察等职业都有相应的职责要求；

2. 只要生而为人就应该有的行为。

这两者不同，却常被混淆。苏格拉底曾举例说，如果你是雅典公民、家庭主妇或小孩，根据不同的身份，在德行上各有不同的要求。但是，无论具有哪种身份，你始终是一个完整的人。作为一个完整的人，应该具有什么样的德行修养？

苏格拉底每次与别人谈论德行时，开始大家都觉得很简单，所谓"德行"似乎就是描述一下自己的职务有哪些要求，即今天所谓的"职业伦理"。但苏格拉底会进一步问道："这难道是德行的真正意义吗？"就好比你把一只碗打破，一变成多，但碎片怎么能代表一只碗的整体呢？不同领域有不同的职责，这些职责所代表的德行是"多"，但这些"多"并不等于一个完整的人应该有的德行。可见，苏格拉底的思考比一般人更为深刻。

（二）知与德的关系

进一步来看"知"与"德"有何关系。

首先，一个人必须知道什么是德行，才会有真正的德行。我们平常也会做很多好事，但却不一定知道它是好事，也不清楚它为什么算是好事，这就是"不知而行"。做好事只是碰巧而已，缺乏依据。如果下次碰到挑战或考验，就不见得继续做好事。还有些人是"知而不行"，代表他只是知道外在的规范，却不了解内在的道理，不清楚该做的事与人性之间有什么必要的关联。可见，一个人对德行无知，就不会行善。苏格拉底于是得出结论：无知是最大的罪恶。那么如何才能让自己走出无知的世界，进入真正的知识殿堂？这正是苏格拉底一生努力奋斗的目标。

此外，苏格拉底还有一个相关的观点：没有人故意为恶。

苏格拉底认为，你如果清楚地知道这是坏事，就不可能去做，人不会明知故犯。譬如一个人抢钱时，他之所以将社会规范弃之不顾，是因为他认为钱是最善的，此时他并不知道抢钱是一件恶事。如果他真的知道这是坏事，即使没有社会规范，他也不会去抢。世界上每个人在做坏事的时候，心里想的都是"这件坏事啊，请你做我的好事吧"、"这个恶啊，请你做我的善吧"。黑道分子贩毒、杀人、抢劫的犯罪过程中，都会认为这些事对他而言是好事，而不考虑这些事对社会有何危害。

当然，社会的规范是相对的，无法简单评判好坏。但重要的是，这件事在本质上是一件好事吗？一个人可能为了满足个人欲望而去做坏事，对于是否伤害别人或破坏社会规范，他可能毫不在意，只想着满足自己的欲望，对他而言这是唯一的善。有一个学派就有这样的观点：只要让我快乐，其他的一切都可以牺牲。这样一来不就变成谁更凶悍、更胆大妄为，谁就可以为所欲为了吗？苏格拉底想要强调的是：人如果知道什么是善，自然就会行善；但"知道"绝非一般的认识而已，而是要知道什么才是真正的德行。

（三）德行只能靠自己觉悟

一个人按其身份和职责做事，应该具备相应的德行，如节制、勇敢、正义等，但这些只属于个别情况的要求。请问：有没有关于人的生命整体的要求？德行是一个整体，你对这个整体能否有所认识？苏格拉底认为这种德行是没办法教的。他甚至说："如果有人真正了解什么是德行，又能教会别人，这个人就好像是在人群中行走的神。"一个人了解人生的目标何在，能主动实践德行的要求，同时又能教导别人，这样的人确实罕见。

苏格拉底与人对话时，每一次都谦虚地说自己不了解，希望别人发表意见。柏拉图在《对话录》中，讨论什么是真、善、美，什么是谦虚、德行、虔诚，但是讨论到最后，大部分篇章都没有结论。何以如此？因为能将所有德行汇聚起来的是人内在的生命，而一个人到底为什么要行善才是最根本的问题。针对这个最根本的问题，苏格拉底问：德行能不能教导？如果德行可以教导，我们只要跟对老师就能获得启发。但他认为德行不能教导。

据说，苏格拉底的母亲是一位助产士，专门为别人接生胎儿。苏格拉底从小耳濡目染，认识到每个人都要自己孕生出智慧。他把自己比作助产士，他说："我只是帮别人生出智能的胎儿，却不能给别人智慧。"如何帮助别人自己孕生出智慧？苏格拉底的方法是，先让别人陷入困惑，对过去所知的东西加以质疑。他要让你自己觉悟：你过去知道的都是表面的现象或外在的形式，你并不清楚它们真正的意义；真正的意义无法用言语表述，只能靠自己的实践来体验。换言之，若想真正了解什么是德行，一定要靠自己的觉悟。

为什么每个人都有觉悟的可能性？这里涉及苏格拉底的另一个重要观点：人的灵魂早在出生之前就存在，灵魂了解什么是真正的智慧和德行，但一出生就全忘记了。因此，苏格拉底说："知识就是回忆。"特别是关于德行方面的知识，不能靠别人教导，一定要靠自己的回忆才能觉悟。人一旦觉悟就能由内而发，知道完整的德行是怎么回事。这种说法背后有各种复杂的思辨，在当时引起不少讨论。

（四）知德合一引发的后续讨论

苏格拉底的说法引发哪些后续的讨论，我们选择两个方面来看：

第一，如果过于强调"德行"与"知"的紧密联系，岂不是忽略了人很软弱的这一面？人有情感，很容易受到情绪影响；人有意志，也常常把持不定。这对于认知难道不会产生某种副作用吗？了解这一点之后，还能说"知"与"德"一致吗？

第二个问题更严重。苏格拉底认为有一种整体的德行，它是对整个生命的要求，一旦了解，你的一生就没有问题了，等于是把你前世所见的德行全部回想起来，你这一生就有了真正的知识，从此可以步上正轨。后代有一个学派对此展开讨论，请问：一个人有德行还是无德行，难道是一刀切吗？难道不能在某些方面为善，而在另一些方面为恶吗？

世界上确实有这样的事：一个人对朋友很好，但对父母不见得孝顺；一个人对父母孝顺，对子女教育却未见得留意。一个人的力量有限，在德行实践中，常常会挂一漏万，捉襟见肘，自顾不暇。这样的话，还能说德行是一个整体，一个人有德就各方面统统有德，一个人无德就每一方面都无德吗？

后代确实有这样的观点，认为你如果有三种善、两种恶，代表你还不算是真正的善，要么全部是善，否则统统不算。这种略显极端的看法与苏格拉底也有关系，因为他说"知德合一"，"知"与"德"是一致的。如果你的"知"只有某一部分，代表你的知不完整，那你的德也不可能完整。

另外，我们再将苏格拉底与中国学者王阳明进行比较。王阳明（1472—1529）是明朝中叶的学者，他倡导的"知行合一"如今尽人皆知。他说："知是行之始，行是知之成。"把"知"与"行"视为一个整体。他的观点与苏格拉底的相似之处在于：他们所谓的"知"都是有关德行的知，而不是其他方面的知。

王阳明的"知行合一"是儒家传统的发展。如果"知"没有"行"的配合，那样的"知"不落地、不切实；如果"行"没有"知"作为基础，那样的"行"无法坚持、不能长久。王阳明是15世纪的人，他的说法较为清楚和完整，而且他也没有像苏格拉底那样，强调"知"与"德"要完全一致。

收获与启发

1. "知德合一"的"知"，不是对外在现象的知识，也不是某种专业的知识，而是对于德行方面的知识，是教你应该如何行善的知识。

2. 苏格拉底创建的学派在西方被称为"主知主义"，认为一切都要靠"知"，"知"也可理解为"智"。苏格拉底偏重理性，认为每个人都要很清醒，只要清楚了解自己知道什么，就会去做该做的事。

3. 苏格拉底有些话我们听过就会记得，如"无知是最大的罪恶"、"没有人明知故犯去做不该做的事"。但我们也知道，明知故犯在世间很常见，因为人的意志很软弱——明明知道该做，却不见得做得到；明明知道不该做，却偏要去做。

"知德合一"的说法在西方受到很多批评，批评者认为：它太重视理性的作用，而忽略人也是感性的动物，会受到意志与情感的干扰。你觉得这样的批评可以成立吗？或者，你可以替苏格拉底辩护吗？

补充说明

苏格拉底的思想被称作"主知主义"，他认为"知"是决定后面一切发展的关键，其内涵可以从三方面来理解。

1. "主知主义"认为"知即是德"，我们讲"知德合一"只是一个比较简便的中文表达方式。说"知即是德"是要强调：

（1）对"德"无"知"就不可能有德，如果有德，只是碰巧；

（2）对"德"有"知"则一定会有德，如果无德，则代表不是真知。

举例来说，我说"只要是荷兰人，一定喝海尼根啤酒"，但有一个荷兰人叫皮特，他就不喝海尼根啤酒，我就说："那是因为他不是真正的荷兰人。"这个幽默的说法恰好可以反映"主知主义"的观点，即如果有"知"而无"德"，代表所知的不是真知，否则"德"一定会伴随"知"而出现。

2. 真知是由内而发的。譬如知道勇敢是一种"德"，当你表现出勇敢的行为时，有两种可能：第一种是出于你对勇敢的真知和肯定，使你的力量由内而发，采取行动；第二种是从外面看，你的行为符合勇敢的外在要求，但你不见得对勇敢有内在的真知。主知主义强调第一种，出于内在的真知而去实践才叫"知德合一"，这样才能使整个生命的境界往上提升。

3. 知与德都有发展的空间。苏格拉底在临终前对他的弟子们说："今后你们要一如往昔，按照你们所知最善的方式去生活。"将来发现更好的生活方式再去调整，人只能对自己当下的真诚觉悟负责，且知且行，不断提升。

掌握住这三点，就可以较为准确地掌握苏格拉底"知德合一"观念的内涵。

4-5

为什么不怕死？

人应该如何正视死亡带来的恐惧？苏格拉底用死亡见证了他的人格与哲学，因此，我们要介绍他受审和死亡的过程。

本节内容包括以下三点：

第一，苏格拉底受审的过程；

第二，苏格拉底对死亡的观点；

第三，苏格拉底漠视死亡。

（一）苏格拉底受审的过程

首先介绍他受审的过程。公元前 399 年，苏格拉底 70 岁之际，被人诬告两大罪状，上法院接受审判。如今美国的法庭就是借鉴雅典当时的审判方式。审判分两个阶段：第一阶段先由法官团判定被告是否有罪；如果有罪的话，第二阶段再判定他要接受何种处罚。雅典的法官团由公民轮流担任。雅典分十个区，每个区每年选出 50 位代表，共 500 人组成法官团。苏格拉底进入法院，面对 500 人的法官团，他要为自己展开辩护。

苏格拉底被控告两大罪状。第一是腐化雅典青年。他在陈述相关事实后，认为自己并未腐化青年，他只是按照神的指示，带领众青年发现真理和真相而已。第二是自立新神，他说："我没有自立新神，我只是服从精灵的声音，精灵是所有雅典人都相信的神明之一。"

苏格拉底的话锋十分犀利。法官团习惯于看到犯人的软弱，譬如，找家人哭哭啼啼一起求情，可是这位已经 70 岁的老先生却好像在教训他们。台上的法官多数比苏格拉底年轻，但既然坐在法官的位置上，自然希望受到尊重。听到苏格拉底的辩护词，法官们都不太开心。最后投票表决，280 票比 220 票，以 60 票之差判苏格拉底有罪。

判定有罪后，对于要接受何种处罚，雅典有一个特别的制度设计：犯人可以自己建议一种替代性惩罚，看法官团能否接受。一般人有两种选择：一是放逐，既然雅典人看我不顺眼，不如把我放逐到其他城邦，今后不再见面就好；另一种选择是罚款，可以用支付赎金来抵罪。苏格拉底则说："你们要处罚我只有一个办法，就是把我关在英雄馆（Prytaneum）里，这样我就不能和别人聊天，你们就可以避开我了。"

当时希腊很多城邦都设有国家英雄馆，专门用来供养奥林匹克运动会的金牌选手，让他们在此颐养天年。苏格拉底明明被判有罪，居然要求将他关到国家英雄馆里。这下子法官们更生气了，他们以更大的差距——360 票比 140 票，判处苏格拉底死刑。

（二）对死亡的观点

苏格拉底似乎明知会有这样的结果，但是他毫不在乎。被判死刑之后，苏格拉底说："请容我再说一段话。"随后，他表达了对于死亡的观点，这在西方哲学史上是非常重要的数据，对一般人也很有启发。

苏格拉底认为死亡只可能有两种情况。

第一种情况，死亡就像是无梦的安眠。人死之后，如果没有任何知觉，一生就此结束的话，就像睡觉时不做梦，这实在是太好了，连波斯国王都要羡慕这样的情况。雅典曾两度受到波斯的侵略，雅典人都知道威猛凶悍的波斯国王。这段话让我们联想到庄子对古代真人的描写——"其寝不梦，其觉无忧"（《庄子·大宗师》），即睡觉时不做梦，醒来后没烦恼。如果死后毫无知觉，就像睡觉时不做梦，那么死亡有什么不好呢？

第二种情况，如果死后灵魂继续存在，那么不但不用烦恼，灵魂反而从身体的监狱中得到解脱，重获自由。当时有一种思想认为人的本质是灵魂，苏格拉底也接受这种观点。人死之后，灵魂离开身体，可以自由追寻它所向往的目标。苏格拉底说："死后灵魂如果可以自由去寻找的话，我要去找那些古代伟大的智者，与他们一起继续聊天和对话，共同探讨什么是智慧和真理。"

这就是苏格拉底对于死亡给出的两个答案。

（三）漠视死亡

审判结束后，苏格拉底被关入监狱，准备接受死刑，这期间恰好碰上雅典一年一度的圣船节。相传雅典王子救回被奉献为牺牲品的七童男七童女，因此每年5月，雅典人就派船到海上去祭祀阿波罗神，在圣船来回的一个月内不准杀人。苏格拉底在监狱里等待死刑的一个月里，友人安排让他逃狱，但他不肯。包括柏拉图在内的许多人，每天都去探望他，大家经常伤心痛哭，但苏格拉底对即将到来的死亡无动于衷，好像死亡这件事与他无关，死亡似乎也没什么不好。他这种漠视死亡的态度让很多人深受启发，他临死前所说的三句话备受关注。

1. 你们埋葬的只是我的身体。

苏格拉底看到很多朋友和弟子在哭泣，他说："你们为什么哭呢？

你们埋葬的只是我的身体，真正的我还是与你们在一起的。"这说明死亡的只是身体，身体结束之后，人的精神还在。

2. 今后，你们仍当一如往昔，按照你们所知最善的方式去生活。

一位弟子问他："老师您走了，将来我们有问题该怎么办？要找谁来给我们答疑解惑呢？"苏格拉底说："今后，你们仍当一如往昔，按照你们所知最善的方式去生活。"

这句话是千古名言。人活在世界上，只能按照自己所知最好的方式去生活。如果将来发现更好的方式，觉得今天的方式不是最好，那该怎么办？没关系，一旦发现更好的方式，就立刻调整。人要真诚面对现在的自己，不能等着将来发现最好的方式才去生活。人每天都要过日子，所以只能按照现在所知最善的方式去生活。

3. 克利托，别忘了我还欠医神一只鸡。

苏格拉底的最后一句话是对他的朋友克里托（Crito）说的，他说："克里托，别忘了我还欠医神阿斯克勒庇俄斯（Asclepius）一只鸡。"按照当时希腊人的习俗，患病就会到供奉医神的庙中许愿，痊愈之后献给医神一只鸡作为还愿。苏格拉底的意思是"死亡意味着我的病好了"，他要提醒我们：身体是灵魂的监狱，人活在世界上就像生病，死亡就是病的痊愈，使灵魂得以解脱。

当时监狱的狱卒深受感动，忍不住对苏格拉底说："你是我见过的犯人中最温和、最善良的。我从没见过像你这样的犯人，其他犯人都是吵嚷叫骂，怨天尤人。你这么温和善良，太让我难过了。"狱卒为此还痛哭一场。

最后，狱卒把毒药（据说是有毒的萝卜汁）送上来，苏格拉底问他："我能否先往地上倒一些，用来祭神？"狱卒说："不行，药量是调配好的，如果倒一些出来，喝下去恐怕无法生效。"苏格拉底说："好吧，我有这个心意就好了。"他接着对狱卒说："你比较有经验，知道毒药发作的过程，我的情况是否正常，请你提供指教。"

苏格拉底将毒汁一饮而尽，开始是脚麻了，他问狱卒："是这样吗？"狱卒说："是的。"接着，大腿麻了，肚子麻了，当毒药快侵入心脏时，他向克里托说出刚刚介绍的那句话。

这就是苏格拉底留给世人的最后一幕，整个过程有如电影情节，但却是真实上演的，让人倍感震撼。这一幕如同后来的耶稣被钉死在十字架上，都对西方人产生深远的影响。

收获与启发

1. 按照苏格拉底的说法，我们没有理由害怕死亡。死亡或者是无梦的安眠，或者是灵魂的解脱，从此可以自由追寻我们毕生向往的目标。
2. 要珍惜我们的人生，不断求知与行善，达成爱好智能的目标。

课后思考

通过今天的学习，不考虑任何宗教和信仰，请问：你对死亡有什么新的看法？你是否赞成苏格拉底对死亡的看法？

补充说明

谈到死亡，我们可以用孔子的观念来做对照。孔子对死亡有两种观点：第一，死亡是自然生命的结束；第二，死亡是价值生命的完成。这意味着人有双重生命：一个是自然生命，我们的身体都会生老病死，最后都会结束；另一个是价值生命，我们在一生中可以不断思考与自由选择，从而实现某些价值，死亡意味着价值生命的"完成"。

孔子教学生，强调立志。有了志向，生命就有了方向，你选择任何价值都会朝这个方向集中，可以使生命的价值不断提升。到死的时候，会觉得这一生没有白过，非常值得。

就像王阳明临死的时候，学生问他还有什么遗言，他说："此心光明，亦复何言！"

如果把人生理解为双重生命，则每一个人都有其特殊的价值，不能用外在的、可以量化的成就来规定价值的标准，生命的价值不能只做外在的衡量。因此，每一个人都要对自己的生命负责，这就是"双重生命"观念的意义所在。有些人能够载入史册，有些人（像苏格拉底）可能进入永恒，这都是他们各自的造化。

我们可以从中学习到的是：面对死亡，要对自己的生命负责，让自己的一生能够不断掌握到更高的价值，不断实现生命境界的提升。

哲学双重系统

第 5 章

柏拉图：深入剖析人生

5-1

上街寻找苏格拉底

本章将介绍古代西方最重要的哲学家——柏拉图。柏拉图有多重要呢？可以借用黑格尔的一句话来形容："谈起希腊文化，转头必见柏拉图。"柏拉图对于人性和人类社会有怎样的观察，对于教育和政治又有什么建议，这些问题都是本章讨论的重点。

在西方社会，当你遇到一位杰出人士，通常可以问他：谁是你的苏格拉底？这句话的背景就与柏拉图的故事有关。柏拉图晚年回顾自己的一生时，说："我感谢神让我生为雅典人而非蛮族人；生为公民而非奴隶；生为男人而非女人；以及最重要的，生于苏格拉底同一时代，能够与他结识。"这句话中提到了几个"幸运"：

生为雅典人是幸运的，因为雅典人文化水平较高，他们认为自己是周边蛮族的核心，是整个希腊的学校；

生为公民是幸运的，因为雅典人大部分是奴隶或是没有公民权的妇女；

生为男人是幸运的，因为在古代社会，男人有参与政治、社会活动、战争等各方面的权利和义务；

最后，柏拉图表达自己的独到见解，他觉得自己能够认识苏格拉底是一生最大的幸运。

柏拉图认识苏格拉底真的只是幸运吗？当时有许多人具备像柏拉图一样的条件——生为雅典人、生为公民、生为男人，但他们却通过民主政治的运作，判了苏格拉底死刑。因此，柏拉图能有后来的成就，绝不是只靠幸运，而是靠他的慧根和抉择。

　　本节要介绍以下四点：

　　第一，柏拉图的家世与教育背景；

　　第二，柏拉图遇到苏格拉底时发生了什么事？

　　第三，柏拉图向苏格拉底学到了什么？

　　第四，苏格拉底死后，柏拉图一生的发展如何？

（一）柏拉图的家世与教育背景

　　柏拉图（Plato, 427—347 B.C.）是雅典人。雅典有辉煌的历史和鼎盛的文化，在政治上有贵族派和民主派两大势力。柏拉图的母系亲戚是贵族派的领袖；因为父亲早逝，母亲改嫁，柏拉图的继父是民主派领袖伯里克利的好朋友。

　　柏拉图从小认真学习，一心想为城邦服务，希望在政治方面有所建树。得益于这样的家庭背景，柏拉图接受了当时最完备的教育，很早就学会绘画、作诗、撰写宗教祭典的颂词，后来又学会写作抒情诗和当时最流行的悲剧作品。

（二）当柏拉图遇到苏格拉底

　　柏拉图 20 岁就创作了自己的悲剧作品，信心满满准备参加年度悲剧作品竞赛，希望夺取桂冠诗人头衔。需要说明的是，这里的"诗"不是今天所谓的"诗"；在希腊文中，"诗"（poiesis）指广义的创作，包括各类文学创作，当时最主要的是悲剧的创作。在前往剧场的路上，柏拉图看到路边有一群人在聊天，就凑上前去，原来是苏格拉底正在与人对话。

苏格拉底比柏拉图足足大了 42 岁，在雅典这个人口不到 40 万的城邦里，柏拉图早就听说过苏格拉底这位公民——他出身平凡，总爱在街头、体育馆或市场边与人聊天。这是柏拉图第一次亲眼目睹这样的场面：苏格拉底纯熟地运用反诘法，态度从容，言语犀利，问题层出不穷，论证环环相扣，使得对手理屈词穷，只能随着苏格拉底的说法而不断探问最根本的人生意义问题。

柏拉图听完这场对话之后，内心大为震撼，立刻下定决心要转向哲学，因为哲学是爱智慧，人生所有的问题最后都要归结为一点——你能否用理性做出清晰、彻底的思考，以使自己发现真理。好像在电光石火的刹那，柏拉图忽然觉悟自己应该何去何从。他不再前往剧场参加悲剧创作比赛，而是转身回家把所有的文艺作品一把火烧掉，从此以后，每天只做一件事——上街寻找苏格拉底。

（三）柏拉图向苏格拉底学到了什么？

柏拉图从苏格拉底身上，学到要用真诚而开放的态度追求真理，把每个人天赋的、能够思考的理性充分发挥出来。他向苏格拉底学到了三点。

1. 原则：用理性的态度探讨真理。古希腊流传着许多神话和传说，有许多说法采用未经证实的假设，现在苏格拉底则强调：人应该发挥理性的作用。

2. 题材：人生的意义才是关键问题。苏格拉底始终扣紧人生意义的问题：到底人活着有意义吗？人生的目的何在？

3. 方法：反诘法、归纳法和辩证法。反诘法就是针对别人问题中的一个词汇不断反问，请对方把话说清楚。另外，前面也介绍了归纳法和辩证法。

柏拉图深受苏格拉底的启发，他留给后世的作品是《对话录》，由一系列对话所构成。这是西方早期最完整的一部作品，流传至今仍然可信的有26篇，苏格拉底在其中的22篇里都扮演对话的主要角色。这些对话中谈论的问题包括：人生应该追求什么？人生的意义与目的是什么？真善美等价值是否有其基础？它们的判准是什么？什么是快乐？什么是爱？人是否有灵魂？灵魂是否不死？以及理想的城邦应该如何？

柏拉图从苏格拉底身上学到：人不能只活在一个充满变化的世界上，要设法追求人生中永恒的一面。

（四）苏格拉底死后，柏拉图进一步的发展

我们可以从以下三个方面来介绍。

1. 学术方面

柏拉图跟随苏格拉底8年之后，在当时的民主制度下，经过合法的审判过程，苏格拉底被判处死刑。苏格拉底含冤而死之后，柏拉图与几个同学离开雅典，到埃及、南意大利和其他城邦去游历，以增长见识。

12年之后，也就是柏拉图40岁时，他返回雅典，创办一所学院（academy）。这是欧洲的第一所大学，一直延续了900多年。柏拉图在学院中教授哲学、数学、物理、天文学等，还要求学生参加公开的缪斯女神（Muses）的崇拜仪式，可见他同时关注人的心智发展和心灵需求。简而言之，就是要以科学的精神实事求是，目的是要培养政治家兼哲学家。这是柏拉图在学术方面的成就。

2. 政治方面

柏拉图年轻时有从政的理想，后来他转向研究哲学，希望为城邦培养出哲学家君王，但是很难有这样的机会。后来他到西西里岛上一

个叫锡拉丘兹（Syracuse）的城邦，希望培养一位哲学家君王。他三度前往，最后无功而返，铩羽而归。

3. 对后代的影响

苏格拉底过世的时候，柏拉图特别强调："老师死了，我们都成了无父的孤儿。"言下之意是把苏格拉底当作自己精神生命的父亲。柏拉图对后代的影响非常深远，从他的思想中可以看到许多后代的观念，包括社会主义、共产主义、女权主义、节育与优生学、道德与贵族统治、自然教养与自由意志的教育、生命哲学、心理分析，等等。

美国哲学家爱默生（R. W. Emerson, 1803—1882）说："柏拉图就是哲学，哲学就是柏拉图。"英国哲学家怀特海（A. N. Whitehead, 1861—1947）说："2000多年的西方哲学，不过是柏拉图思想的一系列注解而已。"对于柏拉图的贡献，后续还会做进一步的介绍。

收获与启发

1. 缘分固然非常重要，但是还需要有敏锐的判断与勇敢的抉择。每个人在年轻时都需要有心灵导师，通过"亲炙"或"私淑"他，来提升自己的生命境界。

2. 向老师学习之后，还要深思力行，站在老师的肩膀上继续往前走。跟老师学习之后有两种可能：第一种是"照着讲"，第二种是"接着讲"。所谓"照着讲"，就是照本宣科，完全重复老师的观点。苏格拉底有一批这样的学生，他们的表现并不杰出。所谓"接着讲"，就是能进一步发挥老师的思想到更高的境界，甚至有更好的创见，将老师的体系加以完成。苏格拉底没有写过一个字，却在西方始终享有大哲学家的地位，就是因为柏拉图这位学生在《对话录》中充分发挥了他的思想。

一个人在生命中的不同阶段会遇到不同的导师，与其崇拜他，不如学习他，并且要立定志向，站在前人的肩膀上，实现更进一步的发展。要成就自己的人生价值，良师益友是必不可少的，你有没有找到自己的人生导师呢？

补充说明

启发我的"苏格拉底"是谁？我们经常能想到的是：父母或长辈、老师或前辈。也可能因为阅读某些人物的传记、听到某些学习的节目而获得启发。在此，要区分三种不同的启发。

1. 人在生命的不同阶段，总会受到一些人的启发和影响。这属于很自然的情况，否则我们不可能一路成长，而具有现在的思想和观念。

2. 是孔子所说的"三人行，必有我师焉"，我们可以从身边的人获得启发。人本来就具有不同的性向和才华，成长的环境也不同，因此"闻道有先后，术业有专攻"，我们应该随时向身边的人虚心学习。

3. 是要特别强调的"精神上的父亲"。这样的超级生命导师可能百年不遇，但我们可以从东西方的古代圣贤中去寻找，虽不能至，心向往之。

雅斯贝尔斯（Karl Jaspers, 1883—1969）在其所著的《四大圣哲》中提到了四位圣哲，按写作顺序依次为：苏格拉底、佛陀、孔子和耶稣。苏格拉底过世时，柏拉图说："老师死了，我们都成了无父的孤儿。"佛陀圆寂之后，他的弟子们也好像失去了精神上的父亲。孔子过世之后，因为孔子的儿子不幸比孔子先过世，所以学生主动为他守丧三年，尽的不是弟子之礼而是儿子之礼，子贡还特别守了两个三年之丧。耶稣过世后，他的门徒非常悲伤，觉得从此以后失去了精神上的父亲。

因此，要特别强调第三种——精神上的父亲。父母给了我身体，但是谁能让我的精神生命觉醒？谁能让我知道自己是一个人，有自己特殊的路要走，要实现自己内在的价值呢？现代人可以从宗教家、哲学家、教育家中去寻找自己的精神之父，或从某些伟人的传记中得到启发。

要想获得深刻的启发，一定要念兹在兹。譬如孟子，他比孔子晚了179年出生，他虽然没见过孔子，但是他把孔子所有的著作全部找来研究，彻底通晓之后，又将孔子的思想进一步发挥，最后被后人并称为"孔孟之道"。西方的柏拉图也是如此，他把苏格拉底的思想在他的《对话录》中充分加以发挥。因此，我们一定要自己努力去寻找这样的超级生命导师。

大家都在洞穴中

柏拉图对于人性有怎样的观察，对于人类的现状有何忧虑？如果要钻研哲学，爱好智慧，首先要知道：人类的真实处境其实有很大的问题。柏拉图指出人类有两种不正确的心态：第一是"幻想"，即以假为真，看到每天变化的一切，以为那就是真实；第二是"相信"，即把个别的、具体的东西当作普遍之物来对待。"幻想"和"相信"都是主观的，柏拉图希望世人首先能认识到这一点，进而排除这样的心态。为此，他提出著名的"洞穴比喻"。

本节要介绍以下两点：

第一，柏拉图的"洞穴比喻"在说什么；

第二，柏拉图对"知识就是知觉"的批判。

（一）洞穴比喻

柏拉图说，人类居住在洞穴中，像囚犯一样双手双脚被捆绑在椅子上，只能看到前面的墙壁上有很多影像来回活动，大家就以为那是真实的。有一个人比较调皮，他挣脱了绳索，回头一看，原来身后有一道矮墙，上面有很多道具，矮墙后有一个火炬，照着矮墙上活动的道具，使道具的影子投射到眼前的墙壁上。众人一直以为真实的东西，原来只是道具的影子而已。

换句话说，世人长期以来把墙壁上的影像当作真实，只看到实物的倒影，只听到真理的回声，所见的世界残缺不全。人被自己的情感和偏见所扭曲，又因为语言的媒介而被他人的情感和偏见所扭曲。他们的心态就像无知的孩童，但是执迷不悟的脾气却完全像是大人，丝毫不想逃离这个囚笼。偶尔让他看到真相，他也因为眼睛无法适应而宁可接受原有的影像。

那个挣脱绳索的囚犯，转身发现所见的一切都是道具的影像。他不甘心，就继续前行，发现上面还有一个洞口。他爬出洞口，看到光天化日之下的世界。原来，所有道具的原型都真实存在于这个新世界之中。

他从黑暗进入光明，刚一开始眼睛不能适应，几乎快瞎了。这叫做"使人目盲的光明"，在西方成为一个很有名的术语。当你忽然发现真相，意识到从前所见的都是虚幻，你是否会觉得一时难以适应，眼睛好像瞎了一样？

想到还有很多同伴仍然囚禁在洞穴中，这名囚犯心生不忍，便走回洞穴，想告诉同伴们真相。当他从光明再度返回黑暗，眼睛又模模糊糊地看不清楚，走路跌跌撞撞，偶尔还会摔跤。他对其他人说："大家看到的都是假的，外面才是真实的世界。"其他人说："你连这里都看不清，走路都会摔跤，还想骗我们吗？"大家不喜欢被打扰，不喜欢做梦时被唤醒，就把他毒打一顿，最后竟然把他杀害了。

柏拉图比喻中的这个人显然代表了苏格拉底。可见，追求真理是要付出代价的。一个人如果想看到真理，必须转身才能发现，必须张开心灵之眼，才能看到真相。

（二）对"知识就是知觉"的批判

柏拉图"洞穴比喻"的目的何在？当时很流行辩士学派的思想，辩士学派的代表普罗泰戈拉曾说："人是万物的尺度。"这句话让人听起来很愉快，但其中的"人"是指个人，因而每个人都是万物的尺度，每个人只能诉诸自己的感觉。这样就会出现一个问题：什么是知识？难道知识就是我的知觉吗？我觉得热，代表今天就很热；我觉得冷，表示今天就很冷。冷和热是以我的知觉来决定。如此一来，知识变成相对的，会导致各种复杂的问题，最后可能陷入怀疑论。柏拉图提出"洞穴比喻"，主要针对的就是当时社会上流行的这类说法。我们顺着柏拉图的思想，对"知识就是知觉"的说法提出五点批判。

1. 知觉会产生矛盾的印象。同一样东西，近看比较大，远看则很小；一样东西是轻还是重，要看它与什么东西相比较；在不同光线下，一样东西可能显示为白色，也可能显示为黄色。任何东西的大小、轻重、颜色都是相对的，可见，知觉会产生矛盾的印象。

   诸如此类的例子很多，譬如平行的铁轨延伸到远处，看起来像是相交的；筷子放到水中，看起来像是弯的。这说明由知觉不可能产生有效的知识。

2. 如果知识就是知觉，都是相对的，那么所有学说及其论证就都是相对的，不可能普遍有效。孩童所见的与老师所见的都是真理，所有的证明和谈论都是废话，没有任何意义。

3. 更进一步说，如果知识就是知觉，那么你不可能对未来有任何知识。我们常常会推测自己的未来如何，譬如我觉得今年会遇到贵人，请问：它会实现吗？如果知识只是知觉，我们就不可能有任何可靠的知识去预测未来。

4. 如果知觉就是真理，显然动物也有知觉，那么动物是否跟人一样，也可以说它们是万物的尺度呢？普罗泰戈拉的说法本身是自相矛盾的。

　　一个人认为他看到的是真，那就是真，认为他看到的是假，那就是假；按照这个逻辑，如果我认为普罗泰戈拉所说的是假的，那他不就错了吗？这种说法破坏真理的客观性，使真假之分毫无意义。

5. 所有知觉中都含有非感觉的要素。譬如我说"这是一张白色长方形的纸"，如此简单的一句话，也不能仅靠知觉而得出。首先，我要判断这是一张纸而不是一片木头，这需要知道纸与木头之间有何差别，如何分类；然后判断这张纸是白色的，这需要与其他颜色进行对比；最后通过与其他形状对比，才能判断出它是长方形的。将上述过程整合起来，说"这是一张白色长方形的纸"，要用到许多过去的经验与相关的数据才能进行判断。将这一切整合在一起的绝不是知觉，而是心灵的其他能力。

　　因此，柏拉图才会大力批判"知识就是知觉"的说法。与此同时，柏拉图还要批判把知识当作意见的看法，因为有些意见是猜测的。譬如我说"现在张三和李四正在打电话"，也许我猜对了，他们确实正在打电话；但这不能叫知识，它只是我个人的意见而已。这次猜对了，不代表下次也能猜对。

　　因此，知识是一种判断，这种判断必需要对认知对象有充分的了解与合理的说明。至于这样的观念是如何产生的，后续章节会做进一步的详细说明。

1. 感官所掌握的现象世界是不可靠的。这样说并非要否定感官，而是要继续探求真实的东西，要提升认知到感官以及感官的对象之上。

2. 我们要张开心灵之眼，让理性开始运作。这样才能认识真相，进而做出勇敢的抉择。

3. 我们学会一个术语——"使人目盲的光明"，就是让人的眼睛都快瞎的光明。一旦得到真知，以前人云亦云的想法一时之间不就像是一片漆黑吗？忽然见到光明，能够适应吗？"洞穴比喻"提醒我们：要转动身体，勇敢地摆脱"幻想"和"相信"的心态，努力追求可靠的真理。

课后思考

从暗室到光天化日，眼睛难以适应，因为光明使眼睛看不清楚。你是否也有类似的经验，因为领悟某种真理而无法看清日常的世界？

5-3

拥有魔戒，你会做什么？

上一节介绍柏拉图的洞穴比喻，本节继续介绍柏拉图对人性和人类社会的观察。本节的主题是：拥有魔戒，你会做什么？旨在说明人性十分脆弱，禁不起检验，因此需要法律和教育。

《魔戒》(*The Lord of the Rings*)是广为人知的电影，其中多次出现只要戴上魔戒，人就隐形不见的桥段。魔戒在西方有久远的背景，最早出现在柏拉图的《对话录·理想国》中。本节将介绍魔戒故事最早的版本，并由此探讨人性。至于人类该如何面对这样的挑战，柏拉图也提出自己的观点。

本节内容包括以下三点：

第一，魔戒故事的最早版本——盖吉斯的戒指；

第二，柏拉图对人性问题的思考；

第三，柏拉图最后认为，法律是次佳的选择。

（一）盖吉斯的戒指

柏拉图为了探讨人性到底是善还是恶，是要为善还是为恶，人是否拥有完全的自由，于是讲述了一个古代的传说。古希腊有个城邦叫吕底亚，国王叫盖吉斯（Gyges）。这个传说就是关于他的故事，一般称之为"盖吉斯的戒指"（the Ring of Gyges）。

盖吉斯原来是吕底亚的一个牧羊人，每天在郊外牧羊。有一天，雷雨大作，发生了严重的地震，导致地面裂开。地震之后，盖吉斯跑到裂开处一看，发现下面好像有一些珍贵的珠宝。他爬到地底下，除了珍珠宝贝之外，他还看到一个空心的青铜马，其中有一具尸体，手上戴着一枚戒指。他就把戒指取下来戴在自己手上，然后继续牧羊。

当时牧羊是吕底亚的重要产业，每个月都会举办一次牧羊人大会，向国王报告牧羊的情况。盖吉斯在会场觉得无聊，就转动自己的戒指。戴戒指一般都是将戒面朝外，他转动戒指将戒面朝向自己。忽然之间，他发现别人好像看不到他了。明明是认识的人，盖吉斯朝他们挥手，别人也不理会。他想：难道别人看不到我吗？于是他跑到广场上跳舞，居然也没人制止他，他真的隐形了！他回到座位上，再把戒指的戒面转向外面，一切又恢复了正常。

他知道了如何隐形的秘密，这样一来，做任何事情都不会被发现，也不用负责任，从此便一发不可收拾。他设法成为国王的信使，进入王宫向国王报告这次开会的情况。接着他用隐形的方法，诱奸了皇后，谋杀了国王，自己取而代之成为国王。这就是"盖吉斯的戒指"的故事。

（二）对人性问题的思考

柏拉图讲这个故事用意何在？柏拉图接着说："假设有两枚这样的戒指，给大家公认的好人戴一枚，坏人戴一枚，他们后面的表现会如何？"换句话说，如果你可以隐形，那么你还需要做好事吗？你还怕做坏事吗？

结果，柏拉图非常失望地说："最后，这两个人根本分不出谁是谁啊。有谁可以免于这样的诱惑，在自己可以隐形的时候依然走在人生的正路上，而不去侵犯别人的产业？在市场上可以拿走任何想要的东西而不会被发现，到别人家里可以同任何人做爱，可以随便谋杀任何人，或从牢房里放走任何人，这样的人简直就成了人群中的神啊。如此一来，好人和坏人就分不清楚了。"

柏拉图得出一个令人失望的结论，他说："没有人心甘情愿去行善，没有人以行善为乐。"每个人行善都是因为有一些压力，都有被迫的成分，因为不能隐形，所以必须遵守规范。天下有很多人没有行善，却通过伪装使别人相信他是行善的。但是，有谁愿意做个真正的善人，却没人相信他是行善的呢？简单的结论是：一个人行善都是为了得到某种好处，或是为了某种外在的名声，或是为了有形的报酬。这个问题确实非常深刻。

美国在许多年前做过一次民间问卷调查，其中一个问题就是："如果可以隐形，你要做什么？"结果令人难以想象，有80%的受访者回答要抢银行。我们这才理解为什么银行需要这么多安全措施，配备这么多警卫和摄像机，因为人性过于脆弱，根本禁不起诱惑。

人性确实非常软弱，总是好逸恶劳，希望不劳而获，且贪得无厌，完全禁不起诱惑。思考一下：如果可以隐形，你最希望做什么事？当然是希望随心所欲。"随心所欲"的说法出自《论语·为政》，子曰："吾十有五而志于学，三十而立，四十而不惑，五十而知天命，六十而［耳］顺，七十而从心所欲不逾矩。"孔子十五岁立志求学，三十而立，一路发展上去，努力修行，最后"七十而从心所欲不逾矩"。孔子堪称人类的典范，他很清楚地知道：自己到了70岁才能从心所欲不逾矩。换句话说，孔子70岁之前如果从心所欲，就有可能逾矩。

一般人千万不要心存侥幸，以为人性是善的，这是一种太过冒险的想法，顺着这样的想法发展，后果恐怕不堪设想。在电影中，人可以易容改装，扮演别人；如果你可以隐形，不是更方便为恶吗？如果人人都能隐形，必定天下大乱。

（三）法律是次佳的选择

柏拉图到了晚年特别强调法律的重要，《对话录》留传下来的有26篇，最后一篇就是《法律篇》。柏拉图撰写《法律篇》的时候已经接近80岁了，这篇文章等于是对他的整个思想做一个全面总结。他认为，如果无法找到理想的哲学家君王，那么法律是次佳的选择。

关于法律，柏拉图提出一些观点。第一个就是所谓的"金律"，即我愿意别人对我做什么，我也要如此对别人做，也就是"己之所欲，施之于人"。约400年后，耶稣也说了几乎完全相同的话："你们愿意人怎样待你们，你们也要怎样待人。"（《马太福音》，7:12）孔子所说的"己所不欲，勿施于人"一般被称为

"银律"。金律代表积极的，我自己愿意对别人行善，也希望别人这样对我，这是积极的作为。银律代表消极的，我自己不愿意碰到的事，我也不要对别人做。事实上，这两者是不能割裂的。

柏拉图在《法律篇》中进一步要求我们不可欺负陌生人。他说："我们对于陌生人所犯的罪行，比起我们对同胞、对认识的人所犯的罪行，将会更直接地引来神明的报复。因为陌生人既无亲戚，也无朋友，所以他们可以要求更多的关怀与宽容，不论是人的还是神明的关怀与包容。"

既然如此，如果我们可以隐形，我们能做侵犯别人的事吗？当然不行。柏拉图还进一步强调："对自我有强烈的执着，是一切罪恶的最常见来源。"每个人都执着于自我。前面提到"盖吉斯的戒指"的故事，不就是因为可以隐形，而使自我变成世界的中心，有如神明一样吗？隐形后做出违法之事，显然是不对的。隐形的时候，别人固然

看不见你,但是神明看得见。另外,隐形的时候固然可以随意做不义之事,但是如果别人像你一样也能隐形去做这些事,后果会如何呢?这些都是从隐形观念所引发的思考。

收获与启发

1. 人性确实软弱。我们今天如果在社会上还能站得稳,不是因为我们很坚强,而是我们还没有碰到真正的考验。因此,对于人性不能掉以轻心,要随时保持警觉,不断进行修炼。

2. 换位思考非常重要。我们要常常想,如果我是他,如果他是我,我们该如何互动往来?这种换位思考对应于儒家的一种很好的思想——"恕"道。对于西方来说,我们也会慢慢发现,这是人与人相处最重要的基础。

3. 法律是不可或缺的。柏拉图晚年时,发现自己无法实现最初的理想。他原来希望出现一位哲学家君王,或是让君王学习哲学,后来他认为这样太难了。他在有生之年也做过试验,结果都失败了,所以最后他说:"法律是次佳的选择。"

课后思考

如果你有一只可以让你隐形的魔戒,请问:你最想做的一件好事和坏事是什么?

补充说明

这是到目前为止最具挑战性的问题。我自己也曾思考过很长时间。谈到隐形的问题,一般人的反应在某一点上很类似。如果可以隐形,要做什么好事?这很难想出来。如果能隐形,要做什么坏事?那可就多了。这说明了人的生命有内在的潜意识，它相当复杂，所以对人性不能没有戒心。

在此对人性问题做一个比较完整的说明。我们要问：人性到底是什么？人有理性，有自由可以做选择，因此就有应不应该的问题，称之为"应然"。既然人有自由，为什么非要行善避恶呢？让人行善避恶，一般有三个理由。

1. 社会规范。因为不能隐形，大家都看得到你，所以你要行善避恶，否则将受到法律制裁。但社会规范总有漏洞，有些人可以设法逃避。

2. 信仰宗教。信仰宗教后，大家想的都是要修来世，或是死后接受审判。宗教给人一个内在的、自我的约束，有时比外在的法律约束更强。但是很多人根本不信仰宗教，而且不同宗教之间也存在着复杂的竞争、斗争的关系。

3. 诉诸每个人都有的良心。但良心是什么？每个人良心的判断都不太一样，又该如何评判呢？这里先提出行善避恶的三个理由，将来有机会，再做深入的谈论。

如果只就"人可以隐形，你要做什么"这个问题来看，有以下三点值得思考。

1. 换位思考。人与人可以互动，如果你隐形去做某些坏事，受害者也许会精神崩溃，也许他也要设法隐形。你做的任何事都会对别人造成伤害或影响。

2. 蝴蝶效应。你本想去救助穷人或惩治坏人，但后面引起连锁反应，后果恐怕不像你原来想的那样美好。同样的，你隐形去做坏事，后面的蝴蝶效应连续发展，最后的结果也难以预料。最后你会发现，隐形、不隐形的最终结果差别不大，因为生命终究有它的极限，都会结束。

3. 人群中的神。如果可以隐形，你就变成柏拉图所说的"人群中的神"，可以为所欲为。但是很快，也许几天几个月，你就会觉得无聊。中国历史上的某些皇帝不就跟隐形人一样吗？他做任何事都不用负责，他就等于法律。但是不要忘记，中国历代皇帝的平均年龄不到 35 岁。

假如你可以隐形，爱做什么就做什么，没有任何阻碍，那还有什么值得喜欢？如果可以轻而易举地得到任何东西，那还有什么值得珍惜？人生正是因为有内在、外在的各种限制，所以才需要选择，选择之后价值才能呈现。如果什么都可以随心所欲地得到，那一切都失去了价值和意义。没有任何限制，也就没有真正的自由。

让孩子心想事成，正是害了他

对人性问题有所认识后，接着介绍柏拉图对教育和政治的看法。

说到教育，每个人都懂一点，也都不完全懂。先看两个极端。一是所谓的"虎妈狼爸"，他们想尽办法让孩子赢在起跑线上，让孩子一路胜过同侪，在念书考试与专业才艺上都出类拔萃。但他们可能忘了反思：孩子快乐吗？孩子会有幸福的人生吗？

另一个极端是一味顺从孩子的愿望与要求。在《易经》的象征中，乾卦象征父亲，也象征马；坤卦则象征母亲，也象征牛。一味顺从的父母等于为子女做牛做马，完全以子女为主，将子女照顾得无微不至。但是他们同样忘了反思：孩子是否受到了理想的教育？孩子会有幸福的人生吗？

不妨参考古希腊哲学家柏拉图对教育的看法。好的教育自然要从小开始，因此本节的主题是柏拉图说过的一句话：让孩子心想事成，正是害了他。

本节要讨论以下三点：

第一，人为什么要受教育？

第二，教育可以帮助人走向幸福吗？

第三，如何得到好的教育？

（一）人为什么要受教育？

人为什么要受教育？因为人性并不完美。柏拉图通过"洞穴比喻"指出：很多人把假的当成真的，在幻想的世界中生活，并且非常执着于自己的所见。同时，柏拉图通过可以让人隐形的"盖吉斯的戒指"，说明人性根本禁不起诱惑，很容易胡作非为。可见，一方面人性很固执、很执着，另一方面人性又很软弱，因此非教育不可。

（二）教育可以帮助人走向幸福吗？

柏拉图深受苏格拉底的影响，同样认为"知识就是德行"。因此，受教育的目的，就是让你得到真正的知识，了解人生的幸福何在，而德行与幸福似乎密不可分。无知是最大的罪恶，柏拉图甚至说："一个人无知的话，还不如不要出生。"不仅完全浪费此生，甚至可能误人误己，对城邦造成伤害。

谈到"知识就是德行"，一个重要的问题是：这种知识是别人告诉你的，还是你从自己内在的人生体验中慢慢领悟出来的？众所周知，教育是需要合作的艺术。不管老师怎么教，受教育者一定要积极配合才会有成效。苏格拉底的母亲是助产士，他很早就知道怎样替别人接生婴儿。苏格拉底认为自己也像助产士一样，可以帮助别人生出智慧的胎儿。受老师的影响，柏拉图也认为：一个人要想获得智慧，一定要自己不断努力；但是在人生的最初阶段，一定要接受良好的教育。

（三）如何得到好的教育？

柏拉图首先提出一项基本原则，他说："幸福的人生，不能在财富、名声以及各种装饰品中寻找，一定要转向内在，在自己的心灵中寻找。"但如何达到这一步呢？这就要看柏拉图在教育方面有哪些具体的想法。

最初的阶段是最重要的。柏拉图说："孩子一岁到三岁阶段，不可溺爱，因为溺爱会让孩子脾气恶劣，难以相处；也不可虐待，虐待会让孩子自认卑微，形同奴隶。小孩子听得懂别人说话的时候，周围所有人都要努力使他变得更好，使他能够慢慢分辨对与错、美与丑、敬与不敬、该做的与不该做的。如果小孩不听从，就要纠正他，就像对待树苗，长得扭曲变形，必须加以纠正，否则这棵树将来长不高，无法成材。"

人生的最初三年，是一生中养成好习惯或坏习惯的重要阶段，在此期间，如果小孩子每个需要都得到满足，绝不是一件好事，正如本节标题所说的——让孩子心想事成，正是害了他。事实上，让孩子心想事成是最坏的事，这将对他的性格造成长期的伤害。中国人也有类似的说法，如"三岁看老"。

三岁到六岁的小孩需要游戏，游戏时需要有适度的赏罚。之后还要通过艺术教育，使孩子的心灵保持和谐的状态。也不能忽略体育，要让他身体健康，免得因为体格孱弱而在战场上显得懦弱。同时还要让孩子阅读文学作品，从中学到许多劝言、故事、古代善人的善行和对他们的颂词，使孩子充满热忱，想要效法先贤。音乐老师要以节奏和旋律使孩子的灵魂变得温和，因为人的整个生命都需要良好的节奏与和谐。这一切都要照规矩来，使孩子养成正确的观念与习惯。

柏拉图甚至强调，整个城邦要像一个家庭，"孩子是一切动物中最难相处的"，因此必须勤加管束，看到孩子行为失检，每一个市民都有责任加以纠正。孩子离开学校后，城邦要让他们学习法律，学习统治与被统治，违令者就会受到矫正。这是当时对教育的一般要求，也是柏拉图特别强调的重点。孩子如果顺利度过这一阶段，后面就比较容易步入正轨，可以一路成长发展了。

柏拉图的教育规划可以概括为三个阶段。

1. 控制内在的混乱状态。人刚出生时，灵魂进入身体，身体充满了感受与激情而陷入一团混乱。此一阶段要控制内在的混乱状态，让孩子可以设法自我调适。

2. 青少年阶段要关注内心世界与外在世界的互动，要让孩子了解自己的兴趣与志向，并从中获得快乐与荣誉。

3. 然后进入更高层次，让孩子学习数学，最后学习辩证法。辩证法就是柏拉图所谓的哲学。通过培养辩证思维能力，使人的认知可以不断向上提升，直到发现最后的真理。柏拉图后来创办一所学院，大门上写着："不懂几何学的，请勿入内。"几何学是一种抽象的学问，只有具备抽象的能力，才能摆脱具体的、有形可见的物质世界，慢慢进入思维的领域，去探寻永恒不变的真理。

收获与启发

1. 教育十分重要，要学会正确的价值观。正如柏拉图的"洞穴比喻"所描绘的，每个人从小都会有一些先入为主的观念，非常固执地执着于自己的想法。同时，柏拉图讲述的"盖吉斯的戒指"的故事，说明人禁不起诱惑。如果可以隐形，如果做任何事都不用负责，你还会遵守社会规范吗？还会行善避恶吗？因此，人不能没有教育。

2. 要学会内外兼顾，以及身心平衡。我们心中难免有各种主观的想法和欲望的冲动，但要关注外在世界的情况，以公平竞争的方式与别人互动，取得自己应有的位置和荣誉。

3. 人与群体要有良性的互动。柏拉图是古希腊人，古希腊是由城邦构成的社会，个人生命与城邦的存在和发展有着密切的关系。所以，柏拉图绝不会只站在个人的角度，以个人主义为出发点，只替自己着想。人不能离开群体。对古希腊人来说，群体就是城邦；对现代人来说，群体就是国家和整个社会。因此，在思考个人教育过程时，不能忽略这个重点。

课后思考

如果你是父母，你会由柏拉图的建议中选择哪几点来教育自己的孩子？

补充说明

柏拉图为什么说"让孩子心想事成，正是害了他"？因为柏拉图是一位哲学家，他能从完整的角度看待人生问题。以孩子的教育来说，"完整"要考虑两个维度：一是时间的维度，二是空间的维度。

从时间的维度来看，要考虑孩子完整的一生，所以首先要界定人生的目的何在。有了明确的目标，才知道当前的教育该如何着手，以便达成最后的目的。因此，不能只关注当前的学习成绩。

从空间的维度来看，要考虑一个人完整的生命结构，包括身、心、灵三个层次。灵的层次很重要，它决定人生的意义和价值何在。孩子小时候不容易理解什么是灵的层次，所以柏拉图从身到心提出许多训练方法，目的就是希望孩子能不断向上提升。

谈到教育青少年，我长期以来有一个简单的看法，即只要培养孩子自信、负责、敬意三点就够了。

1. 自信

对自己要有自信。通过读书考试建立自信只是一种方法。现代人已经认识到人有"多元智能"，发展任何方面都可以实现自我肯定，建立自信不必过于强调考试升学这一方面。

2. 负责

与别人来往要负责，说的话要做到，做的事要负责。养成负责的态度，可以在社会上与别人良性互动，建立良好的人际关系。

3. 敬意

对于祖先和神明要有敬意。人生信仰、宗教信仰都属于敬意的范畴。人活在世界上，一定要知道：有值得敬畏的规矩和原则存在，有值得效法的圣贤存在，以及有某些超越的力量存在。

如果孩子在青少年阶段学会自信、负责、敬意，对自己、对别人以及对生命的最高层次都能保持适当的态度，那么他的一生就不会有太大的问题。

梦幻的理想国

柏拉图通过对人性和人类社会的观察，认识到人一定需要教育和政治。谈到柏拉图对政治的看法，几乎所有人都知道他的《对话录》中最重要的一篇叫做《理想国》，有时也翻译为《共和国》。其实译为"理想国"比较适合，因为后代真的建立了"共和国"这样的国家，而柏拉图的理想国与后代的实际发展是两回事，他的理想国纯粹是一种构想。所以，本节的主题即为：梦幻的理想国。

自从柏拉图提出"理想国"之后，后代一直有作家在想象人类的理想生活是什么样子。人不能靠自己独自生活，一定要靠群体合作，组成像国家这样的组织。什么样的国家制度最为妥当？老子曾提出"小国寡民"的构想（《老子·第八十章》），篇幅虽然很短，不过可以将其与"理想国"对照参考。从整个西方政治思想史看来，柏拉图的观点有重要的参考价值。

本节要介绍以下三点：

第一，柏拉图对现实政治的观察；

第二，柏拉图写《理想国》时有何构想？

第三，柏拉图评论过五种政体。

（一）柏拉图对现实政治的观察

柏拉图对现实政治有何观察？先介绍一下柏拉图的情况。柏拉图是雅典人，年轻时恰逢雅典在伯罗奔尼撒战争（the Peloponnesian War, 431—404 B.C.）中落败，整个雅典陷入没落的处境。柏拉图因为家世背景的关系，与雅典两大政治势力——贵族派和民主派都有很好的亲戚关系。他早期希望从事政治活动，以便对城邦有所贡献；但他很快就对政治失望。他认为政治需要集结党派而不能单凭个人的努力，但一旦形成党派，正义就无法完全实现，也就是陷入"党同伐异"的处境。他还强调，一个人如果要为正义而奋斗就要保持缄默，否则很容易受到伤害。

柏拉图年轻时，雅典经历过寡头制和民主制。所谓寡头制，就是由有钱人组成执政集团，为少数人的利益而罔顾正义。后来又改为民主制，由群众做主，但是柏拉图的老师苏格拉底就是在这一时期被人诬告而判处死刑。就像今天常说的"群众的年龄只有13岁"，民主政治很容易演变成暴民政治。所以，对于现实的政治状况，柏拉图基本上是非常失望的。

（二）柏拉图写《理想国》时有何构想？

柏拉图的《理想国》这本书广为人知，它的主要内容是什么？柏拉图认为，当时的政治人物就像厨师一样，他们建造港口、军械库，制造各种商品，就像是给百姓提供甜食，却忽略了百姓的真正福祉；他们并不关心善，只求得到表面的强大与富裕。柏拉图认为：政治组织是基于人与人的互相需要，每个人的天赋和才干都不相同，各有所长，所以需要有专业的分工以提高效率。

理想的城邦应该分成三个阶级：第一是统治者，第二是卫士，第三是一般市民。

当时的雅典是一个城邦，所以柏拉图的"理想国"是一个像"小国寡民"那样的结构。他认为最理想的城邦是 5040 人。这些人口对于一个城邦来说实在太少了，甚至比不上一个乡村。为什么需要 5040人呢？因为 5040 可以被三除尽，以便将城邦分成上述三个阶级。

为了让一般人更容易接受，他还以神话作为背景。他说："当初神造人的时候，用了金、银以及铜和铁。用金造成的是统治者，用银造成的是卫士，用铜和铁造成的则是一般市民。三种成分的人有各自的职务与工作，不可混淆。"这听起来好像是宿命论，难道人出生时有什么样的家庭背景，就应该担任什么样的工作吗？柏拉图在这里留有一定的缓冲余地，他说："这三种成分的人所生的子女可以有不同的品种。"那怎么知道谁的子女是什么品种呢？这就要靠长期的教育。

能够通过层层教育的选拔而达到最高层次的（能学习哲学辩证法）就是统治阶级。柏拉图还强调："如果哲学家不能成为君王，那就只有设法使君王成为哲学家。"这种说法有机会实现吗？答案是没有，因为哲学家是不可能成为君王的。在罗马时代，君王成为哲学家倒是有一个例子，就是著名的罗马皇帝奥勒留（Marcus Aurelius, 121—180）。不过他也承认，他做君王表现平平，做哲学家也表现一般。所以，柏拉图的理想还是无法达成。

柏拉图 40 岁以后，三度前往西西里岛上一个叫叙拉古的城邦，希望能培养出一位哲学家君王，或者让君王成为哲学家，结果以失败收场。柏拉图认为：统治者需要哲学，需要爱智慧，要有明智的能力；卫士阶级需要勇气，要以名誉为重；至于一般的市民，就应该安分地过日子。

有人将柏拉图与"共产主义"联想在一起，柏拉图确实谈过这个题材，但他这种想法仅限于卫士阶级。卫士就是负责保家卫国的军人，他们必须"共产、共妻、共子"。因为人一旦有自己的家庭就会有私产，一有私产就很难全心全意为国家和城邦服务，这是柏拉图的想法。所以，当谈到柏拉图的共产思想时，应该有所了解。

对以上三种不同的阶级，各有什么要求呢？这里就要提到古希腊时代非常有名的四大德行，一般称之为"四枢德"（四种关键的德行）：第一种是明智，第二种是勇敢，第三种是节制，第四种是正义。

1. 明智（prudence）

在翻译"明智"时要特别注意，尽量不要将其译为"智慧"。在希腊文中，"哲学"就是"爱智慧"，智慧是 sophia。而"明智"的希腊文是 phronesis，英文翻译为 prudence，意为机智、明智，指一个人在处事方面可以做出正确的判断，比别人反应更快、更好，能够分清本末轻重，做出适当的选择。理想的统治者需要明智，能够通过爱好智慧，了解人生真正的目的何在，知道智慧与德行要如何配合。

2. 勇敢（courage）

显然这是卫士阶级所需要的，卫士要保家卫国，当然需要勇敢。

3. 节制（temperance）

节制适用于所有的人，尤其是一般市民，不可过度放纵欲望。

4. 正义（justice）

对于上述三个阶级，每个阶级的人都做好自己的分内事，大家各安其位，各尽其责，使整个城邦变成一个完整而有机的生命。

单从人数是 5040 人来看，我们就知道这样的理想国在现实世界上只是一个幻想。但柏拉图提出"每个人都可以适材适所，在自己的固定位置上善度一生，并进行自我的修炼"，这一点仍有一定的参考价值。

（三）柏拉图评论五种政体

最后介绍柏拉图对于政治结构和政体类型的看法，他对当时存在的五种政体做出比较和判断，包括贵族政体、名誉政体、寡头政体、民主政体以及暴君政体。

1. 贵族政体（aristocracy）

首先，柏拉图认为最理想的是贵族政体，但他所谓的"贵族"与血统或门第无关，而是指知识上、道德上的杰出人物。知识与道德不可分，"知德合一"是他这个学派的基本观点。所以，统治者应在知与德方面均有杰出表现。换言之，贵族政体是一种精英政治，是理想的国家形态，城邦与个人皆由智慧统治。

2. 名誉政体（timocracy）

第二种是名誉政体，由卫士阶级统治，主导的原则不再是明智，而是名誉。重视名誉的人自我期许较高，他们会严格要求自己，渴望自我提升，抱负与野心受到最高的推崇。这就是我们常说的"为了名而不要利"。

3. 寡头政体（oligarchy）

第三种是寡头政体，又称"富人政体"（plutocracy）或"有钱人的政体"，以财富为主。当时的人以为，有钱人已经很有钱了，应该不至于再去牟利吧！事实上，金钱很容易带来纠纷，由此滋生各种罪恶。

4. 民主政体（democracy）

第四种是民主政体，就是一般所谓的雅典民主政体。它以自由与平等为原则，但是缺少稳定性，失去明确的价值感。柏拉图的老师苏格拉底受到诬告，经过合法的程序被判处死刑，这使得柏拉图对于民主政体非常反感。

5. 暴君政体（tyranny）

最差的是暴君政体，由无知而充满欲望的独裁者统治，既残酷又野蛮。

简单来说：第一种贵族政体，由智慧在统治；第二种名誉政体，由名誉在统治；第三种寡头政体，由财富在统治；第四种民主政体，由群众在统治；第五种暴君政体，由独裁者在统治。这五种政体在分法上有其优劣、上下的顺序。以上这些就是柏拉图对于政治的看法。

收获与启发

1. 政治是管理众人之事，但是首先需要管理好自己，至少依法律而生活。

2. 希腊时代强调四枢德——明智、勇敢、节制、正义。对于今天的社会，这些品德也是每个人都需要的，只是重点未必相同。

3. 个人与国家的关系值得再做深入的思考。

今天不可能再回到"小国寡民"的情况，那么理想的国家以及理想的个人处境应该怎样？柏拉图的思想经过 1800 多年之后，启发了英国哲学家托马斯·摩尔（St. Thomas More, 1478—1535），他写成《乌托邦》(*Utopia*) 一书，提出要设法消灭私有制、等级制，使财产公有、社会平等，从而实现人人品德高尚，人人拥有幸福的生活。但是对于今日世界来说，这种想法显然不切实际。

课后思考

如果让你选择，你能否将柏拉图的五种政体整合为一种最完美的政体？你认为一个人在这样的政体中应该有什么样的角色？

柏拉图：发现而非发明真理

6-1

艺术是骗人的吗？

本章的主题是：柏拉图发现而非发明真理。其中涉及的是比较深刻的问题，包括：艺术是什么？灵魂是不死的吗？柏拉图是唯心论吗？对爱与美的追求，以及什么是幸福的人生？本节的主题是：艺术是骗人的吗？

这个主题听起来有点夸张。西方许多从事艺术创作的人很讨厌柏拉图，因为柏拉图在《理想国》中公开宣称，对于艺术品要设立检查制度，审查其是否符合城邦的需要；同时，柏拉图还要将坏的艺术家赶出他的理想国。柏拉图为何要这样说？他到底想表达什么样的观念呢？本节要介绍以下三点：

第一，教育不能没有艺术；

第二，如何分辨艺术家的好坏？

第三，艺术与哲学的关系。

（一）教育不能没有艺术

在古希腊时代，艺术包括的范围很广。在古希腊悲剧竞赛中获奖的人，被称为桂冠诗人（poietes）。诗在古希腊文中指广义的创作，包括悲剧、喜剧、史诗、颂神诗，以及绘画、雕塑，等等。这些创作者、艺术家都可以称为诗人。

在教育的过程中不能没有艺术。孩子从小要听故事，看戏剧表演，学习舞蹈，阅读古代的经典。各种艺术作品对于教育都是不可或缺的，它们对于一个人的心灵成长是必要的，可见艺术品的优劣十分重要。到底教育需要什么样的艺术品？艺术到底是怎么一回事？这都需要做进一步的说明。

柏拉图强调，有些艺术很糟糕，会带来负面效果。柏拉图将艺术家分为两种。

1. 有知识而去模仿。这样的艺术家与哲学家相差无几，他们具有知识，真的懂得其中的道理，之后再以模仿的方式表现出来。

2. 无知识而去模仿。柏拉图认为，从史诗作家荷马开始，大多数艺术家都属于这一种，他们对于人生根本没有正确的认知，对于真理没有真正的理解，却通过文字、形象、声音、建筑来模仿人生的各种状况，这样可能会造成许多问题。

（二）如何辨别艺术家的好坏？

柏拉图如何批判坏的艺术家？所谓"坏的艺术家"，是指他们创作靠的是灵感而不是知识，这是与好的艺术家最大的差别。有些人天资聪颖、才华洋溢、富有创意，但是未必了解自己到底在表达什么，他们只靠灵感从事创作，诉诸情感和观众的反应，结果会使人远离真理。

以画家为例，画家画的床只是一张具体的床的一个侧面，根本不是床的真实样貌。真正的床是永恒不变的床的理型，它是这张具体的床的原始模型，是永远不变的。正是因为有这个原始的模型，天下许许多多的床才能称为床。而画家只是选择了一张具体的床作为模特儿来加以描绘，画布上呈现出来的床只是一张具体的床的某一个侧面，与真实的床已经隔了两三层了。这样看来，这张画岂非虚幻的东西？

柏拉图喜欢用画家做例子，认为他们在绘画时无法呈现原始的真实样貌，因此，画家常受到柏拉图的批评。

在《理想国》中，柏拉图将所有居民分为十等：第一等是哲学家或真正的艺术家；第二等是守法的统治者，依法律而行；第三等是从事公职的人员和做正当生意的商人；第四等是身体训练师，古希腊对健美非常重视；第五等是预言家，古代有许多人可以根据灵感的启示做出预言；第六等是诗人，坏的诗人将被驱逐，因为他们会对城邦和下一代的教育造成坏的影响；第七等是工匠，即制作各种器具的人；第八等是农夫，即善良的百姓；第九等是辩士，即我们介绍过的辩士学派，柏拉图将他们贬低到第九等；第十等是暴君，他为所欲为，自身的情绪完全不受控制，欲望泛滥。

柏拉图把诗人排在第六等，显然是对诗人的贬抑。但柏拉图将诗人分两种，一种是知道而去创作，另一种是不知道而去创作。如果你是第一种诗人，那么你和哲学家并列属于第一等居民。这样看来，柏拉图对诗人还是有比较公平的论断的。

（三）柏拉图对艺术的正面看法

事实上，柏拉图很了解艺术的作用，他说："艺术应该为人生服务。"这句话引起后代的长期讨论。许多艺术家喜欢说"为艺术而艺术"，好像艺术是一个独立的世界，艺术本身有独立的生命，可以不用考虑任何现实的效果和利益。如果说"艺术为人生服务"，好像艺术的功能就很狭隘了。对于艺术，当然可以仁者见仁，智者见智。

柏拉图强调说："美的作品有如微风，带着清爽的空气，洋溢于耳目中，使年轻人自动而不知不觉地模仿理型之美，并与它协调无间。长期的模仿会陶铸一个人的习惯与本性，在他的体态、声音、思想上皆是如此。"这句话说得很有道理，这表明在教育上绝不能缺少艺术，艺术欣赏是教育的必要内涵之一。

柏拉图说："艺术作品也是为了迎接生命中的美与善。"柏拉图还将哲学家比喻为画家，他说："他（哲学家）以城邦和百姓为画布，以神明为模型，先画下初步的轮廓，再仔细调整材料，使城邦的基础愈来愈完美。"

柏拉图排斥的是容易受到群众意见摆布的艺术，即只是为了讨好群众而制作的艺术。坏的艺术家如果只想取悦群众，就会出现很大的问题。柏拉图为此还特别发明"剧场统治"（theatrocracy）一词，反对用"剧场统治"来取代"精英统治"（aristocracy）。这有点像现在很多年轻人的表现，他们成为追星族，以为电影、电视里演的就是真实的人生，剧中演员可以作为人生导师。他们忘了真正的统治者应该是德行和知识上的精英。

艺术家也是教育者，有教化的功能。好的艺术家对于他所创造之物有真正的认识，这种认识与哲学家的知识属于同一类。《法律篇》是柏拉图最晚也最成熟的作品，柏拉图在其中特别强调艺术有两种正面作用。

1. 对年轻人的作用。年轻人可以由艺术引发正确的感受，在理性成熟之前，由正确的事物获得快乐，每个人最初的教育都需要太阳神阿波罗和缪斯女神的协助。
2. 对老年人的作用。艺术会带来松弛与休息，那是诸神同情人类的劳苦，使人可以在艺术中恢复身心的活力。

1. 教育不能没有艺术，艺术要为人生服务。

2. 要预防坏的艺术，避免情感冲动，以免远离真理。

3. 要接近好的艺术，由之而行，走向美善的人生。

4. 掌握哲学，是辨别好的艺术、向好的艺术靠近的一个途径。

课后思考

柏拉图发明一个词叫做"剧场统治"，描写许多人成为追星族，价值观受到影视明星的左右。你会担心这种情况吗？你会因而赞成艺术为人生服务的看法吗？

补充说明

到底什么是艺术？艺术是一种模仿。艺术创作的内容并非日常生活之事，而是艺术家将个人观察的心得，通过感官可及的方式表现出来。艺术就是艺术家以新的形式、新的象征来展现他的心得，这种心得反映了集体潜意识。

这就好像夜晚一片漆黑，忽然闪电划过夜空，瞬间照亮了一切，但短暂的光明之后马上又进入黑暗。艺术家无法忘记光明时看到的真相，他念兹在兹，要把见到的真理或真相模仿出来。他通过某种形式和象征去模仿，但能达到什么效果则很难说。

观众在欣赏艺术作品时，也要参与到艺术家的创作过程中，要在心中重新呈现当初艺术家所见到的真相，使它重新复活。艺术至此才算是完成它真正的目的。

灵魂是不死的吗?

如果想对人生有比较完整的理解，就很难避开一个问题：灵魂存在吗？许多哲学家对此深入思考。

本节要谈一谈柏拉图对于灵魂的看法，他的灵魂观对西方世界有重要的影响。柏拉图主张灵魂不死，究竟是什么意思？他对灵魂有没有进一步的分析？

本节要介绍以下三点：

第一，柏拉图对灵魂的看法是什么？

第二，他怎样证明灵魂不死？

第三，灵魂的内部还可以再做怎样的区分？

(一)柏拉图对灵魂的看法

柏拉图的灵魂观受到毕达哥拉斯学派的启发，他也把灵魂当作生命原理，认为灵魂是不死的，身体是灵魂的监狱。因此，人生的目标就是要让灵魂变得愈来愈纯粹，最后回归神明的家园。

他进一步说："哲学就是练习死亡。"死亡才能使灵魂从身体这个监狱中获得解放。柏拉图看到人间充满战争，都是为了争夺财富，而财富是人为了照顾有形的身体而努力追求的。为了财富，人变成身体的奴隶，完全颠倒错乱，因为真正的人是他的灵魂。

（二）柏拉图如何证明灵魂不死？

从柏拉图的《对话录》中，可以找到五种灵魂不死的证明。

1. 基于轮回的观念

一切事物都由它的反面所生，活着的灵魂来自于死者的灵魂，死者的灵魂又来自活着的灵魂，这叫做"灵魂的轮回"。这种轮回必定是双向的，由死到生，再由生到死。否则，最后一切灵魂都会抵达同样的终点而不复存在。

2. 基于柏拉图强调的"回忆说"

"回忆说"认为"知识就是回忆"。我们在出生之前，灵魂在理型的世界中见过一切事物的原始模型，出生时便全都忘记了。我们这一生得到的知识就是对曾经见过的理型的回忆。这种说法旨在保障知识的普遍性，否则人只能靠归纳法，在现实经验中慢慢搜集材料，知识的有效性到此为止，对于未来没有把握。如果接受回忆说，自然要承认"灵魂在出生之前就已经存在"。根据相反之物相生的原理，灵魂在死后也将继续存在。

3. 基于柏拉图特有的"理型论"（the theory of Ideas）

下一节会专门介绍柏拉图的"理型论"。柏拉图认为存在的东西有两种：一种是理型，即可以被人的理性所掌握的世间万物的原始模型；另一种是生灭之物，即我们用感官所能觉察的世间万物，它们一直在不断变化。理型拥有神性，万物则不然。灵魂能够领悟理型，说明灵魂与理型必有相似之处，并且接近神性，灵魂自身必须是单纯的而不是组合的，因此也应该是不可分解的。

4. 具有相反特质的理型不能放在一起

灵魂是一种主动的力量，是生命原理。拥有灵魂之物即拥有生命，生命是灵魂之必然伴随物，因此，灵魂当然不能容纳生命之反面，所以灵魂是不死的。

5. 灵魂的恶并没有使灵魂死亡

任何东西都有它自己的善与恶，善增益及保存它，恶腐化及毁灭它，并且唯有恶能如此。人的身体生病会导致死亡，因此疾病是身体的恶。但一个人做坏事，等于灵魂生病了，灵魂却能继续存在。灵魂的恶并没有使灵魂死亡，这说明灵魂在根本上是不死的。

以上五点能否证明灵魂不死？恐怕每一个人要自己做出判断。但柏拉图确实认为灵魂是不死的，这是他对人生的一种信念。否则，如果人一旦死了就什么都没有了，那么该如何理解这一生？人生还有什么意义可言？

（三）柏拉图对灵魂内在结构的划分

柏拉图认为灵魂不死，并用"三分法"对灵魂做出进一步的划分。柏拉图很喜欢"三分法"，这几乎成为他的公式了。《理想国》中有三个阶级，分别对应三种人：爱好智慧的、爱好名誉的与爱好利益的。灵魂的内在结构也与之对应，可以分为三个部分：理性、意气（或感受）与激情。

柏拉图发现，灵魂内部存在着冲突。当一种"激情"出现时，我"知道"不应该顺从它，同时又觉得"愤怒"。这句话里有三个词：一个是激情，一个是知道，一个是愤怒。"激情"就是情绪和欲望的冲动，它不受理性的约束，激情到来时你根本防不胜防。"知道"代表理性。"愤怒"代表意气，你愤怒是因为觉得它不对。我们常说"不要意气用事"，意气相当于一个人的感受或者气概。从灵魂内在的冲突就会发现，灵魂并不是单纯的。

举个例子来说，我想买一件奢侈品，但是我明明知道不该顺从这样的欲望，于是内心产生对立冲突而觉得愤怒。所以，灵魂可以分为三种不同的元素：一种要我顺从欲望，称为激情；一种禁止我顺从欲望，称为理性；两者冲突之后，产生紧张与愤怒，称为意气（或感受）。

柏拉图用著名的"御者与双马"的比喻来解释上述观点。有个人驾驶由两匹马拉的车，左边的马桀骜难驯，代表人的激情（欲望、放纵、傲慢），专门捣乱而不与御者合作，让御者很辛苦。右边的马是良马，代表人的意气或感受，既美且善，爱好名誉，对御者心生尊敬，能够自我节制。这就像《理想国》中的三种人，理性就是城邦的统治者，意气就是卫士阶级，一般的市民往往是情绪和欲望的反映。

"御者与双马"的比喻用三个元素描写灵魂，这种灵魂三分法颇有创见，对后代心理学有很大的启发。

> **收获与启发**

1. 人的身体有生老病死，如果人生有意义、可以被理解的话，显然要肯定灵魂的存在；否则人死如灯灭，死后一切统统都结束了，人为什么要行善避恶？人生问题还有什么好谈的呢！至于灵魂是否会轮回、如何轮回，则属于宗教的范畴，哲学家对此无法解说。

2. 灵魂内部确实存在着矛盾与冲突。我们要问：灵魂哪一部分是不死的？柏拉图认为应该是知性的部分，即负责理性思考的这一部分。因此，人要提升理智的作用，降低身体本能对我们的控制。在柏拉图之前，孔子早就提出"君子有三戒"（《论语·季氏》）：年轻时不要好色，中年时不要好斗，老年时不要贪得无厌，告诫人要注意到血气的变化，减少身体的本能、冲动和欲望对人的控制。将孔子和柏拉图的说法合而观之，可知他们都认为人的身体有问题，灵魂也不见得是单纯的。

3. 只有探求真理才能走上美好的人生，才能了解人生最珍贵的部分。古希腊人不关心天堂或地狱，他们关心的是人现有的生命。在现实生命中，灵魂是主动的、完整的，可以融合可知之物与自然之物。只有灵魂可以领悟理型，引发和谐而有韵律的活动，亦即引发善的生命。

课后思考

在柏拉图的《对话录》中，苏格拉底曾经对一名俊美的少年说："如果你的灵魂像你的外貌一样美丽，那该有多好！"你对这句话有何看法？

补充说明

一个人有外在美和内在美。外在美虽容易判断，但这种判断也是相对的。譬如中国人欣赏的美女，外国人未必认可；外国人欣赏的东方美女，中国人往往觉得长得很刻板。当然，也有少数人在任何情况下看起来都符合美的标准。

所以对大多数人来说，只好设法培养内在美，亦即提高修养。每个人都有一个内在的自我，要通过与别人互动，使自己变得更温和、谦虚和明智。外在美是天生的，会逐渐衰老，最后会消失；而内在美才是要对自己负责的部分。

区分外在和内在并不代表人可以割裂。事实上，人生唯一的路就是从事内在的修炼，使内在的自我愈来愈纯粹，愈来愈高雅，最后像透明的一样，使智慧的光芒可以由内而外地闪耀。不管你怎样看待灵魂，这似乎是唯一可以选择的路。我们要感谢祖先、父母给了我们身体，但身体再怎样健壮、美丽，总会慢慢消失。因此，锻炼身体的同时，不要忘记修炼心灵。

6-3

柏拉图是唯心论吗？

本节的主题是：柏拉图是唯心论吗？谈到西方的哲学家，常用唯心论或唯物论来加以区分，这两大派别都受到古希腊哲学家巴门尼德的启发。在唯心论方面，巴门尼德主要启发了柏拉图。将某种学说称为某某论，就代表这种思想最核心的本体，即宇宙万物最真实的基础究竟是什么。因此，对柏拉图思想更恰当的说法应该是"理型论"。本节的内容包括以下四点：

第一，人类认识的两种途径；

第二，理型是指一物的类型、规律或标准；

第三，发现理型，而不是发明理型；

第四，将五种理型按重要程度排序。

（一）人类认识的两种途径

柏拉图认为人类的认识有两种途径。

1. 通过感官而获得

如通过看到、听到、闻到、接触到而获得认知。这类认识充满变化，因而不可靠。特定的个体随着时空不断改变，人根本无法得到真正的认识。

2. 通过理性而获得

比如街上有许多不同的车，既然都叫"车"，必然具有相似的形式。对于人的认识和理解来说，形式比材质重要。对于"车"这一概念，要设法掌握它的形式，譬如它是哪种类型？有什么基本规律？有什么设计好的目的？这样才能真正理解某一辆个别的车。柏拉图将这种形式称为"理型"（eidos, idea）。

（二）理型是指一物的类型、规律或标准

"理型"一词听起来很抽象，可以从以下三个方面来理解。

1. 类型，即一样东西经分类归纳之后所属的类型。譬如卡车、牛车、马车、汽车、三轮车，都属于"车"这一类型，"车"就是理型。又如，张三是男人，李四也是男人，他们两人都属于"男人"这一理型。

2. 规律，即一样东西的自然法则或规律。譬如车的规律是可以在路上跑，跑起来符合物理定律。对于人来说，某人的做事风格有一定的规律，这就是他的理型。

3. 标准，即一样东西的目的与方向。譬如车的目的是载人到达某个地方。对于人来说，应该以什么作为理想的标准和目的？这显然比较抽象。换个角度来说，只有理型是完美的，人的灵魂见过完美的理型。所有个别物体只能分享完美、接近完美，却不能达到完美。

（三）发现而非发明理型

我们强调将柏拉图划归唯心论未必正确，因为柏拉图认为：人只能"发现"理型而不能"发明"理型。说"发现"表示理型早就存在，永远存在，人只是发现它而已；说"发明"则代表某样东西是我想出来的，是我创造的，它不能离开我而存在。

真正的唯心论往往偏向于"发明"这一边，某样东西即使不是我创造的，至少也是我想出来的，不能脱离我的理解能力。柏拉图说"发现"理型，代表理型不是自己想出来的，而是本来就存在，因此不能说他是唯心论。

在近代哲学部分，我们会从笛卡尔一路介绍到康德，康德的哲学才是真正的唯心论。康德之后，启发了德国唯心论一系列的发展，后文将会详细介绍。

（四）五种理型按重要程度排序

柏拉图受到巴门尼德的启发，了解到思想的重要。但更重要的是，他受到苏格拉底的启发。苏格拉底要探索人生的真善美，他上街与别人聊天时，只要听到勇敢、正义、美、善等价值评价的词，就会上前请教别人：你所谓的勇敢、正义、美、善是什么？这也决定了柏拉图理型论的大致方向，即通过理性，走上真理之路。

柏拉图将理型分为五类，按重要程度从高到低排列如下。

1. 价值上的理型

第一种是伦理学和美学上的价值理型。譬如什么是善，什么是美，什么是节制、正义、虔诚、勇敢等。这些德行究竟是什么？如果不了解，又怎能加以实践？柏拉图继承苏格拉底的理想，希望在人间找到永恒的目标，从而保证人的生命走向善与美的目的。这些目标就是价值的理型。

2. 数学上的理型

譬如1、2、3、4这些数字，以及圆形、方形、三角形这些图形，都属于数学上的理型。如果没有这些基本的数字和形状，我们根本不可能进行抽象的思考。因此，数学理型非常重要。

3. 概括的理型

某些概括的词可以帮助进行思考和判断，柏拉图称之为概括的理型。譬如，当比较两物时，说两物相似、相等、大于、小于，这些词都是概括的。还有连接词，如我"和"你，你"或"他，也属于概括的。柏拉图认为，前三种理型是比较重要的。

4. 自然物的理型

譬如，我们只能看到一匹匹具体的马，每匹马都不一样，而且一直在变化之中。但通过书本和老师的教导，我们可以掌握马的理型，了解马的本质所在。这就属于自然物的理型。

5. 人工制品的理型

譬如，桌子、椅子都属于人工制品。工匠心中必须先有桌子的原型，才能造出桌子。我们也要先了解桌子的原型，才能判断这是桌子而不是椅子。这些都属于人工制品的理型。一般人会认为自然物和人工制品的理型比较重要，但这些偏偏是柏拉图不太重视的。

1. 人类认识世界有两种途径：一种是靠感官知觉，另一种是靠理性认知。柏拉图认为，靠感觉来认识世界，面对的是许多变化生灭的个体，这些都是不可靠的，感觉会让人上当。靠人的理性才能把握认识对象的形式，了解一样东西的本质。只有理性可以掌握真正的知识，理性的对象则是永远存在的理型。

2. 柏拉图认为，人是发现而不是发明理型，因此他不是一般所谓的唯心论。

3. 柏拉图按重要性对五类理型进行排序：第一是价值理型，即伦理学和美学上的理型；第二是数学上的理型；第三是概括的理型。这三种是比较重要的。

听了柏拉图的理型论，你会不会觉得他的说法太过抽象，与现实人生脱节？他的弟子亚里士多德就是这么认为的。你有何想法？

对爱与美的追求

本节主题是：对爱与美的追求。"爱"对每个人来说都很重要，柏拉图对爱有何看法？关于"爱"有两句话很有名，都与柏拉图有关：一句是"爱是神圣的疯狂"，另一句是"柏拉图式的恋爱"。

本节要介绍以下三点：

第一，"爱是神圣的疯狂"是什么意思？

第二，"柏拉图式的恋爱"有何重点？

第三，"美"是什么？

（一）爱是神圣的疯狂

在古希腊时代，"疯狂"（mania）有四种类型。

1. 预言

预言的能力来自于太阳神阿波罗。他的光明照见一切，可以让人了解过去和现在，并预测未来，令人觉得不可思议，故称之为"预言的疯狂"。

2. 神圣的仪式

这种疯狂来自于酒神狄奥尼索斯（Dionysus），好比一个人喝醉酒后，表现出生命中合一的情调。只有在特殊的庆典上，某些负责表演的巫师才能体验到这种疯狂。

3. 诗人的创作

古希腊神话中有九位缪斯女神，是阿波罗很好的伴侣。这种疯狂用来形容诗人写作时灵感涌现、忽有神来之笔，非一般人能想象。

4. 爱的疯狂

来自厄洛斯（Eros）与阿佛洛狄忒（Aphrodite）。爱是每个人都可以经验的，柏拉图说："爱是神圣的疯狂。"但是这里的"爱"有何内涵呢？

（二）柏拉图式的恋爱

希腊神话中，美之神是阿佛洛狄忒，爱之神是厄洛斯。许多人把厄洛斯当作阿佛洛狄忒的儿子，但希腊神话中还有另一个不同的版本。在阿佛洛狄忒的生日宴会上，一位男性富翁和一位贫困的女性结合，生下了厄洛斯。因此，厄洛斯作为爱神有两个特色：一方面有丰富的情感，另一方面是情感的对象很缺乏。丰富与缺乏相结合，产生了很强的生命力。西方人认为厄洛斯代表一种生命力，关键要看它朝什么方向发展。柏拉图认为，这种生命力应该朝一个特别的方向发展，即朝向"理型"。

"柏拉图式的恋爱"是说，当你爱一个人的时候，不能只爱他的身体，因为人的身体会衰老、生病，最后会结束；你要爱他的理型，亦即爱他的灵魂，后代因而有"灵魂伴侣"的说法。这种爱没有身体的接触，却可以想象对方的完美，并与自己本身的完美相对照，于是内心产生一种互相珍惜的感受。

（三）美是什么？

任何爱都需要有对象，有人爱利益，有人爱名誉，也有人爱智慧。柏拉图是怎样将爱美转到爱智慧，使自己的思想形成为一个完整的系统的呢？

柏拉图的《对话录》中，世所公认最美的一篇是《飨宴篇》（The Symposium），也译为《会饮篇》。苏格拉底的朋友阿伽通（Agathon）在悲剧竞赛中获奖，于是邀请十几位好友到他家中饮酒聊天，主题是讨论什么是爱，什么是美。大家轮流发言，最后轮到苏格拉底。苏格拉底说自己曾请教过一位女祭司狄奥提玛（Diotima），受她的启发才知道什么是美。

前面介绍过巴门尼德受到女神的引导，苏格拉底是受到女祭司的启发，可见古希腊时代有一个优良的传统，他们认为女人有一种特别的智慧，可以给予男人启发。苏格拉底转述狄奥提玛有关美的描述，层次由低到高共有七种美。

1. 美的身体

人很容易被美的身体所吸引，翻开时尚杂志，俊男美女令人眼花缭乱。不过，美的身体有一定的限制，因此许多人去整形。韩国有一年举办一场选美比赛，初选入围的十位选手中，竟有六位长得一样。这说明大众的审美标准差不多，另一方面也表明整形的技术很精湛，根本看不出选手做过整形手术。另外，如果我们去看希腊时代的雕像，无论是头部、手或脚，就连头发和脸颊都让人觉得喜悦。美的身体只是美的第一层。

2. 身体的美

美的身体是指某一个人的美，随着时间的流逝可能趋于衰老，它只是个别的美；而身体的美则是普遍的美，它超越了个别的人、个别的身体。但这仍然不够，因为身体毕竟是有形可见、充满变化的东西。

3. 灵魂之美

灵魂就是生命原理，我们常说的"内在美"就是指灵魂之美。我们与一个人长期相处，慢慢就会忘记他外在的美丑。随着年龄增长，老朋友见面会格外亲切，他内在的光华也会慢慢呈现。这就抵达了美的第三个层次——灵魂之美。

4. 法律和制度之美

第四个层次就要从个人提升到群体。每个城邦都有自己的传统，由此形成法律和制度，这些都是集体智慧的结晶。我们可以欣赏群体中的秩序和美感。

5. 知识之美

第五个层次要从个别的城邦提升到全人类，所有人都需要追求可靠的知识，这就是知识或学问之美。

6. 美的海洋

美的海洋是指超越人类的限制，不受时代局限，可以掌握古往今来所有人对美的欣赏，从而进入一片美的海洋。

7. 美的知识

最高的境界是美的知识，即了解美之所以为美。这时会发现，美与真、善其实是合一的，三者是一个整体。

简单说来，美的上升阶梯为：从爱个别的美的身体到一切身体之美；从身体之美到灵魂之美；从灵魂之美到法律和制度之美，它代表群体的秩序与和谐；然后到人类普遍向往的知识或学问之美；再到美之海洋；最后抵达美的知识，即了解美之所以为美。

接着，柏拉图又借苏格拉底之口说明什么叫做"美之为美"："这种美在本性上是永恒长存的，不生不灭，不增不减。它不是这样看来美，那样看来丑；不是与此相比为美，与彼相较为丑；也不是对某些人为美，对另一些人为丑；而是普遍的、永恒的美。"这种美已经与真、善合一，所以，爱美就是爱智慧，就是爱那个永恒不变的最可贵的东西。

"柏拉图式的恋爱"就是哲学家的爱，他不只爱一个人的灵魂，更要进一步爱一个人的理型。

1. 柏拉图所谓"爱是神圣的疯狂"并非真的疯狂。爱的力量来自于神明，来自于美之神与爱之神。在爱的力量的驱使下，我们选择不同的目标，就会显示出高下不同的人生境界。

2. 任何一种爱都代表自己有所不足，因此我们在爱的时候就要问：什么可以让我的内心得到真正的满足？在爱利、爱名和爱智慧三者中，最好的当然是爱智慧。通过这一途径，我们可以了解真善美的本身，了解它们的理型，从而使生命得以安顿。

3. 所谓"美的上升阶梯"，就是顺着一个具体的美的身体，上升到身体之美、灵魂之美、法律传统之美、知识之美，再到美的海洋，最终抵达美的知识。

课后思考

柏拉图希望我们从一个具体的美的身体提升到对所有身体之美的欣赏，然后再往上提升到灵魂之美的层次，你觉得这种提升可能吗？

6-5

幸福人生的条件

本节的主题是：柏拉图对幸福人生的看法。没有人不追求幸福，本节要介绍的是古希腊时代对于快乐的一般观点，并对其加以批评。

本节内容包括以下三点：

第一，古希腊时代对于快乐的看法；

第二，快乐与知识有何关系？

第三，柏拉图将幸福人生分为哪些层次？有何内容？

（一）古希腊时代对于快乐的看法

柏拉图创办学院之后，有一次贴出公告要举办一场公开演讲，题目是"人生的善"。这个题目很吸引人，许多人都来听。换成是今天，你如果听说某位著名哲学家要谈谈什么是人生的幸福，肯定也很想去听一下。结果去的人大失所望，柏拉图从头到尾一直在谈数学。他认为，如果不懂数学，没有抽象思维能力，根本无法掌握人生的善，很容易就会把快乐等同于现实的生活需求，追求荣华富贵或物质享受。

古希腊时代对于快乐有何看法？许多人会说，快乐就是对我有利，让我过得开心愉快，心想事成。但如果没有仔细分辨，这样的快乐很容易使人陷入困境。

美国有位女明星想保持苗条的身材，但她很喜欢吃喝，于是每天呕吐 16 次，把吃进去的东西再吐出来，这显然带来更大的痛苦和烦恼。后来她的朋友对外透露这件事，令她非常尴尬。别人以为她靠运动健身来保持身材，事实上却是靠这种不自然的方法来维持，这样的快乐很难得到世人的认同。

古希腊时代也有类似的想法，认为快乐就是吃喝玩乐等身体上的享受。柏拉图提到，地狱中最严重的惩罚是让人用竹篓或有洞的桶去装水，怎么装也装不满。人的欲望有个特色：欲望如同滚雪球般愈来愈大，但刺激却逐渐递减，最后令人完全无法招架，后果不堪设想。

古希腊神话中有两个故事都在描写神如何行使惩罚。第一个是普罗米修斯（Prometheus）的故事，他从天上盗取火种给人类，使人类可以抵御寒冷和猛兽，由此触怒了天神宙斯。宙斯为了惩罚他，将他绑在高加索山上，每天让老鹰啄食他的肝脏。按理说普罗米修斯"求仁而得仁，又何怨？"但麻烦的是，第二天早上肝脏又长出来，他要继续忍受老鹰的折磨，他的生命在痛苦中不断循环。

另一个神话是关于西西弗斯（Sisyphus）的，他泄露天神的秘密，告诉河神失踪女儿的下落，条件是河神要赐给人类水源。西西弗斯因此得罪了天神，天神惩罚他推石头上山。但山是斜的，石头是圆的，石头一旦被推到山顶，便立刻滚回山脚下。如此日复一日，永无结束之期。这很像现代人的处境，周一到周五上班就好比推石头上山，周末好不容易喘口气，但石头已经滚回山脚下，等着下周继续推。

这两种惩罚都代表永无结束之时。如果把快乐建立在身体的本能和欲望之上，恐怕就会没完没了，永无结束之时。

（二）快乐与知识的关系

任何一种快乐都需要知识。许多人都害怕看医生，因为治疗的过程往往很痛苦。但如果你知道经过这个痛苦之后会有更大的快乐，你就不会逃避眼前的痛苦。同样的，只有知道眼前某些小的快乐可能会导致大的灾难，你才能做出更好的人生安排。因此，快乐需要具备正确的知识，一般来说需要计算苦乐的比例如何，以便让自己接受小的痛苦，获得大的快乐。

有人问希腊悲剧作家索福克勒斯："你现在老了，是否还能享受性爱的快乐呢？"索福克勒斯回答说："啊，朋友！我庆幸自己摆脱了它，就像奴隶终于逃离了一个野蛮而疯狂的主人。"

他的回答来自于实际的生活体验，往往要到一定年龄后才能觉悟，但你不能更早一点觉悟吗？

柏拉图认为世界上最不快乐的人是暴君，他虽然大权在握，但朝廷上只有两种人：一种是谄媚他的，一种是痛恨他的。被这两种人包围，又怎么会快乐？

（三）幸福人生的六个层次

柏拉图将幸福人生分为六个层次，由低到高依次如下。

1. 适度满足自然的需求

最基本的幸福是适度满足自然的需求。人总要活下去，且要活得安稳。强调"自然的"需求，是说尽量不要追求"非自然"的东西。简单说来，就是不要轻易被广告所吸引。如果只是满足自然的需要，其实你需要的东西并不多。这样一来，你很容易就会觉得开心愉快。

2. 快乐而不含痛苦

你可以追求各种快乐，但记得不要有后遗症。如果这个快乐给你带来痛苦，岂非自讨苦吃？中国人常说的"吃饭最好七分饱"，就是这个道理。

3. 拥有知识与能力，可立足于社会

拥有专业知识与能力可以让你在社会上立足，受到别人的尊重。

4. 明智处世，言行适当

与别人来往时，做到明智处世，对任何事情都有适当的判断，言行表现得中规中矩、恰到好处，符合人情世故。

5. 妥善安排生活，显示比例、完整与和谐

第五步达到更高层次，你可以妥善安排自己的生活，合理安排工作与休闲的时间，能兼顾亲情、友情和爱情，将身、心、灵各方面都安排得很好，显示比例、完整与和谐。

6. 知德合一，由内到外表现中庸合宜之道

最高境界是知与德合一。在此又回到柏拉图的一贯立场，亦即要了解真、善、美的理型，通过爱好智慧使生命不断发展，不断摆脱身体的限制而向上提升。

向上提升并不意味着要脱离这个世界。事实上，柏拉图在雅典创办学院，他认真教学，希望培养人才，造福城邦和人类；他也与别人互动来往，并举办演讲会。他强调向上提升，是为了让一个人正面的生命潜能得到充分发挥，从爱好利益到爱好名誉，再到爱好智慧。智慧是属灵的，人的灵魂要不断地发展，最后可以同神明适度结合。这样一来，你活在这个世界上却不属于这个世界，生命可以抵达超凡入圣的境界。这种想法与中国、西方、印度许多圣贤的观点可谓不谋而合。

1. 一般人认为幸福就是追求快乐，享受当下欲望的满足。这种观念是盲目的，因为欲望的满足永无止境，人的欲望会像滚雪球般愈滚愈大，但是刺激递减，最后可能会使人走火入魔。对于这样的快乐观，要有足够的警惕和自我约束。

2. 任何一种快乐都不能脱离正确的知识。我们要问自己：是否了解某种快乐的后果？如果知道后果不好，我们要适可而止，及时调节自己的欲望。在英文中，"快乐"（happy）和"幸福"（happiness）不易分辨。我们可以这样理解：快乐是过程，幸福才是目的；快乐针对的是一时一地的情况，幸福则较为长久，是由于德行的修炼而显示出的一种稳定状态。

3. 柏拉图认为幸福分为六个层次，我们至少可以从前面三个层次着手：适度满足自然的需求；快乐而不含痛苦；拥有知识和技能，可以在社会上立足。然后不断向上提升，最后走向知与德的合一，即领悟了真、善、美的理型，得到最高的幸福。

课后思考

在柏拉图所谈的幸福的六个层次中，你觉得自己可以抵达哪一个层次，或者你觉得自己有信心向哪个更高的目标努力？

补充说明

简要介绍心理学家马斯洛（Abraham Maslow, 1908—1970）的五层次需求理论。马斯洛作为人本主义心理学的代表，他的出发点与别的心理学家有所不同。以往的心理学派过度强调潜意识的阴暗面以及生物性的行为，马斯洛为了改变这些弊端，于是"取法乎上"，以社会上表现杰出、具有伟大人格的人物作为研究样本。马斯洛学说的特色在于强调"自我实现"，即让自己变得愈来愈像人本来的样子。

马斯洛的需求理论受到广泛的重视，从生存需求、生理需求一直往上，最上层是自我实现。但自我实现的内容再怎么丰富，都会有其限制，亦即"自我"到底是什么？对运动员来说，"自我实现"可能意味着在竞赛中获得冠军，但那只是"身"的层次。对小孩来说，自我实现可能意味着在考试中取得好成绩，但那只是"心"的层次。这些自我实现都不够完整，所以应该区分内在自我有哪些层次，不同层次应配合起来形成完整的结构。

马斯洛于1970年过世，他在过世前一年（即1969年）发表一篇新的论文，特别提到"Z理论"，提出一种新的说法叫做"自我超越"，这才是马斯洛思想的正确发展方向。如果将注意力始终集中自我身上，那么有"自我"就有"非我"，该如何解决这种对立？由此可见，马斯洛的观点在不断成长。他提出自我超越，就是希望人不要执着于自我。达到"灵"的层次，就不会再受到"身"和"心"的限制。西方心理学后来出现"超个人心理学"，就不再局限于个人的"身"、"心"这些有形可见的部分。

因此，对于马斯洛的理论要有完整的认识：

1. 他的出发点非常正面和积极；

2. 在"自我实现"的层次之上，他还构想着提出"自我超越"，可惜他还没来得及完成著作便去世了。

第 7 章

亚里士多德：肯定经验世界

吾爱吾师，吾更爱真理

本章的主题是亚里士多德肯定经验世界。本节的主题是亚里士多德说的一句话："吾爱吾师，吾更爱真理。""吾师"是指亚里士多德的老师柏拉图。但亚氏认为自己更爱真理，这是怎么回事呢？

古希腊最有名的哲学家当数苏格拉底、柏拉图与亚里士多德，尤其是柏拉图和亚里士多德，他们分别建构了完整的哲学系统，但这两个系统显然不一样。

我们介绍过文艺复兴时代重要画家拉斐尔的名画《雅典学院》：在一座学院门口站着两个人，左边的人年纪较大，手指天空，那就是柏拉图；右边的人比较年轻，手指地面，那就是亚里士多德。柏拉图认为我们生活在充满变化的世界中，变化的东西都不可靠，人生应该向上追求一个充满原始模型的永恒世界。亚里士多德不同意老师的看法，他认为人怎么可以忽略现实的人生？人首先要了解变化到底是怎么回事，然后才能找到人生真正的目标。

本节的内容有三个重点：

第一，亚里士多德向柏拉图学习的过程；

第二，亚里士多德为何认为柏拉图的学说有问题？他如何修正柏拉图的学说？

第三，从此以后西方哲学就形成了二分法，果真如此吗？

(一) 亚里士多德向柏拉图学习的过程

柏拉图和亚里士多德的背景有相当大的差异。柏拉图是雅典人，雅典是当时的文化之都。亚里士多德是斯塔吉拉人，斯塔吉拉位于希腊北部的城邦马其顿，相较于雅典，这里属于乡下地区。柏拉图出身贵族，而亚里士多德只是平凡百姓，不过他的父亲曾任马其顿国王的御医，这使得亚氏后来有机会成为"帝王师"。

亚里士多德 17 岁时决定去雅典求学，临行前他到神殿占问：到雅典要学什么？答案是学习哲学。我们可以设想，如果亚氏向神请教，得到的答案不是哲学，那么整个西方的哲学史、学术史甚至文化史都要改写了，因为亚里士多德的成就非常卓越，影响深远。

亚里士多德 17 岁进入柏拉图学院，直到柏拉图去世才离开，他在学院中研习哲学整整 20 年。柏拉图对这个学生评价极高，给他取了两个绰号：一个是"阅读者"，因为他每天都在读书，几乎把所有的书都看完了；另一个绰号是"学院的知性"。

"知性"一词在古希腊时代很重要，知性就是 nous，代表宇宙中的规律，它的运作与人的理性思维很接近，但它是宇宙的知性。柏拉图称亚里士多德为"学院的知性"，等于是认可亚氏将来可以接他的班。但柏拉图后来有一点失望，他说："这匹小马把母马的奶吸干之后，反过来踢母马一脚。"他发现亚里士多德的基本立场与自己有很大差异，这是怎么回事？

(二) 亚里士多德对柏拉图学说的修正

亚里士多德对老师柏拉图推崇备至，他说："我的老师用他的言行表现向世人证明了一点：凡是有德行的人必有真正的快乐。"他们两人在哲学系统的建构上方向不同，但最后殊途同归。两人都是想确立人生的最高目标，也都把生命的意义当作爱智者的核心关怀。亚里士多德学会老师的思想之后，不是"照着讲"，而是"接着讲"。"照着讲"就是按照老师说的再讲一遍，只有传承而没有发展，"接着讲"则是让学术可以继续发展。

柏拉图的理型论认为，人所见到的个体只不过是分享了一个完美的原始模型而已。亚氏则认为，由原始模型构成的理型世界是老师想象出来的，其实并不存在。他认为除了白的东西，并没有"白"的本身；除了个别的马，也没有"马"的本身。

不能离开个别的人来思考人性；但反过来，也不能离开人性来理解人是怎么回事。柏拉图强调的是如何"理解"，而亚里士多德强调的则是"存在"，即具体存在的东西是什么。亚氏认为，人要重新认识感觉的世界，所以他的画像手指地面，也就是指向人间。

亚氏直言不讳地指出理型论的问题，他说："一个人算不清楚小的数目，就幻想着再加一倍可能更容易计算吧！如果看不清楚现实的世界，以为建构一个理型的世界就可以说明现实世界，从而使自己更了解现实世界，这是完全不切实际的。"

（三）西方哲学的二分法

西方哲学后来出现了二分法，认为一个人的心若不属于亚里士多德，则一定属于柏拉图，好像只能在两者之间做个选择。如果选择柏拉图，代表重视理性和理想，侧重于人的心灵，向往永恒这一面；如果选择亚里士多德，代表重视经验世界，想要对于变化有所认识，知道这个世界有一个发展的方向，但不能忽略具体的状况。

亚氏不断钻研学问，研究成果极为可观，在西方学术界可谓"前无古人"。由他创立的学问有：逻辑学、修辞学、伦理学、政治学、艺术学以及形而上学；对自然界的认识方面，包括植物学、动物学（当时他已知道 500 多种不同的生物），以及气象学、天文学等。

近代欧洲哲学家马克思说："亚里士多德是古希腊时代最博学的哲学家。"20 世纪存在主义的代表人物海德格尔，他描写亚里士多德的一生只用了三句话："他出生，他工作，他死亡。"亚氏的博学建立在他勤奋的工作上，无论任何学问，他只要一接触，就会成为这一领域的专家和代表人物。他是柏拉图最优秀的学生，是柏拉图思想的发展者。他的目的是要减少柏拉图思想的一些缺点。

收获与启发

1. 一个人不仅要向老师好好学习，更要站在老师的肩膀上，看得更远，想得更深，要"接着讲"而不只是"照着讲"。"照着讲"只是重复老师的观念，"接着讲"则要让学术可以继续发展下去。我年轻时听方东美先生说过一句话："一个老师最大的悲哀是没有教出胜过自己的学生。"柏拉图显然是一位好老师，因为他教出了亚里士多德这样杰出的学生。

2. 哲学是爱智慧，智慧是完整而根本的，没有人可以完全垄断智慧。每个人都有特定的时代和社会背景，有不同的兴趣爱好和人生经验，只要努力探索，就能认识到智慧的某一方面，要有信心和勇气建构新的系统。

3. 西方哲学的二分法有它的道理。世界上有些人重视经验的世界，希望从中找出规律，使认识不断向上提升；另外一些人则偏重理性思维，希望掌握理想的层次。两者可谓殊途同归，且不可偏废，只有合而观之，才能走上正确的路。对于把柏拉图和亚里士多德二分的说法，我们不必过于强调两人的差异。

"吾爱吾师，吾更爱真理"这句话自然有它的道理，但是首先要确定"真理"是什么，这并不是一件容易的事。你在学习的过程中有没有类似的经验？

"真理是什么"这个问题自古以来很少有人能说清楚。在《圣经·新约》中，耶稣被犹太人出卖，被送到罗马总督彼拉多面前，耶稣说我"来到世间，特为给真理做见证。凡属真理的人就听我的话"。(《约翰福音》18:37) 此时彼拉多问耶稣一个问题："什么是真理？"耶稣没有回答。彼拉多查不出耶稣的罪过，想释放他。但犹太人不同意，一定要置耶稣于死地，因为他们认为耶稣传布新的教义，对犹太人构成很大的威胁。这是有关真理的一次事件，可供参考。

其次，对老师应该有怎样的态度呢？人活在世界上，最难做到的就是恩义两全。恩就是恩情，义就是道义。在我们年轻、幼稚的阶段受到老师的教导，我们不能忘掉这份恩情；但每个人都要对自己的生命负责，应该追求真理，忠于自己的良知，这是在道义上每个人都应该走的正路。恩情和道义该如何协调？应该要有这样的认识：我当老师，不要认为别人应该对我感恩；我当学生，当然要记得感恩，但是道义才是我们共同的目标。以这样的态度面对老师和真理，就不会有太明显的矛盾。

亚里士多德是帝王之师

本节的主题是：亚里士多德是帝王之师。这里所谓的"帝王"是指古希腊时代最有名的亚历山大大帝（Alexander the Great, 356—323 B.C.）。亚里士多德在柏拉图学院完成学业后，曾有几年到各地游历，然后回到家乡马其顿。他的父亲是马其顿国王的御医，国王听说亚里士多德是一位杰出的学者，就请他到王宫担任太子亚历山大的老师。

本节的内容包括以下三点：

第一，亚里士多德教过亚历山大大帝；

第二，大帝对亚氏的学术研究颇有帮助；

第三，哲学家与政治的关系相当复杂。

（一）亚里士多德教过亚历山大大帝

亚里士多德回到故乡马其顿，担任太子的老师。这位太子当时只有13岁，他从13岁到18岁，接受亚里士多德的教育有5年之久。这使他眼界大开，心胸广阔，对于整个世界有了全新的认识。这位太子就是后来的亚历山大大帝。

大帝承认亚里士多德是他心灵上的父亲，对他非常尊敬。对亚里士多德来说，这实在是一个哲学家毕生的梦想，因为他的老师柏拉图曾说过："要让一个城邦步入良好的轨道，或者让哲学家担任君王，不然就让君王学习哲学。"亚里士多德有如此难得的实验机会，那么后来亚历山大大帝的成就如何呢？

事实上，大帝的哲学并没有学得很好，他毕竟太年轻了，一心想要征服世界。他确实征服了欧、亚、非三洲广袤的土地，但他33岁就英年早逝。不过，他在去世前还是显示了哲学的智能。他命令部下把他抬出帐篷，他双手垂下来，让士兵们看到：他虽然占领这么多土地，但死的时候还是要两手空空地离开世界。

（二）大帝对亚氏的学术研究颇有帮助

大帝对亚里士多德的学术研究显然帮助很大。如果仅凭个人单打独斗，亚里士多德怎么可能研究这么多学问？从天文到地理，从植物到动物，亚氏对人间的各种学问都加以研究。研究学问需要资金和人力，大帝为亚里士多德提供大量的资金和上千名奴隶。大帝在远征时还专门组建一支特遣队，把世界各地新奇的植物和动物标本送回到亚氏的研究基地。这使得亚氏发展出令人难以想象的学问，创立各种学科，对后代产生深远的影响。

可惜的是，大帝后来逐渐疏远了亚里士多德，主要有两个原因。一是因为大帝到各地征战，接触到不同的民族，他平等地看待希腊人与异族人。亚里士多德对此有意见，他认为希腊人品行高尚，不能与异族人同等看待。第二是因为亚里士多德曾把他的侄儿推荐给大帝当侍卫，但这个侄儿后来涉嫌谋反而被处决，师生关系就此变得冰冷。不过，我们还是要感谢亚历山大大帝的贡献，正是在他的帮助之下，亚里士多德才建构了学问的世界。

（三）哲学家与政治的关系

亚里士多德对政治有自己的看法。他认为，由于自然条件的限定，人生下来就是政治的动物。人的语言文字如果离开社会则一无所用。想象一下，鲁滨逊漂流到荒岛上，他虽有语言文字的能力，但他要和谁说话呢？他需要表达自己吗？他需要的只是生存，只是设法活下去而已。

亚氏认为，国家对于个人来说，国家等于形式，个人等于质料。如果没有国家，个人就成了野蛮的动物。国家应该提供德行方面的教育，以及实践德行的条件。此外，国家是一个真实的生物，各部分的关系是生物的关系。因此，不能说"国家为了个人而存在"，就像后代《民约论》（又译为《社会契约论》）的说法；也不能说"个人为了国家而存在"，就像他的老师柏拉图的想法。

亚氏进一步指出，国家有六种政体类型，三种好的，三种坏的。三种好的政体分别是：一是君主政体，以圣贤为君主，这与柏拉图说的"由哲学家担任君王"类似；二是贵族政体，由少数贤者担任领导；三是平民政体，由大家共同参与，表达意见。

相对的，有三种坏的政体：第一种是专制政体，由暴君来统治，很容易造成腐败现象；第二种是寡头政体，由少数有钱人来担任领导；第三种是愚民政体，由无知的百姓来操纵政治。这样的分类可供参考，但在世界上很难看到全好或全坏的政治结构。

亚氏对教育也有一定的观察，他说："认真想过统治艺术的人都会相信：帝国的命运在于我们对青少年的教育。"青少年是国家未来的栋梁，不重视青少年教育，国家的未来怎么会有希望？他还说："放纵自己的欲望是最大的祸害，谈论别人的隐私是最大的罪过，不知道自己的过失是最大的病痛。"这些观点都很有启发性。

遗憾的是，亚历山大大帝年仅 33 岁就过世了，之后希腊各地都掀起反抗马其顿的风潮。希腊各个城邦原本相对独立，被马其顿帝国统一之后，大家都失去了自由。亚里士多德此前在雅典建立了自己的学校，他由于当过大帝的老师，担心受到牵连，于是就离开了雅典。他走的时候说："我不能让雅典人第二次危害哲学。"第一次当然是指苏格拉底的受害事件。可惜，他在离开雅典的第二年（公元前 322 年）也过世了。

在中文翻译方面，亚里士多德在雅典建立的学派经常被称为"逍遥学派"（Peripateticism），这个翻译不太恰当。中文"逍遥"两个字，会使人联想到《庄子》的第一篇《逍遥游》，描写人的心灵抵达潇洒自在的境界，亚氏的学派显然不具备这样的特色。更贴切的翻译应为"漫步学派"，因为亚里士多德与学生经常在学院的回廊里一面散步，一面讲学。亚氏的学院比柏拉图的学院更完备，有各种研究部门，图书、设备、师资和固定课程等配备都更接近今天的大学。

1. 人不能脱离政治，因为人需要过群体生活。亚里士多德说：
   "喜爱孤独的，不是神就是野兽。人天生就是政治的动物。"
2. 人虽然不能脱离政治，但也不要对政治寄望太多。亚里士多德
   后来建立自己的学院，专心从事教育工作。他的学院要献给九
   位缪斯女神，代表要追求智慧。
3. 爱智慧要靠自己努力修行。在后代，特别是中世纪，谈起任何
   哲学问题，只要说"那位哲学家"或直接说"哲学家说的"，
   指的都是亚里士多德，好像他说过的话就是定论了。由此可见
   亚里士多德对后代的巨大影响。

课后思考

　　我们不必也不太可能成为帝王之师，但在日常生活中要进行爱智
慧的活动，思考人生问题，阅读重要经典，找到人生方向。你对这
一说法有何意见？

7-3

合乎逻辑的思考

若要肯定经验世界，首先要有正确的思考方法，这种方法就是逻辑。本节要介绍逻辑是什么。亚里士多德为了驳斥各种诡辩的谬论，认真思考了有关逻辑的问题。

古希腊哲学家赫拉克利特首先提出"逻各斯"这一概念，用它代表宇宙中主导一切变化的规律。"逻各斯"后来演变成"逻辑"一词，并成为一门学问，要研究正确的思考方法，即思维的规则。如果要驳斥别人的诡辩或谬论，首先应确保你自己的思维规则是非常明确的，这样才能说服别人。

本节要介绍以下三点：

第一，什么是定义？

第二，什么是范畴？

第三，亚里士多德的逻辑在谈什么？

（一）什么是定义？

我们在与别人谈话时会使用许多概念（即名词），首先要界定你使用的概念是什么意思，这就是下定义。哲学上有一种说法：定义就是逻辑的一切，逻辑所谈的都是定义。

我大学本科读的是哲学系，有位老师上课时很喜欢问："你所谓的勇敢是什么意思？谦虚是什么意思？美丽或善良是什么意思？"与别人讨论时，只有把每一个词都定义清楚，讨论才会有明确的进展和结论；否则很容易各说各话，最后发现我们谈的不是同一件事，又怎能达到沟通的效果？

亚里士多德所谓的定义是怎么回事？简单来说，定义有一个公式：要定义一样东西，先要把它归于更大的"类"，然后再找出它与同类之物的"种差"。譬如，如果要定义"人"是什么，首先要将他归于更大的类—动物类；然后分辨人与动物的其他"种"之间的差别。"类"代表更大的范畴，"种"的位阶要比"类"低一些，同一个"类"里面可以包含许多不同的"种"，比如动物类可以细分为哺乳类、爬行类、两栖类等不同的种。亚里士多德认为，人与其他动物的"种差"在于理性，因此他说"人是有理性的动物"，这就是标准的定义方式。与别人沟通时，使用这种方法可以清楚界定每一样东西。

对于我们使用的概念，要注意区分它的"意义"和"意象"。意义是客观的，意象则是主观的。譬如谈到"龙"这一概念，中国人听到"龙"都很兴奋，因为《易经·乾卦》中提到"潜龙勿用""见龙在田""飞龙在天"，中国人将"龙"当作帝王权威和祥瑞的象征。外国人听到"龙"则会想到恐龙（dinosaur）或恶魔化身成的龙（dragon），会觉得很害怕。这些都属于主观的意象，都不够客观。因此，我们要设法掌握"龙"的意义是什么。

（二）范畴是什么？

我们今天经常使用"范畴"这个词，到底什么是"范畴"？古希腊人描写一样东西时，会思考该如何描写它才算完备。譬如，我说"张三是高大的"，代表张三的个子不会矮小，这样就把他限制在

"高大"这个范围里。凡是你说"一样东西是什么"，后面的"什么"都是范畴。

亚里士多德最重要的贡献是提出"十大范畴"。"十大范畴"中有一个很特别，叫做"自立体"。譬如，一个可以独立存在的人或者一栋可以独立存在的房子，都是自立体。其他九个范畴都是对自立体的限定。

试举一例来说明。昨天（时间）在高铁站（场所），一位（分量或数量）高大的（性质）学生（自立体）背着书包（状态）站着（位置），看到有人受伤就跑过去帮助别人（动作），受到（被动）老师（关系）的称赞。

这句话中包含了亚里士多德的十大范畴。一般的新闻报导往往只关注什么时间、什么地点、什么人、做了什么事，如果用十大范畴来描写则会非常完备，几乎没有任何遗漏。

（三）亚氏逻辑的三段论法

了解定义和范畴之后，接着要问：亚里士多德的逻辑到底在说什么？简而言之，亚氏逻辑就是"三段论法"，即先有概念，再进行判断，然后做推论。将两个词用"是"或"不是"连接起来，就是判断。

判断有四种基本类型，分别举例说明如下。

1. 全称肯定：这所学校的学生是用功的。主词涵盖这所学校的全部学生。

2. 特称肯定：这所学校的某些学生是用功的。主词只涵盖到部分学生。

3. 全称否定：这所学校的学生不是用功的。主词涵盖全部学生，且全部否定。

4. 特称否定：这所学校有些学生不是用功的。主词涵盖部分学生，仅部分否定。

掌握了基本的判断，就可以进行推论。"三段论法"是标准的演绎法。所谓"三段"是指大前提、小前提以及结论。譬如，大前提是"凡人皆有死"，小前提是"苏格拉底是人"，由此可以推出结论"苏格拉底会死"。也有人质疑大前提"凡人皆有死"是怎么得来的，这只能根据我们到目前为止所掌握的经验，所有人都会死，没有例外。

"三段论"的推论应遵循一定的规则才能推导出正确的结论，否则容易导致谬误。试举一例来说明。由大前提"黄牛是吃草的"、小前提"张三是黄牛"，推出结论"张三是吃草的"，这显然很荒谬。之所以推出荒谬的结论，是因为"黄牛"一词有歧义，大前提中的"黄牛"是一种动物，而小前提中的"黄牛"则是指倒卖门票赚差价的人。

三段论的规则共有八条，所有逻辑课本上都有介绍，在此不再赘述。我们只需要知道：亚里士多德是为了与别人讨论、追求真理，才发展出逻辑这门学科。直到今天，大学哲学系的学生还在学习这门学科，一般称为"传统逻辑"或"形式逻辑""亚氏逻辑"。西方在20世纪又发展出"数理逻辑"或"符号逻辑"，里面都是符号的演算，一般人看了都会觉得头痛，只有具备良好数学功底的人才有可能学好。不过，无论逻辑这门学问如何发展，在进行常规思考时，亚里士多德提出的逻辑规则还是最常用到的。

1. 我们要养成习惯，在与别人讨论任何问题之前，要先对使用的概念加以定义。如果别人说的话不清楚，就要先请他定义他所使用的概念，这样双方才有可能进行有效的沟通和讨论，进一步才能得到共同的结论。

2. 我们在思考任何事情时，都要注意是否涵盖所有相关的范畴。范畴涵盖得愈多，对于一件事情的了解就愈完整、愈透彻。范畴有十个，一个是自立体，其他九个是对自立体的描述，也就是对自立体所做出的某种限定。你说它是什么，它就不是其他的一切。

3. 我们进行推论时可以使用三段论法，从大前提、小前提推到新的结论。

课后思考

你与人沟通时最常使用什么方法？譬如你听到别人说"张三很幸福"，你会不会请他先定义"你所谓的幸福是什么"？

补充说明

一般人的想法可以归结为两点：

1. 对同一个名词，每个人的定义未必相同，譬如每个人对幸福的定义都有所不同；

2. 就算大家接受同一种定义，每个人的态度也未必相同。对于天下人都接受的幸福观念，我不见得非要跟着认同。

学哲学的目的不仅仅是为了与别人互动，更重要的是为了珍惜自己的生命，使生命不要浪费。我很早就主张"哲学是人生经济学"，学了哲学之后，思考会更有逻辑，可以用最少的时间达成最大的效果，从而把握自己的人生。

我以前看过一部电影叫《小李飞刀》，他例无虚发，每发必中。人活在世界上也一样，时间就是我们的生命，无比宝贵。我们经常会因各种状况而陷入困惑，谁先把问题想清楚、掌握到问题的焦点，谁就能避免不必要的情绪或思想方面的浪费。对人生能更有效地加以使用，即是珍惜自己的生命。

有人说，使用逻辑方法与别人讨论可能会引发争执。其实在与别人讨论时，尽量不要感情用事，这样可以让你更好地保存自己的能量。学哲学的目的是让人生变得更有效率，这不是让人向外去争取名利权位之类的成果，而是要向内更有效地掌握自己的生命，知道自己要什么、不要什么，可以做出明确的选择。我说的每一句话都是我认为该说的，做的每一件事都是我认为该做的，让生命走在一条经由自己选择的、并有很多前人指引的正确之路上。这样的人生才是值得的。

7-4

著名的四因说

如果要肯定经验世界，一定要先了解它是怎么回事。但宇宙万物如此复杂，又该如何了解？最好的方法就是找出万物的原因。亚里士多德把此前200多年的古希腊哲学整个综合起来，并加入他个人的心得与创见，指出万物的存在有四种原因。这就是西方哲学史上非常著名的"四因说"。

本节要介绍以下三点：

第一，"四因"到底是指哪四因？

第二，通过举例来说明"四因说"的有效性；

第三，"四因"可以进一步归纳为两个原因，成为一种特别的理论，可以用来了解我们所见的宇宙万物。

（一）四因说

1. 质料因（material cause）

从古希腊第一位哲学家泰勒斯开始，就在问万物的起源是什么。泰勒斯认为是水，而后有人说是气、是火、是土，甚至说水、火、土、气都可以，这些都是在寻找它的"质料"。"四因说"的第一个原因就是质料因。任何东西总要有构成它的材料，古希腊在这方面谈得最多。但质料因只是提供了基本的素材而已。

2. 形式因（formal cause）

第二个原因叫做形式因。要如何判断一样东西究竟是什么？关键要掌握它的形式。譬如看到一张桌子，不会先判断它是木头做的还是钢材做的，会先辨认它的形式，认出这是一张桌子。毕达哥拉斯学派认为数字、形式或形状是万物的起源，甚至认为数字构成了万物。这样一来，数字、形状不仅是形式，也成了一种质料，这种理论不太纯粹。

讲形式最纯粹的就是柏拉图的"理型论"，他认为存在着宇宙万物的原始模型。你怎么知道这是一匹马？因为你知道马的原始模型是什么。这纯粹是在讲形式。

3. 动力因（efficient cause）

在质料因、形式因之外，一样东西的存在还需要有动力因。整个宇宙充满变化，变化是怎样造成的？在古希腊时代，世人通常会把变化归结为机械式的原因，如吸引力和排斥力。在原子论中，原子就在彼此间任意碰撞，这代表至少有一种力量存在。后来又加入了人的情绪，如爱和恨。最后，阿那克萨戈拉提出宇宙中有一种"知性"，它在安排一切的变化。知性是从人的角度来看的，就像人有理性可以思考，会把一切都安排得很妥当。

4. 目的因（final cause）

最后一个是目的因，亚里士多德认为这是他自己的创见。任何东西的存在一定有一个目的。在认识一样东西的目的时，有些观点不太合理，譬如说"苹果的目的是让人食用"，这显然比较夸张，但如果说"我的胃有这种结构，目的是为了让我可以消化食物"，这就是合理的观点。身体的每一种感官、器官都有它存在的目的。不仅如此，宇宙万物也各有它存在的目的，否则它就不可能成为现在这个样子。

（二）举例说明四因说

我们从以下四个方面来举例说明。

1. 人工制品

如果要造一张饭桌，首先要有木材、钢材或塑料等作为基本的材料，这就是质料因。然后需要确定它的形式，它是一张饭桌，与书桌有区别，这就是形式因。其实，在这个阶段已经知道它最后的目的是用来吃饭的。接着需要一个木匠把木头加工成饭桌，否则木头永远是木头，不可能自动变成桌子，木匠就是动力因。最后，制造桌子的目的是让人可以方便、舒适地吃饭，这就是目的因。

所有人工制品无一例外，都会涉及到四个原因——质料、形式、动力和目的。人类所造的一切产品，如房屋、汽车、飞机，无不如此。所以，人工制品的"四因"是最完整的。

2. 自然物

譬如，一棵橡树是怎么来的？橡树最早只是一颗种子，种子里含有构成它的材料，即质料。比较特别的是，种子里隐含着内在的形式与目的。橡树种子最后的目的是成长为一棵完整的橡树，这也是它潜在的形式。通过外在条件的配合，在阳光、空气、水和土壤的配合下，橡树种子获得成长的动力。这种动力不是人为的，而是自然的。

3. 专业人员

以工程师为例。当一个中学生毕业之后要上大学时，他本人就是质料。不过，他必须先了解自己将来发展的形式和目的——要成为一名工程师。了解了目的，他就会选择攻读工程师相关的科系。在学期间，他刻苦用功地培养自己，这是一个动力的过程，不可能有侥幸。

可见，在人的世界中，你要成为某一专业领域的人才，同样有质料、形式、动力和目的这四因，只不过某些原因有时会混在一起，不像人工制品那样可以做明确的区分。对年轻人来说，当他知道工程师对社会很有贡献、待遇也不错的时候，"知道"就是对形式的掌握。他努力奋斗的过程就是动力，最后终于成为一名工程师，就是达成了目的。

4. 幸福的人生

人活在世界上都希望追求幸福，但途径各有不同。一个希望追求幸福的人就是质料。他首先要知道什么是幸福，这代表先要了解幸福的形式。接着他要修养自己，锻炼自己，这一过程就是动力。最后，他终于成为幸福的人，享受幸福的人生，就是达成了目的。

通过上述四个例子，说明"四因说"确实可以有效地说明宇宙万物的存在，涵盖了现在和未来的各种情况。不过，用四个原因解释显得有些繁琐，"四因说"可以进一步简化为两个原因。

（三）亚里士多德的形质论

亚里士多德为此发明一个新词，叫做形质论（hylomorphism）。

Hylo 就是质料，morphism 中的 morphe 就是形式。任何东西的存在，就以形式和质料这二因最为重要，因为形式往往可以包含动力和目的。

譬如，橡树种子一定包含着质料，也包含着橡树的形式，橡树种子成长的动力与目的都包含在橡树的形式之中。再比如要成为工程师，当你知道什么是工程师的形式之后，就知道该用什么方式才能将自己塑造成工程师，动力和目的也已经包含在工程师的形式里了。因此，形式因非常重要，而质料因无法被替代，这两者合起来就构成了形质论。

宇宙万物的存在都有其质料和形式。质料愈多则形式愈少；反之，质料愈少则形式愈多。质料和形式之间有一种此消彼长的关系。

譬如，将一块木头造成饭桌后，就不能再造成其他的人工制品了。

质料和形式之间也有连续发展的关系。譬如一棵小橡树，对于橡树种子来说是形式，因为橡树种子就是要得到这样的形式；但对于大橡树来说，小橡树具有很多质料，它还需要更多的形式。

在这里要记住一个重要的词——内在目的因。所有自然物都有内在目的因，它都会自己发展，最后长成完整的个体。正是内在目的因使自然物得以发展完成。

收获与启发

1. 古希腊哲学家爱好智慧，希望理解万物是怎么回事，亚里士多德将之总结为四个原因，称为"四因说"。同时，还可以把四因简化为二因，以质料和形式来说明宇宙万物。

2. 质料和形式可以在思想中分开讨论，但实际上两者不可分离。没有任何质料是没有形式的，也没有任何形式是完全没有质料的。譬如木头也有木头的形式，只是这种形式比较简单。形式等于是共同的相（共相），就像所有的马都属于马，你一看便知；质料则是使一物成为个体的因素，譬如每一匹马的高矮胖瘦都不同。

3. 质料和形式有连续性。譬如一棵橡树，对种子来说它是形式，对于橡树做成的床来说，它又成了质料。橡树在不同角度之下，既可能是形式，也可能是质料。

课后思考

以幸福人生为例，形式因是知道何谓幸福，动力因是进行相关的修养。请你就目前所知的幸福，说明你需要何种修养。

先有鸡还是先有蛋？

如果要肯定经验世界，必须说明变化是怎么回事。本节的主题是：先有鸡还是先有蛋？

亚里士多德以"质料"和"形式"这两种原因说明一样东西的基本结构；另外，他还用"潜能"和"实现"这两个词来说明一样东西的变化过程。

明白了亚里士多德的思想后，就不难解答"先有鸡还是先有蛋"这个有趣的问题。

本节的内容包括以下三点：

第一，凡是变化都是由潜能走向实现的过程；

第二，潜能走向实现是因为潜能"缺乏"实现，由实现才可以理解潜能；

第三，如何分辨"时间上的先后"与"逻辑上的先后"？

（一）任何变化都是由潜能走向实现

"实现"这个术语以前经常被翻译为"现实"，但说一个人很"现实"常含有贬抑的意思。"实现"一词可以当名词来用，如"自我实现"，用它更容易说明变化是怎么回事。

自然界的东西都有内在的目的，譬如一棵橡树种子可以慢慢长成一棵橡树，这就是从潜能走向实现。种子具有潜能，它慢慢实现，这是一个连续发展的过程。人工制品则需要外在的目的和动力，否则它不会自己变成一张饭桌或书桌。

（二）由潜能走向实现是因为缺乏，由实现才可以理解潜能

为何潜能会走向实现？还需要第三个元素——"缺乏"。这里所谓的"缺乏"并非一般用法，而是哲学上的术语。"缺乏"就是说潜能本身缺乏实现，它自然会朝着实现去发展，而不是一般所说的"手边缺钱"或"缺一辆车"之类的用法。

任何一样东西都有它的"质料"，处于某种"潜能"状态，都会要求更高层次的"形式"或更高层次的"实现"。同时使用两组概念，就知道亚里士多德如何说明变化了。

第一组是"质料"与"形式"，它们侧重于一样东西的静态结构，任何东西都有质料和形式；另一组是"潜能"与"实现"，它们侧重于一样东西的动态发展，即从潜能走向实现。潜能为何会走向实现？因为它"缺乏"实现。

对于潜能和实现这一组概念，有一种很有趣的应用。譬如我在学校教书，我对一个学生说"你很有潜能"，他听了一定很高兴，觉得自己的未来充满希望；但如果他懂得亚里士多德的思想，就知道"有潜能"意味着自己离实现还差得很远。我对第二个学生说"你没什么潜能了"，他听了一定很难过，好像自己没什么希望似的；但他错了，根据亚里士多德的说法，"没有潜能"意味着已经实现得差不多了，几乎达到完美。可见，如果掌握了一个基本的思想系统，就可以按照这个系统来使用概念。

更重要的一点是，只有通过实现才能理解潜能。如果离开实现只

说潜能，则无法理解这个潜能是怎么回事。譬如一个小孩刚生出来，你根本无法分辨他的父母是谁，如果到医院的产房去看，可能几十个小孩长得都很像，有时不小心牌子挂错了，还会出现隔几十年之后再度寻亲的事情。你如果想了解这个小孩将来可能长成什么样，就要看他父母的容貌。

对于动物也一样，熊猫和袋鼠刚出生的时候，如果不看它的父母是谁，也很难分辨它到底属于哪一种动物。要通过已经成年的动物才能分清它们。这就是要通过实现才能理解潜能。

接下来我们就可以回答"先有鸡还是先有蛋"这个问题了。如果说"先有鸡"，别人会问：鸡是怎么来的？不是蛋孵出来的吗？如果说"先有蛋"，那蛋是怎么来的？不是鸡生的吗？这听起来像是循环论证，很难有结论。其实没那么复杂，答案是先有鸡。因为如果不是先有鸡的话，你怎么知道那个蛋是鸡蛋呢？鸡蛋是潜能，鸡才是实现。任何潜能要通过实现才能被理解，这就是亚里士多德"潜能"与"实现"说法的应用。

（三）时间上的先后与逻辑上的先后

从上面的讨论可以推出一组更重要、也更常用的概念，就是"时间上的先后"与"逻辑上的先后"。

譬如对于一个人来说，他先是小孩，然后慢慢长成大人，在时间上是小孩在先，这叫做时间上的先后。"逻辑上的先后"则牵涉到如何"理解"。譬如你如何理解一个小孩？小孩处于潜能状态，你根本无法分辨他是哪种人，只有通过实现，即他的父母，才能理解这个小孩是谁，将来可能如何发展。

"时间上的先后"与"逻辑上的先后"有时候是完全不同的，有时却是相同的。譬如对于孩子和大人来说，先有大人才会生出小孩，所以大人在"时间上"先于孩子；并且大人在"逻辑上"也在先，如果没有大人，你无法理解小孩将来会长成什么样。

但是，对于"父母"和"子女"这两个词，谁先谁后呢？一般人会认为"父母"在先，但如果没有"子女"，一对夫妻是不能被称为"父母"的。因此，"父母"和"子女"这对概念在逻辑上是同时出现的。

时间上的先后是从"存在"的角度来考虑的，逻辑上的先后是从"理解"的角度来考虑的。通常从理解的角度来考虑更为重要。譬如，在《论语·子路》中，有一次孔子前往卫国，冉有为他驾车，孔子说："这里人口众多啊！"冉有说："人口众多之后，接着应该做什么呢？"孔子说："让他们发财。"冉有说："如果已经发财了，还应该做什么呢？"孔子说："教育他们。"

这里有三个词：第一个"人多"，第二个"发财"，第三个"教育"。教育排第三，如果以时间上的先后来看待这三件事，那就麻烦了。什么叫"发财"？有些人明明很有钱，但他并不认为自己已经发财了。如果说"大家发财之后再来受教育"，许多人恐怕永远都不会受教育了。因此，孔子强调的是逻辑上的先后，他希望所有人能够理解：为什么要人多？目的是为了发财。为什么要发财？目的是为了受到良好的教育。教育才是最终的目的所在。

1. 由亚里士多德的理论可以肯定变化的世界。我们看到变化的世界，不再觉得是幻觉，不再觉得一切都不可靠，柏拉图的"理型论"得到相当的修正。我们会发现，一切变化都指向一个方向——由潜能走向实现。

2. 通过"潜能到实现"这一架构，我们知道实现优于潜能。当有目标需要实现时，你就会朝目标努力，培养自己，使自己具备更好的条件。

3. 我们学会分辨"逻辑上的先后"与"时间上的先后"的不同。"逻辑上的先后"说的是如何理解一样东西，"时间上的先后"纯粹是"过去—现在—未来"的直线发展而已。如果缺乏对"逻辑上的先后"的理解，人只能在时间的变化过程中随波逐流，根本不知道自己要走向何方。

课后思考

有两句话请你分辨一下，一句是"时势造英雄"，另一句是"英雄造时势"。你能不能用今天所学的，说说你对这两句话的看法，哪一句话时间上在先？哪一句话逻辑上在先？

第 8 章

亚里士多德：界定形而上学

8-1

哲学家的上帝很特别

本章进一步介绍亚里士多德关于形而上学的看法。本节的主题是：哲学家的上帝很特别。为何要谈上帝？因为这是从亚里士多德的哲学系统中推出来的重要概念，必须先加以了解。这个上帝与宗教的上帝完全无关。

古希腊时代基本上是多神论，作为哲学家则要逐渐收敛，从苏格拉底到柏拉图都是如此。他们认为宇宙最后的原理不应该是多元的、分散的，而是应该有一个统一的力量或一个原始的模型，柏拉图称之为"理型"，并由此建构"理型论"。

与柏拉图不同，亚里士多德强调变化的世界。面对充满变化的世界，我们要问：变化的力量从何而来？变化有何目的？亚里士多德由变化出发，推出所谓的"哲学家的上帝"。

本节主要介绍以下三点：

第一，亚里士多德面对变化的世界，要找到变化的来源与归宿，他称之为上帝；

第二，这样的上帝有何作用和特色？他扮演何种角色？

第三，更重要的是，这样推出来的上帝与人类有何关系？

（一）亚里士多德由变化推出上帝

面对充满变化的世界，亚里士多德的哲学要解释变化是怎么回事。他使用两组概念。第一组是质料与形式。任何东西的质料愈多，代表形式愈少。当它逐渐发展到趋于完美的阶段时，质料逐步减少，而形式则变多了。

另一组概念是从潜能到实现，可以更好地解释变化的现象。譬如橡树的种子充满潜能，它慢慢长成橡树，变成了实现，原来的潜能就少了。孩子长成大人，也是从潜能慢慢变成实现的过程。

宇宙万物充满变化，由低到高构成一个存在的层级。位于较低层级的充满潜能，几乎没有实现；位于较高层级的则是充分的实现，剩很少潜能。位于最高存在层级的是完全的实现，只有形式而没有质料，这就是亚里士多德所谓的上帝。

（二）亚里士多德推出的上帝有何特色？

亚里士多德推出所谓的"上帝"，他描述上帝为"第一个本身不动的推动者"（the first unmoved Mover）。这个词是亚氏发明的专用术语，一听到这个词，就知道亚里士多德的理论出现了。

如何理解这个术语？可以将它分成三个词来看。

1. 第一个：表明宇宙万物的变化从"上帝"而来；没有他，宇宙万物根本不会出现，也不会发生任何变化。

2. 本身不动：亚里士多德的哲学系统中，任何东西只要处于运动和变化之中，就代表不够完美，因为变化都是从潜能走向实现。所以，上帝作为完全的实现，本身不会再有任何变动。

3. 推动者："上帝"本身不动，却能推动万物，他是以完美的形式和实现来"吸引"万物归向他。

上帝"吸引"万物归向他，这一点很特别。这代表万物都不够完美，它们的发展过程都是从潜能走向实现，逐渐趋于完美。完美的最高境界就是"第一个本身不动的推动者"，要向着他不断前进，由此提升自己的存在层级。亚里士多德就是用这个术语来解释宇宙万物的变化从哪里开始，以及最后的目的何在。

这个上帝到底在做什么？亚氏说："上帝就是思想之思想。"这话听起来很玄。上帝是纯粹的形式，不可能有任何质料，因此他不可能是物质，而是纯粹的精神体，并且是纯粹的思想。

不过，上帝与人的思想不同。人的思想一定是想某些外在的东西，譬如我想一个人，这个人不是我。但是上帝必须是唯一的，他的思想不能向外。否则，如果上帝之外还有其他东西，上帝的思想就会构成某种行动，这样就违反上帝"本身不动"这一特性。所以，上帝的思想只能向内。换言之，上帝是思想的主体，也是思想的客体，他就是思想的本身，因此称之为"思想之思想"。

这样的上帝有没有位格呢？所谓"位格"是指像人一样具有知、情、意能力的主体。上帝既然是纯粹的精神体，当然有位格；但他的位格与人不同。若与人相同，上帝就会变成像人一样的神，没什么了不起了。上帝有位格，特色就是：他既是思想的主体，也是思想的客体。

（三）亚里士多德所谓的上帝与人类有何关系？

这样的上帝不会回报我们对他的爱，这与宗教的上帝完全不同。宗教信徒认为，如果我爱宗教中的神或佛，神或佛也一定会爱我、照顾我。但亚里士多德的上帝对于人类的爱则完全无动于衷。如果你爱上帝，上帝要回报你，他就有了行动而不够完美。因此，人类在任何情况下都不能说"我们爱上帝"，上帝对这个世界没有任何监督管理的愿望，也没有任何可能的行动。因此，你无须向他祷告，即使祷告也没有用。上帝已经是完美的形式和实现，万物自然要归向他，而他却不需要做出任何响应。

这样的上帝对于宇宙万物究竟有何意义？我们曾分辨过"时间上的先后"和"逻辑上的先后"。"时间上的先后"是指一样东西比另一样东西在时间上先出现，前者是后者的原因；而"逻辑上的先后"是指一样东西是另一样东西的理由，只有了解这个理由，才可以理解一样东西为何会出现。

由此可见，上帝不是世界的原因，而是世界的理由。如果想理解世界为何充满变化，只有通过上帝这个完美的实现，才能了解存在层级较低的宇宙万物。万物都处于从潜能到实现的运动之中，世界充满变化，但世界本身不能解释自己的存在，因为一切都在变化，无法在世界中寻找世界存在的理由。因此，必须在世界之外，在逻辑上找一个理由，那就是上帝，用他可以对世界做出完美的说明。

1. 世界充满变化，这些变化是可以理解的。宇宙万物都是从潜能走向实现，由此构成一个存在的层级，位于最高层级的是纯粹的实现，也就是完美的形式，亚里士多德称之为"上帝"，是"第一个本身不动的推动者"。

2. 万物发展的目的都是要归向上帝，上帝是纯粹的精神，是"思想之思想"。我们原以为亚里士多德较为偏重经验和物质，但是从他的思想体系中，最后还是推出来"思想之思想"才是完美的实现。上帝永远只能思想他自己。

3. 这样的上帝有位格，但他与人类不同。你不必向他献祭和祷告，更不用去爱这个上帝，因为他根本不会响应你。

课后思考

根据亚里士多德的说法，上帝是世界的理由，而非它的原因。你能不能在生活中找到类似的例子，说甲是乙的理由，而不是乙的原因？

形而上学很玄吗？

本节的主题是：形而上学很玄吗？"形而上"三个字出于中国的传统经典《易经》，《易经·系辞上》提到："形而上者谓之道，形而下者谓之器。"所谓"形而下者"是指落在形体里面、有形可见的东西，称之为器物，譬如一张桌子。"形而上者"则是指无形可见的、桌子背后的原理。如果没有桌子的原理，如何能造出一张桌子？可见，"形而上"与"形而下"有着明显的区分。中文把哲学中的一门学科翻译为"形而上学"是很有创意的。

本节的主要内容有以下三点：

第一，形而上学是什么？它探讨什么内容？

第二，如何理解形而上学？

第三，学了形而上学之后，人生会有哪些改变？

（一）什么是形而上学？

形而上学是亚里士多德建构的一门学问。他过世之后留下很多手稿，后代弟子整理100多年还没整理完。弟子们发现有一本书放在自然学之后，没有书名，就给这本书起了个名字，英文是metaphysics，中文译为"形而上学"。其中，meta意为在什么后面，physics今天指物理学，但是古代并没有物理、化学、生物学的区分，都统称为自然学。"自然"是指有形可见、充满变化的宇宙万物。因此，metaphysics 意为"放在自然学后面的一本书"。

形而上学研究什么内容？既然自然学是研究"有形可见、充满变化"的万物，那么形而上学就是研究"无形可见、永不变化"的本体。这样一来就分出两个世界，一个是有形可见的一切，一个是这一切背后永恒的本体。试想，如果一样东西没有背后的本体，怎么可能一直变化却还是它本身呢？譬如一朵花最后枯萎了，为何还称之为花？因此，形而上学这门学问应运而生。

这门学问到底有多难？中世纪著名的阿拉伯哲学家阿维森纳（Avicenna, 980—1037）曾说："亚里士多德的《形而上学》，我读了40遍还没读懂。"阿拉伯哲学家的重要之处，正是他们将亚里士多德的许多著作翻译为拉丁文，使得中世纪的学者可以在此基础上开展进一步的研究。其实形而上学没有那么难，接下来我们就会对它做一些基本的介绍。

形而上学有多重要呢？被誉为近代哲学之父的笛卡尔说："形而上学是哲学这棵大树的根，如果没有这个根，则不可能有后续的发展，树干、树苗、开花、结果都谈不上。"形而上学的重要性由此可见一斑。

（二）如何理解形而上学？

可以用"三层抽象作用"来对形而上学做出解释。第一层是物理抽象，第二层是数学抽象，第三层是形上抽象。

第一层是物理抽象。物理抽象就是把一样东西个别的物理特性去掉。譬如，当你说"我看到一辆车"，其实天下没有两辆一样的车，但你说这是车，就代表你把这辆车个别的物理特性去掉了。物理抽象是人的理性的本能运作，人的理性天生就具备这种能力。譬如小孩看到画上有一只狮子，看起来和猫差不多大，但他到动物园，一眼就能认出那是一只狮子，这就是物理抽象。如果没有物理抽象能力，人永远只能看到个别性、特殊性。

第二层是数学抽象。譬如我买了三颗苹果，你也买了三颗苹果，加起来就是六颗苹果。你看到左边有三辆车，右边有三辆车，加起来一共六辆车。什么是数学抽象？你只看3+3=6，不要管是苹果还是车。任何东西只要可以计算，就可以用数字来掌握。此外，我们还可以抽象出圆形、方形、三角形等各种形状，然后加以运算。这些都属于数学抽象的运作。

第三层是形上抽象。形上抽象不问这是什么东西，也不问能否运算，只问这样东西是否存在。只要是存在，就都是一样的。譬如桌子存在，太阳、月亮、房屋都存在，它们就都是一样的。

亚里士多德在谈到形而上学时，强调"把存在之物当作存在之物来看"，不要问它是不是苹果，是不是圆形的东西，只看它是否存在。与存在相对的只有虚无。这样一来，既然宇宙万物都是存在，宇宙万物就是一个整体，它们都是一样的。

道家的庄子曾说："万物与我为一。"（《庄子·齐物论》）意即万物与我形成一个整体。可见，庄子具有形上思维的能力。"万物与我为一"并不是说万物与我真的合一，而是说从"道"来看，万物与我没有分别，万物与我都在一个整体中。

从这里就可以了解形而上学到底是什么，它就是要追求宇宙万物最后的、共同的根源。

(三)学了形而上学之后，人生会有哪些改变?

亚里士多德的《形而上学》开宗明义指出："人类天性渴望求

知。"每个人生来就有理性，都想知道这个世界是怎么回事，想了解它背后是否有不变的本体或真相。

接着，亚氏分析三种"知"。第一种是经验家，看到一个人生了什么病，他就知道应该给病人吃什么药，他只是有经验的人，却不知道为什么吃这种药有效。第二种是技术家，他除了知道哪种药对病人有效，还知道为什么有效，不但知其然，还知其所以然。一般社会上的知识就以这两种为主。但是还有第三种知识，亚氏认为最重要的是"为了求知而求知"，即纯粹出于好奇，想要了解真相，却没有想过利用这些知识来做成什么事。亚氏称之为"自由之学"，即自由人的学问。

西方哲学有句名言："哲学起源于惊奇。"人对变化的世界感到惊讶和好奇，想知道变化的世界是怎么回事，它背后有否无形可见、永不变化的本体。以此作为求知的目标，这种学问最适合人的理性去掌握，完全没有任何应用的考虑，纯粹是为了让理性可以充分发挥其作用，使我在爱智慧的路上达到最高的层次。

在亚里士多德看来，形而上学和神学没有差别。亚氏称"神"为"第一个本身不动的推动者"，他就是万物背后那个永恒不变的来源与归宿，亦即最后的本体。

1. 形而上学是由亚里士多德所创立的学问。因为一个美丽的误会,《形而上学》这本书由于放在自然学之后,被后代弟子称为"放在自然学后面"的那本书,这就是"形而上学"(metaphysics)一词的来源。这提醒了我们,形而上学其实并不复杂,也并不遥远,形而上学是爱智慧的人在求知时一定要设法探讨的一个题材。

2. 如何研究形而上学? 简而言之,不要把存在的万物区分为"这是苹果,那是车,那是人",而要"把存在之物当作存在之物"来看。这样来看的话,宇宙万物就是一样的,由此才能探问它们共同的来源和归宿是什么。

3. 学了形而上学之后,会以客观的心态来探求万物的根源,而不再问"我学这些有什么用"。到最后会发现,有很多知识契合于生命的根本需求。西方哲学在我们看来可能是无用之学,但它与追求人生幸福、追求理性的最高满足有直接的关联。

课后思考

如果要谈形而上学的问题,从大的方面来看,宇宙的本体是什么? 万物的本体是什么? 人性的本体是什么? 从小的方面来看,你知道自我的本质吗? 你知道某位好朋友的本质吗? 这些都是形而上学的问题。所以请问: 有什么形而上学的问题曾经困扰过你? 你对这个问题的看法现在是否有一些改变或调整呢?

8-3

德行是良好的习惯

亚里士多德的形而上学响应了人的理性希望求"真"的要求，每个人都想知道最后的、永恒不变的本体是什么。人生除了求真之外，还要行善和审美。与善相关的就是伦理学。

前面介绍了拉斐尔的世界名画《雅典学院》。在学院前，亚里士多德一只手指向地面，另一只手上拿着一本书，那本书就是《伦理学》。亚里士多德既然强调活在现实世界有它的意义，那么人就应该学会如何待人接物，如何与别人互动，如何生活，这些都属于伦理学的范畴。

亚里士多德的伦理学在西方很有名，被称为"德行论"，是西方伦理学的一个重要派别。德行论强调人生应该修养德行，但德行到底是怎么回事？

本节要介绍以下三点：

第一，人都追求幸福，但幸福与德行有何关系？

第二，德行是什么？亚里士多德怎样谈德行的修养？

第三，人的知与行到底有何关系？

（一）幸福与德行的关系

人都在追求幸福，但是幸福在何处？如何才能得到幸福？我们要问一个简单的问题：一个人只要行善就会快乐，还是只要他快乐，这种快乐就称为善，你认为哪个对？后来确实有些哲学派别认为快乐就是善；但在亚里士多德看来，行善才会带来快乐。

如果说"快乐就是善"，这里所谓"快乐"的标准该如何界定？每个人对快乐都有不同的看法，同一个人在不同的情况对快乐也有不同的看法，这样岂不是会造成天下大乱吗？伦理学作为一门学问，是希望提出一些基本的规则，让社会每一位成员都可以接受，然后朝着共同的目标努力，促成整个社会的安定与和谐。

你可能会问：到底怎样做才叫"行善"？有德行的人行善一定快乐吗？这里的"快乐"又该如何界定？由此可见，这个问题确实非常复杂。

（二）亚里士多德如何说明"德行论"？

一个小孩从小按照父母的要求和老师的教导行事，他可能做到客观上的德行，但他不了解为什么这样做是对的，也未必有主动选择善行的意愿。譬如在我们的《弟子规》里面，就有很多洒扫、应对、进退的规定，孩子学了之后可能会有不错的表现；但如果让他自由选择，他不见得会选择这些客观上的善。

然而，让孩子从小养成习惯，会使他形成特殊的气质，可以把行善当成一种乐趣。亚里士多德就从这一点出发。他认为德行是适当实践天赋潜能所发展成的一种气质。换言之，德行不是天生的，而是后天培养的气质。

今天说"某人很有气质"是形容这个人长得斯文，亚氏所谓的

"气质"则是指一个人的内心状态表现出一种稳定的情况。譬如他遇到老人总是让座，遇到有人争夺总是让给别人。这种气质是由长期习惯所养成的为人处世的态度。西方人会说"习惯是第二天性"，中国人也说"教育就是变化气质"，这些都是类似的看法。

因此，德行是一个人在做选择时所显示的气质，使我们能够根据规则来选择"相对于我们"的适当行为。简单来说，德行就是一个人习惯做正确的事。"相对于我们的适当行为"是什么意思呢？这是说我们在选择时要做出衡量和判断。譬如，一般人一餐要吃两碗饭，运动员恐怕要吃四碗才够，小孩或病人可能连一碗都吃不了。吃多少才算适当并没有客观的标准，需要每个人自己去衡量和判断，量力而为。因此，德行牵涉到处世的智能，根据规则做选择时，不能脱离自己本身的条件。

亚里士多德的伦理学常被描写为"合乎中庸之道"，这里的"中庸"和我们的《中庸》这本书无关。譬如什么是勇敢？勇敢既不是懦弱，也不是鲁莽。懦弱是不及，鲁莽是过，过犹不及，两者都不好。慷慨既不能吝啬，也不能浪费；温和既不能完全柔顺，也不能过于凶暴；文雅既不能太粗野，也不能太卑屈；谦恭既不能太害羞，也不能太无耻；节制既不能麻痹，也不能放纵。只有处于两个极端的中间，才能出现上述美德。

有人听到"中间"就误以为是"乡愿"（好好先生），其实不然。亚氏说的"中间"是希望人不断向上提升，努力做到卓越。关于德行修养，亚氏认为理性扮演重要的角色。要掌握其他明智的人所掌握的规则，根据规则做出适当的选择，由此养成良好的习惯，形成某种气质。

（三）亚里士多德如何分析知与行的关系？

首先，亚里士多德批评他的祖师爷苏格拉底。苏格拉底认为"知识就是德行"。人不了解什么是孝顺，就不可能真正做到孝顺，孝顺的行为只是偶尔为之，遇到考验和挑战则无法坚持；如果知道孝顺的重要性，就会坚持到底，非做不可。这就是"知德合一"。

亚里士多德认为苏格拉底过于偏重理智，忽略人还有意志的问题，即意志是否坚定，能否抵抗情感和欲望的诱惑。亚里士多德说："我们所盼望的不是知道何谓勇敢，而是成为勇敢的人；不是知道何谓正义，而是成为正义的人，知道正义的本质不会因此就成为正义的人。"这说明知与德还是有落差的，因为人还有可以自由选择的意志。

希腊人都追求杰出，杰出可以从身体和心智等方面表现出来。亚里士多德在《伦理学》中特别分辨两种"杰出"：一种是知，一种是行。一般人会偏重"行"的杰出，但是亚里士多德认为：任何行动都表示还有潜能需要实现，都不够完美；而一个人有杰出的"知"，代表他可以在自己的"知"里面得到自我的满足，慢慢接近神，成为"思想之思想"。亚氏在此表现出哲学家"一以贯之"的态度，思考中保持一贯的原则。他认为，通过理性的"知"，就能够掌握生命的重要价值所在；行为则是随后而来的，并非他关注的重点。

可见，亚里士多德一方面批评苏格拉底太重视"知"，因为苏格拉底认为"知"包含了德行在内；但另一方面，亚里士多德自己在区分杰出的"知"与"行"的时候，最后还是认为"知"可以和理性完全配合，"知"的重要性远远超过实际的行动。

1. 古希腊时代的大多数人是幸福主义。人活在世界上，追求幸福是合理的；但如何判断是否幸福，真正的幸福是什么，这需要哲学家来加以说明。特别需要分辨的是：一件事让你快乐就是善，还是行善就会让你快乐？

2. 亚里士多德强调"中庸"的路线，就是用理性来掌握情绪和欲望，任何选择都不要过，也不要不及，要找到适中的方式，不断向上提升，追求卓越，如此才能真正地修炼自己。

3. 亚氏认为杰出的"知"与杰出的"行"还是不一样。亚里士多德的伦理学并不反对你拥有必要的生活条件，像是维持基本生活所需的金钱、房屋住所等，也不反对你有好的朋友。可见，作为哲学家不能遗世而独立，而要把这些都放在追求德行的考虑之中。

亚里士多德强调，教育孩子时要让他养成习惯，形成一种气质，总是依照规则来选择适当的行为。你觉得这种说法合理吗？你有类似的经验吗？

悲剧可以净化心灵吗？

　　介绍亚里士多德对于真与善的看法之后，本节要介绍他对于美的看法。亚里士多德有一本著作叫做《诗学》，是西方最早的艺术理论，其中有关悲剧的说法对后代产生极大影响。本节的主题是：悲剧可以净化心灵吗？

　　哲学中有一门学问叫做美学，是专门研究美的。"美学"（aesthetics）与"感觉"（aesthesis）这两个词有同样的字根，表示美不能脱离感觉。有关美学的讨论通常不能离开艺术作品，艺术作品就与"诗"有关。"诗"的古希腊文是 poiesis，代表广义的创作，比我们今天说的"诗词"范围要广。亚里士多德的《诗学》大部分没有保存下来，仅保存专门谈悲剧的一部分。因此在谈到美的时候，便以亚里士多德的悲剧理论为代表。

　　本节主要介绍以下三点：

　　第一，所谓的"悲剧"是什么？

　　第二，悲剧可以净化心灵吗？

　　第三，悲剧对后世产生的影响。

(一)悲剧是什么?

悲剧是艺术的一种。所有艺术都是一种模仿,但模仿不等同于写实。启蒙运动时代有些写实主义画家画了葡萄之后,连鸟都去啄那块画布。艺术的模仿不是那种写实。模仿是一种理性的挑选过程,把个体中偶然的、特殊的成分去掉,将其提炼为可能的或应该的最理想的样子。

比如古希腊时代有一位大画家宙克西斯(Zeuxis, 约公元前 5 世纪前后),他要画希腊美女海伦,海伦的美貌曾引发特洛伊战争。为了表现这位绝代美女的风姿,他不是用单一的模特儿,而是用了十几位漂亮的处女,各取她们身体最美的部位来入画。

艺术的模仿不是道德的活动,它与行为的善恶无关;它也不是自然的活动,像是生育子女、种子长成大树之类的。艺术的模仿属于创作的活动,可以产生和被模仿者不一样的东西,譬如诗歌、绘画、雕塑等。

鉴于亚里士多德的《诗学》仅留下有关悲剧的理论,我们就通过他的说法来了解一下所谓的希腊悲剧是什么。悲剧有六个要素,按重要性排序依次为:第一是剧情,即故事情节,到底发生了什么事情;第二是人物,剧中出现了哪些人物;第三是思想,到底表达了什么思想;第四是对白,剧中的言语有何特色;第五是配乐,即背景音乐;第六是场景。

譬如,对一部电影来说,最重要的是剧情。剧情是一个完整的动作,不能没有前因后果。电影开拍时,导演会喊"action",action 就是动作,要求演员将剧情铺陈出来。看完一部电影后,令人印象最深刻的还是这部电影的剧情。其次是人物,要看演员演得好不好,表演是否到位。美国每年都会评选奥斯卡金像奖,以表彰那些在电影中有杰出表现的演员。第三是思想，要看这部电影通过剧情和人物到底传达了什么思想。第四是具体的对白，对白的水平有高低之分，有些比较粗俗，看过就忘了，有些则比较深刻，可以记下来当作格言。最后是背景音乐和场景。今天我们在欣赏电影或戏剧时，还是用这六个元素来评判它的艺术水平。

亚氏认为，悲剧的剧情应排除以下三种情况。

1. 善有善报，恶有恶报。这属于道德剧，并不是悲剧适宜表现的题材。

2. 善有恶报。一个人做好事，最后下场悲惨，这种情况会让观众觉得可怕和厌恶。

3. 恶有善报。一个人做坏事，最后居然得到善终，这更让人难以接受。

在真正的悲剧中，主要角色跟我们一样，都是平凡人，有人性的优点和缺点，他并没有做什么特别的事，却因为命运安排而遭遇可怕的后果。因此，悲剧的主角不是人，而是命运。

（二）悲剧可以净化心灵

悲剧的作用是引发怜悯与恐惧的心理，再将我们内心的情感加以净化。悲剧中的人物让我们感到怜悯，因为他是无辜的，却有不幸的遭遇；与此同时，我们也会感到恐惧，因为我们也是人，同样的不幸遭遇也可能发生在我们身上。

譬如欣赏希腊悲剧《俄狄浦斯王》（*Oedipus the King*），剧中男主角在毫不知情的情况下，做了古代所能想象的最可怕的事，他杀了父亲，娶了母亲。观众在台下观看时都希望不要发生这种事，而俄狄浦斯王则完全不知道命运的安排。因此，一方面他是无辜的，另一方面，他做的事情确实是天理和人情都不能容忍的。

观众看完后，一方面对他充满怜悯和同情，如果不能同情他，你就有共谋伤害他的嫌疑；另一方面则充满恐惧，感觉到命运之手无所不在，随时有可能伸过来对付自己。

在欣赏悲剧的过程中，观众产生怜悯和恐惧的心理，使得整个情绪好像洗了个澡，彻底得到净化。你与邻居本来有矛盾，邻居家门口多放了一双鞋你都要去吵，垃圾没丢掉你都要去闹，看完悲剧你就会想：我们都是人，都有一样的命运，何必计较这些鸡毛蒜皮的小事？我们与别人相处，久而久之就忘了人与人之间原始的亲密关系，斤斤计较于一些琐碎之事。可见，悲剧对于古希腊人的心理确实有相当大的影响和作用。

接着要进一步分析，历史、诗和哲学这三者的差异。

历史是把特殊事件当作特殊事件来加以说明。譬如亚历山大大帝何时打仗，胜负结果如何，历史就是谈这些具体的、个别的事件。什么是诗或艺术呢？艺术比历史更真实，因为艺术的对象是事物与事物之间的内在本质。艺术不强调个别事件，它强调的是某种"类型"的表现。譬如有这种性格的人，就可能或必然说出什么话，做出什么事。它不是记录已经发生的事，而是让人在看到"类型"之后，可以预测将来的发展趋势。可见，艺术的层次显然比历史更为抽象。哲学则是纯粹描写普遍性、追求共相（universal）的一种学问。

亚里士多德在著作中提出一个词，直到今天仍在广泛使用，叫做"诗的正义"（poetic justice）。诗代表广义的创作，包括戏剧、小说等。所谓"诗的正义"是说，当你看一部小说，发现结局是善恶终有报应，就会让你感到心平气和。

有一位知名学者经常接受记者访问，但一到晚上 8 点就让记者们回去。别人问他这是为什么，他说每天晚上 8 点他都要看电视连续剧《包青天》，如果不看，睡觉会做噩梦。人间的许多事情都缺乏公平和正义，但在《包青天》这部戏中，不管你是什么身份地位，最后都会得到善恶的报应，这就是诗的正义。

悲剧为何会净化人的心灵？因为悲剧的结局往往出人意料，让人恍然大悟，真相大白，这时你才知道谁真的为善，谁真的为恶，心灵因而受到极大的震撼。当把内心的怜悯和恐惧全部发泄出来之后，心态得以调整，觉得自己和其他人有共同的命运，都属于同一类生命，由此达到净化心灵的效果。

（三）希腊悲剧对后代的影响

希腊悲剧对后代的影响极为深远。近代英国哲学家怀特海在其代表作《科学与现代世界》中，探讨近代科学革命为何会在西方出现。他认为，过去2000多年来，有三样东西影响了西方人的心灵，培养出科学所需的实事求是的心态：第一是希腊的悲剧，第二是罗马的法律，第三是中世纪的信仰。

我们不免奇怪，悲剧、法律和信仰怎么会与科学革命有关？以悲剧来说，悲剧的主角不是人，而是命运。命运是无情的，不会因为人的意愿而改变。经过悲剧的陶冶，悲剧中的命运就变成自然界的物理规律，该下雨就下雨，该放晴就放晴，不会因为人的主观要求而改变。

西方近代科学革命来自于实事求是的心态，先要有科学精神才会有科学革命，而科学精神的培育离不开希腊的悲剧。由此可见希腊悲剧的重要作用。

1. 希腊悲剧有六个要素，即故事情节、人物、思想、对白、音乐和场景。我们今后在欣赏戏剧或电影时，可以根据这些元素来进行品鉴。最重要的是：结局要有急转直下的遽变，瞬间真相大白，让人恍然大悟，使我们从中可以得到某种启发。

2. 欣赏戏剧时，先是产生怜悯与恐惧的情绪，然后将其净化，使内心的情绪经过洗涤，恢复到正常状态，从而可以与别人好好相处，重新出发。

3. 希腊悲剧对后世的影响极为深远，它塑造西方人实事求是的心态，进而引发科学革命。我们也知道了艺术与历史的不同，以及什么是"诗的正义"。

请你选一部喜欢的电影，对照亚里士多德悲剧理论中的六个元素，看它是否相应。更重要的是，你看了这部电影之后，觉得自己的情绪有被洗涤的效果吗？

人的幸福在于观想

本节的主题是：人的幸福在于观想。观想（theoria）就是静观默想，亚里士多德为何会有这样的主张呢？

本节要介绍以下三点：

第一，首先要回顾亚里士多德的哲学，看他是如何从出发点一路发展，最后到达"人生的幸福"这个结论的；

第二，亚里士多德把幸福当作观想，到底什么是观想？他为何会这样说？

第三，亚里士多德的哲学发展到最后还是强调要提升心灵，与他的老师柏拉图殊途同归。

（一）对亚里士多德哲学的回顾

亚里士多德对后代的影响十分深远，后文将会一再提及他，主要是因为他肯定这个现存的、我们经验到的世界。亚氏认为，变化并非虚幻，它可以被说清楚。一切变化都可以归结为四种原因：质料因、形式因、动力因和目的因。其中最重要的是质料和形式。为此他还专门造了一个词，叫做"形质论"。任何东西都是由某种质料所构成，但要区分这样东西是什么则要看它的形式。马和牛不同，人造的桌子和床也不一样。由质料和形式这两个概念，可以说明宇宙万物的存在。

谈到变化，更实用的一组概念是"潜能"与"实现"。将上述两组概念合起来，有一个词特别值得注意，叫做"内在目的因"。人类所造的器物谈不上内在目的因，但是一切有生命的东西，包括植物、动物和人类，都有内在目的因。这意味着生物本身就包含了一个目的，在它实现的过程中，会不断要求它走向那个内在的目的，这个目的不是外在的。

人活在世界上，请问有没有内在的目的和外在的目的？往往兼而有之。一个人努力奋斗，希望取得某种成就，这是外在的目的。另一方面，作为一个人，能否成为一个完整、完美的人？这就牵涉到内在的目的。因此，人生的幸福何在？就在于能够抵达人之所以为人的形式与实现。这句话含有深意。如果只谈人生的幸福，每个人看法都不一样，同一个人在不同的人生阶段也会有不同的看法。亚里士多德作为哲学家，对幸福做出基本的规定——幸福在于达成一个人所应该达成的最完美的形式和实现。

（二）幸福在于观想

一个人所应该达成的最完美的形式和实现是什么？首先要分辨人与动物的差别何在。人是有理性的动物，人与其他动物的差别在于人有理性。因此，人的幸福当然是从人与动物的差别入手，将人的理性发挥到极致。否则，如果只注意到身体方面的满足，只是吃喝玩乐的话，人与动物就没有差别了。人的欲望满足后会有弹性疲乏，刺激递减，需要更大的刺激才能得到再一次的满足。如此一来，欲望永无止境，人生哪还有快乐可言？西方有句谚语说得好："欲望就像海水，你愈喝愈渴。"欲望只能带来更多的欲望而不能止渴。既然人与动物的差别在于理性，因此人生的幸福只有一条路可走，即走向理性的极致，那就是观想。

"观想"一词的希腊文是 theoria，也就是今天所谓的"理论"（theory）。与之相对的是"实践"，希腊文为 praxis，英文为 practice。"实践"代表需要行动，说明你仍有潜能尚未实现，因此不够完美；"观想"则代表不需要向外采取行动。亚里士多德认为，人生的幸福要从这里着手，人该做的事只有一件，就是从事理性的观想。

观想为何如此重要？亚里士多德在不同场合提出不同的论证，下面将综合予以说明。

1. 理性是人的最高机能，而理性的观想又是理性的最高活动。当一个人进行理性思考时，会对周遭的一切没有任何欲望或情绪反应。这就是观想，它在内而不在外，对内而不对外。

2. 观想这种活动比其他任何活动都更持久。如果去慢跑，很快就会疲倦，观想可以持续几个小时而不觉得疲劳。没有想通想不通的问题，它纯粹是一种观赏，可以对身边的一切具体状况加以欣赏和了解。

3. 幸福一定包含快乐在内，彰显人性卓越的最愉快活动，就是哲学。我们不应该奇怪，认知者的生活比学习者的生活更愉快，因为认知者代表已经知道，而学习者代表还不知道，需要继续学习，这仍然是一种行动。

4. 哲学家比任何人都更为自给自足。他当然需要生活的必需品，也需要适度交一些朋友，但思想家能够在孤独中从事自己的研究，愈是思想家就愈能这样做。后面将看到许多哲学家能够慎思明辨，仔细地用心思考。自己用心思考和与别人进行讨论是不一样的。只有用心思考，才能使思想达到一定的深度和广度。

5. 人的幸福应该包括闲暇在内，而任何具体的行动都会带来压力。闲暇就是好整以暇，没有什么非做不可的事，没有什么非要得到的东西，此时心态放松，理性可以充分运作。观想的对象最好是宇宙万物形而上学的层次。即不要把茶杯当茶杯，而要把它当成存在。这样一来，这个茶杯就无异于高山、海洋、天空，宇宙万物都是一个整体。

（三）最后回到提升心灵

亚里士多德对宗教持何种态度？他的哲学中的上帝与宗教的上帝完全无关，但千万不要就此以为他对宗教也没有兴趣，他在晚年时也显示出某种宗教关怀。他说："我们不该听从某些人的建议，他们说人类只应思索人类的事物，会死的人只应思索会死的东西。相反的，只要有可能，我们应努力探知永生不朽的事物。"

这一说法与他的老师柏拉图的看法已经相当接近了。柏拉图曾强调："人应该尽可能地肖似神明。"古希腊辩士学派的代表普罗泰戈拉曾说："人是万物的尺度。"但柏拉图认为这种说法不对，他说："神才是万物的尺度。"

需要强调的是，这些哲学家所说的神与宗教无关。人在爱好智慧、追求真理的过程中，一定会问：这一切最后的基础是什么？哲学家就用"神"这个词来代表这一切最后的基础。人类有打破砂锅问到底的能力和愿望，但探索到最后还是无以名之，只能用一些符号或说法来勉强对其加以描述。

最后，再回顾一下亚里士多德的生平，并将他与柏拉图进行对比。柏拉图活了 80 岁，终生未婚；亚里士多德则与一般人一样，结婚生子。柏拉图参与政治活动是失败的；亚里士多德则成为帝王之师，培养出亚历山大大帝，不过这位大帝后来的表现却让他不满意。柏拉图创办了学院，后人称之为 academy；亚里士多德创办的团体被称为

"漫步学派"，并且留下丰富的著作。

亚里士多德到最后还是要强调：人应该提升心灵。人活在世界上，要充分发挥人的特色，亦即理性。理性这一特色可以影响我们全部的生活，包括伦理学方面，要用习惯来培养一种气质，让自己根据规则来选择适当的行为，使自己德行卓越。由此可以免除外来的灾难与困扰，从而享受幸福的生活。幸福在于理性的观想。

收获与启发

1. 我们可以像亚里士多德一样成家立业，在社会上发展，但不能忽略学习的重要，而学习的目的是要让理性的潜能充分发挥。

2. 我们要追求人生的幸福，努力学习，但学到的观点要与本身的思想系统相一致。我们一般人不一定有完整的思想系统，但至少要有个出发点，要从"人是有理性的动物"出发，用理性来调节我们的情感和意志。人生观的可贵不在于谁说的对，而在于你能否形成一个系统，用实际的言行证明自己的观点有价值。人在不同的年龄阶段可能会有不同的人生观，这也是人的形而上学的自然倾向。我们不必勉强自己立刻接受几位大哲学家的观点，因为那需要你有个人的心得与体会。

3. 人生最高的幸福在于观想，只有观想能让你进入真正的悠闲。许多事情再怎么努力也不见得会有结果，像孔子这样的哲学家，在别人眼中是"知其不可而为之"，明知理想不能实现，他还是要继续做。亚里士多德的观想则不牵涉到现实世界的成败问题，只牵涉到你自己有没有适当的处世态度的问题。

在听过众多希腊哲学家的说法后，尤其是亚里士多德的总结式观点，谈到思考的极致满足在于观想，你会想到哪些哲学问题，并且愿意每天花一点时间对它进行思考呢？

努力安顿自我

第 9 章

从犬儒到伊壁鸠鲁：
快乐在于节制

9-1

犬儒的奇特生活

亚里士多德之后，古希腊有四派哲学对后代产生深远的影响，分别是：犬儒学派、怀疑学派、伊壁鸠鲁学派和斯多亚学派。本节的主题是：犬儒的奇特生活。

今天可以用"犬儒"一词形容一个人说话冷嘲热讽，对什么事都不太满意。古希腊哲学由柏拉图和亚里士多德分别建构了两个完整的系统，在他们之后就很难有大哲学家出现了。不过后续的哲学派别对于后世的影响可能更加广泛和深刻，犬儒学派就是其中之一。

本节要介绍以下三点：

第一，犬儒学派的来源；

第二，犬儒学派的主张；

第三，犬儒学派对后世的影响。

（一）犬儒学派的来源

"犬儒"指的是以狗为师、向狗学习的人。它与中国的儒家其实没什么关系，这里的"儒"代表"一般学者"。

犬儒学派（the cynics）由古希腊的安提斯泰尼（Antisthenes，445—365 B.C.）所创立，他是苏格拉底的学生。安提斯泰尼对比他小十几岁的柏拉图的"理型论"很有意见。柏拉图认为，所有你见到的东西，在理型世界都有其完美的、原始的模型。安提斯泰尼则讽刺柏拉图说："柏拉图啊，我只看到马，没有看到马的本质。"柏拉图认为存在一个超越的"马的理型"，作为永恒的模型或本质。

该学派被称为犬儒学派，可能与他们经常在一座名叫Kynosarges的体育馆聚会有关，Kyno就是狗的意思。当他们看到一个人拥有功名富贵等社会成就时，便冷嘲热讽，说一些尖酸刻薄的话，于是就用"犬儒"来形容他们的愤世嫉俗和自命清高。

（二）犬儒学派的主张

安提斯泰尼是苏格拉底的学生，但他只学到苏格拉底的一半。苏格拉底的思想兼具两面，有破有立。"破"就是要破除各种流俗的价值观，"立"就是要建立他自己的哲学，寻找人生的最高智慧。犬儒学派只学到"破"的一面，却没学到"立"的一面。

对苏格拉底来说，一方面他不会自命清高或嘲讽群众，另一方面他有自己深刻的信念与原则。苏格拉底确实特立独行，只要是信念所在，他会不惜代价去实践；但他特立独行的目的不是为了标新立异，而是为了获得更大的善，即通过亲身实践去掌握真正的智慧。犬儒学派只学到苏格拉底不受流俗影响这一面，他们看轻世俗的名利权位和物质享受，认为人生的目的要超越于物质欲望之上，但却忘记特立独行之外还有更高的目的。

犬儒学派认为人生的德行只有一点，就是节制自己的欲望进行苦修，抛弃一般人所要的各种东西。他们认为只有伦理知识最有价值，"伦理"就是教人如何做人处事，德行本身就足以带来幸福。因此，他们倾向于贬抑其他知识，艺术、科学都受到排斥。他们安于原始的粗野状态，认为快乐在于实践，不需要太多言语或知识，实际去做就好了。这种主张在一个乱世中很容易迎合大众的需要。

犬儒学派最广为人知的代表人物是第欧根尼（Diogenes, 约 412—324 B.C.），他的年代稍晚，与亚里士多德的年代相仿。第欧根尼使"犬儒"一词开始流行，他要向动物学习，倡导原始的生活方式，以此和希腊文明相对抗。他认为，所谓的"文明""文化"都是虚伪的装饰品。他还主张共妻、共子、自由恋爱等，并强调人只有节制欲望才能自由。

第欧根尼自称为世界公民，要打破人间的各种隔阂藩篱。他还自称为狗，住在一个木桶里，用木碗喝水。后来看到一条狗在溪边直接喝水，于是他干脆把木碗丢掉，也直接喝水了。他爱表现自己，从不在乎别人的生活方式，并以此自我炫耀，因而赢得很大的名声。

关于他最有名的故事是：亚历山大大帝统一希腊各个城邦，建立马其顿帝国，当他来到雅典时特别去拜访第欧根尼，想请这位哲学家给他点开示。他走到第欧根尼的木桶边很有礼貌地向他请教，第欧根尼却说："请你走开，不要挡住我的阳光。"这件事令人震撼，第欧根尼完全不把威名赫赫的亚历山大大帝当一回事。

（三）犬儒学派对后世的影响

犬儒学派对后代产生深远的影响。一位犬儒学派的学者曾对罗马皇帝尼禄（Nero, 37—68）说："你以死亡威胁我，但你自己不能免于人性的威胁。"意思是说，你的所作所为违反了人性，将会受到内心的谴责。当雅典居民提议举办斗剑比赛时，有位犬儒就说："请你们先拆除那座献给同情之神的祭坛。"意思是说，既然要举办斗剑比赛，就不要再祭祀同情之神了。

在罗马时代，犬儒学派对于人生有实际的启发，告诉众人应该如何生活才能自足，并由此凸显自己的人格特色；但是，它的理论并没有建构成完整的系统。

西方在 18 世纪发生启蒙运动，对于当时的政治和宗教都大加批判，如卢梭就批判"文明是一切罪恶的来源"。伏尔泰不同意卢梭的观点，他曾以嘲讽的语气戏弄卢梭，说他是"第欧根尼的狗"。当时还有人过度强调原始社会的美好，一些学者就批评说："你就是第欧根尼，应该躲在自己的木桶里不要出来。"可见，犬儒学派的思潮影响深远，绵延不绝。

收获与启发

1. 犬儒学派的创始人学过苏格拉底的思想，但只学到"破"的一面。今天我们用"犬儒"来形容一个人自命清高、愤世嫉俗。

2. 犬儒学派只学到苏格拉底的一半，强调人生的目的是要超越物质欲望，伦理知识最有价值，因而排斥其他学问。他们认为快乐在于实践，不需要太多言语或知识。

3. 犬儒学派对后代的影响十分深远，不过"犬儒"与儒家思想无关，这里的"儒"代表"一般学者"的意思。不过巧合的是，儒家创始人孔子周游列国时，曾在郑国与弟子们走散，众弟子四处寻找，后来听人说孔子站在东门下，长得像丧家之狗。于是，狗似乎又和儒家有一点关系。今天我们用"犬儒"一词形容一个人说话尖酸刻薄，对别人冷嘲热讽。不过，真正要实践犬儒学派的主张，愿意过简朴的生活，节制自己的各种欲望，还是很不容易。

课后思考

学会犬儒主义之后，你能否用这一派的眼光反观自己，看看自己是否缺少特立独行的个性？不过，若真要特立独行，必须先知道这样做的目的是什么。

9-2

真的可以怀疑一切吗?

本节的主题是：真的可以怀疑一切吗？人有理性可以思考，思考的本质就是要问："是这样吗？不是这样吗？为什么是这样呢？"这就是怀疑的自然表现。怀疑是寻求真理时不可或缺的方法。如果有人以怀疑为目的，认为怀疑是人生的最高原则，进而对一切都加以怀疑的话，就变成怀疑主义（scepticism）了。

本节要谈以下三点：

第一，怀疑主义的出发点是什么？

第二，怀疑主义有哪些基本主张？

第三，怀疑主义得到什么结论？

（一）怀疑主义的出发点

怀疑主义的代表人物是古希腊哲学家皮罗（Pyrrho of Elis, 约360—270 B.C.），他的年代与亚里士多德接近。皮罗原来是一位画家，参加过亚历山大大帝的印度远征军，他没有留下什么著作，由他的弟子充分阐释了他的学说。

皮罗能活到90岁，全赖几位学生的保护。当他看到马车迎面而来时，他问："这听起来像是马车的声音，看起来像是一辆马车，好像马朝我冲过来了，但这是真的吗？"感觉不可靠，那就借助于理性判断；理性判断也不可靠，皮罗于是站着不动，陷入怀疑之中。所幸他的学生们学艺不精，没有真正学到他的精神，于是赶快把他拉开，救了他一命，否则他怎么可能活到90岁高龄呢？

皮罗认为一个人要成为哲学家，首先要问三个问题：

1. 万物究竟是什么？万物是如何形成的？

2. 人类与万物有何关联？

3. 我们对万物的态度应该如何？

对于这三个问题，皮罗给出的答案是：

1. 我们对万物一无所知，我们知道的只是人的意见，任何一种说法都有反面的意见；

2. 对于人类与万物的关联，我们没有任何把握；

3. 我们对万物要完全存疑，对任何问题都不应说出肯定的话。

皮罗本人说话十分谨慎，每句话前面都要加上"大概""也许"之类的词。他说："没有任何东西本身是这样而不是那样的，没有任何东西本身有善恶之分，一切都是人的观念、习惯、法律造成的。"怀疑主义由此登上希腊哲学的舞台。

（二）怀疑主义的基本主张

皮罗后代的学生把他的思想整理为以下十点，虽然听起来差不多，但其中不乏有趣之处。

1. 不同的生物，对同一样东西会产生不同的印象。譬如人进入森林会觉得很危险，但猴子在森林里却很自在。

2. 不同的人，对同一样东西会有不同的想法。譬如中国人听到龙会很兴奋、很崇拜；西方人听到龙则会感到很恐惧，因为西方的宗教信仰认为龙是人的死对头。

3. 同一个人的感官作用彼此不一致。比如咖啡闻起来很香，喝起来却很苦；臭豆腐闻起来刺鼻，吃起来却很可口。

4. 一个人的感受随着不同的状况而变化。比如清凉的风吹来，会让你神清气爽；你感冒时则会觉得寒冷刺骨。

5. 同样的东西随着观点或角度不同，会呈现不同的现象。比如筷子放到水里看起来是弯曲的，远方的铁轨看起来是交叉的。

6. 一样东西要经过媒介（如空气）才能被我们看到，因此造成了混杂现象。譬如，一片草地中午看起来绿油油的，在夕阳映照下却变成金黄色。

7. 一样东西由于质量的变化而使人感觉不同。譬如，将一粒沙放大来看很粗糙，溜过指缝时却觉得很圆滑。

8. 外物出现的频率会带给人不同的印象。譬如，难得一见的彗星会比太阳更令人印象深刻。

9. 不同的生活方式、道德规范、法律、神话、哲学体系，也会带来不同的看法。

10. 一般而言，万物都是相对的。

列出上面十点的目的是让人知道：人的感觉不可靠，人的判断也不可靠。换言之，皮罗认为：任何东西不能就其本身而被人准确了解；对于各种不同意见，也没有确定的办法可选择；任何事物也不能经由其他事物而被确知。因此，我们等于对任何事物都没有把握。

（三）怀疑主义得出的结论

怀疑主义得出以下三点结论。

1. 任何东西本身没有真假之分，一切都是人的感觉，感觉本身是不可靠的。所有东西也没有善恶之分，善恶是由习惯和法律所造成的。

2. 人的一切行动都是选择的结果，以为这样做比那样做更好，其实这是不对的。所有行动都本于信仰，而信仰是虚幻的。

3. 人应该对一切都无所取舍，对一切都不动心，这样就不会被欲望所困。生与死没有差别，健康与疾病也相差无几。如果不得不行动，就要按照或然性（出现的可能性），按照常识、习惯和法律去行动。不过，人的心里要清楚，不能相信任何客观的标准。于是，人的生命永远都在探索之中。这听起来具有某种批判精神。"一直在探索中"意味着无法得到任何真理，要搁置所有的判断，这样会使你变得无动于衷，从而保持灵魂的平静。

怀疑主义还提出两点很有意义的批判。

1. 他们批判亚里士多德的三段论法，认为三段论中的大前提根本就不能成立。譬如在"人是会死的，苏格拉底是人，所以苏格拉底会死"这一推论中，大前提"人是会死的"只能由归纳法得到，然而归纳法没有普遍性。此外，在大前提中已经隐含了结论，所以会变成恶性循坏。

2. 他们也批判斯多亚学派的神的观念。怀疑主义认为，神不是无限的，若是无限则不能运动，不能运动就不具有生命和灵魂，那就不是神了；同时，神也不是有限的，若是有限则不如整体那么完美，而神必须是完美的。怀疑主义对当时许多重要的学派都加以批判，它本身则永远在探索之中。

1. 怀疑主义的代表人物是皮罗，他活了 90 岁高龄，他认为人不可能对任何具体的问题有明确的答案。人活在世界上，感觉不可靠，理智也不可靠，对一切都要存疑。

2. 皮罗的主张由弟子们归纳为至少十点。

3. 怀疑主义的结论是：没有东西是真的，应该搁置所有的判断，无所取舍，对任何事都不动心，从而不为欲望所困。这才是人生真正的目的所在。

课后思考

假设有人说"我是怀疑主义者"，你认为这句话成立吗？他不是已经肯定有一个"我"，也有一种思潮叫做"怀疑主义"了吗？

补充说明

如果有人说"我是怀疑主义者"，这句话本身是不成立的。不过还是要考虑为什么要怀疑，我们就这点来做比较完整的分析。

人活在世界上，不可能生下来就是怀疑主义者，这种"怀疑主义"是后天经验造成的。可能你从小经常上当受骗，所以对人性、对人间一切都觉得怀疑，这来自于个人经验。另外，你可能听过许多不同说法，彼此间有矛盾冲突，以至于你听到任何肯定的论断都认为不够明确，你怀疑一切是因为你要求更清楚。但这种"个人经验"或"要求清楚"的情况，将来也可能改变。既然怀疑是后天经验造成的，那么它也一定可以调整，可以改善。

所以，当一个人说他怀疑一切时，他真正想表达的是他想保持一种不可知的态度，对所有的一切既不要肯定，也不要否定。不表明立场，就不会受到批评或攻击，这是比较安全的立场。西方很多受过高等教育的人，对很多问题都保持不可知的态度。你问有外星人存在吗？他说这不可知，不说有，也不说没有。你问上帝存在吗？死后的世界如何？人死之后还有来世吗？他统统归于不可知。这种态度固然比较稳妥，但最后就失去了发言权，别人讨论、辩论很热闹，他只能旁观。这是怀疑主义最大的委屈。

所以，你可以怀疑，但在怀疑时也要知道，你并非生下来就是怀疑主义者，而是由某些后天经验造成的。将来可能因为其他经验而使你的观念彻底调整和改变，要保留空间，不要把话说死。

9-3

享乐主义的根据

本节的主题是：享乐主义的根据。在亚里士多德之后的四种思潮当中，享乐主义（hedonism）要比犬儒学派和怀疑学派有更大的影响力。

本节要介绍以下三点：

第一，享乐主义的来源；

第二，享乐主义的主张；

第三，享乐主义推出什么结论？

（一）享乐主义的来源

享乐主义的创始人是伊壁鸠鲁，他的年代比亚里士多德晚40余年。伊壁鸠鲁有什么重要性？

近代哲学家马克思的博士论文题目就是《德谟克利特的自然哲学与伊壁鸠鲁的自然哲学之比较》。伊壁鸠鲁的思想远承古希腊时代的唯物论者德谟克利特。

回顾一下，德谟克利特的原子论是古希腊时代具有代表性的唯物论系统，他强调存在之物只有原子和虚空。不同原子在形状、体积上有所不同，但在性质上没有任何差别。由于原子在虚空中的活动和碰撞，形成宇宙万物，连人的灵魂都是由原子构成的。伊壁鸠鲁学习德谟克利特的原子论，以此为基础，将其运用到实际生活中，发展出享乐主义。

（二）享乐主义的学说主张

伊壁鸠鲁认为值得研究的只有三门学问：自然学、逻辑学和伦理学。在古希腊时代，所谓"自然"是指有形可见、充满变化的万物。他认为，人只有正确了解事物的真相，才有可能正确的生活。为了得到正确的理解，首先要学习逻辑。逻辑是思维的方法，有明确的定义、范畴与合理的推论方法。用逻辑的方法了解自然界万物，再用这些知识指导实际的人生，就称为伦理学。因此，自然学、逻辑学和伦理学这三门学问最重要。

伊壁鸠鲁认为哲学要解决人生问题，他对此很有信心。他认为身体有病就要看医生，而心理上有病（痛苦、烦恼）就要学哲学。他强调哲学有三种作用：一、对死亡不必忧虑；二、对神明不必畏惧；三、人生苦短，哲学可以让你过得快乐。

1. 对死亡不必忧虑

死亡不过是组成人的原子的分散瓦解而已。死亡来到时，我们已经不存在了；我们活着的时候，死亡尚未来到。它们根本没有可能共存，因此一个人没有必要害怕死亡。

2. 对神明不必畏惧

许多人害怕死后碰到神明，也不知道死后到底是怎么回事。伊壁鸠鲁是唯物论者，但是他并不否认神明的存在，他认为神明是由最精致的原子组成的。他甚至主张多神论，他说："神的身体和人的身体一样，但神是由类似光的透明物质所构成。神明也有男女之分，有男女的欲望。他们说希腊文，住在遥远的星球上，过着安分而寂静的日子，永远不死，绝不会干涉人间发生的一切事情。因此对于神明，我们完全不必畏惧。"

3. 人生苦短，要好好享乐

人死亡后就会瓦解而恢复到原子状态，所以要把握活着的时候，好好享乐。想要快乐一定要学习哲学。伊壁鸠鲁说："年轻人不该犹豫不决，老年人不该感到疲倦，因为关心心灵的健康不怕太早，也不嫌太晚。"学哲学的目的就是要学会享乐主义的理论。

享乐主义认为，人生的快乐与痛苦完全在于当下的感觉，不但包括身体的感觉，还包括通过回忆和预想而得到的某种心理上的感受。伊壁鸠鲁认为，人活在世界上，没有超自然的神明力量在左右，神明不会干涉人间之事，因此人可以自由地追求快乐。

他的思想与德谟克利特的不同之处在于：伊壁鸠鲁认为人有自由，可以追求自己的快乐，而德谟克利特的原子论对人的自由则没有这般自信。哲学就是要研究怎样善用人类的天赋特权，通过理性思维和自由选择，让自己过得快乐。

（三）享乐主义推出什么结论？

真正的享乐是什么，这是更大的问题。真正的享乐在于减少不必要的烦恼和痛苦，这需要经过精准的计算。譬如生病时吃药觉得很苦，但吃药后恢复健康就很快乐。吃饭很快乐，但吃多了可能会生病而感到痛苦。所有的快乐都要通过理解，对于前因后果有充分的认识，并计算出效益的大小和持久性。

1. 享乐主义又称为"伊壁鸠鲁主义"，伊壁鸠鲁的思想远承古希腊时代原子论者德谟克利特的自然哲学。他认为万物是由原子和虚空所构成，由原子构成的人死后便消散了。既然人生短暂，就应该好好享受。

2. 享乐主义特别强调三种学问：自然学、逻辑学和伦理学。要用逻辑的方法了解自然界万物的情况，之后才能过正确的生活。正确的知才能带来正确的行，如果毫无所知，又该怎样选择行动呢？这个学派不主张为了求知而求知，他们甚至说数学毫无用处，因为数学与人的行为毫无关系。

3. 若要过得快乐，就要懂得怎样计算。计算的方法，留待下一节再做介绍。

课后思考

人是生物之一，自然会好逸恶劳。但真正的享乐主义不是发挥生物的本能，而是要由理性的角度做自由的选择，使自己过得快乐。你认为这种想法如何？

9-4

享乐主义的快乐

本节的主题是：享乐主义的快乐。上一节介绍了享乐主义的根据，最后的结论是：享乐主义的快乐并非一般的快乐，它需要做深入细致的计算。伊壁鸠鲁主张：道德是产生快乐的活动，快乐是道德的基础，快乐是唯一的善，痛苦是唯一的恶。他以苦乐来解释善恶，因此愈有道德的人就愈快乐。

我们要问：到底什么是快乐？伊壁鸠鲁的伦理学不是教你应该做什么事，而是教你如何计算苦乐的效益。

本节内容包括以下三点：

第一，哲学与快乐的关系；

第二，享乐主义的快乐是什么？

第三，伊壁鸠鲁的实际生活方式如何？

（一）哲学与快乐的关系

享乐主义认为，哲学与快乐的关系非常直接。伊壁鸠鲁专门创办了一所学校，教学生如何享乐。他自己从小学习哲学，对哲学有一定的认识。

伊壁鸠鲁认为，哲学的任务就是要解释人的苦难和欲望的波动，帮助世人从追求快乐的错误计算中解放出来。他说："一个声称自己尚未准备好研究哲学或研究哲学时机已经过去的人，就像是说自己太年轻或太年老而不适合追求快乐一样。"找到痛苦的原因后，则很容易对症下药。

（二）享乐主义的快乐是什么？

享乐主义所谓的快乐，有以下四点内容。

1. 快乐不是短暂的身体上的快乐，而是要控制情绪和欲望。

有时要放弃小的快乐，以免后面有大的痛苦；有时要忍受小的痛苦，追求后面大的快乐。譬如，有些中学生每天喝好几罐碳酸饮料，年纪轻轻就患了糖尿病；有些人每天吃炸鸡，导致胆固醇太高。吃喝的时候固然觉得快乐，但那只是短暂的快乐，后果恐怕不堪设想，所以要学习如何分辨和选择。真正的快乐一定要考虑一个行为的未来性和效益的持久性，不能只看当下的需求。

2. 心理上的快乐远胜于身体上的快乐。

人的心灵可以回忆过去、想象未来，身体则没有这样的功能。身体本身不能做判断，只有靠理性的判断才能使身体免于痛苦，使灵魂免于困惑。我在这方面有一些经验。我在美国念书的四年中，每天读书 12 小时以上，苦不堪言。压力太大时，我就回忆过去的成功经验，想象未来的美好前景，以此产生快乐来缓解压力。

3. 真正的快乐不是积极地满足欲望，而是消极地减少欲望，过简单的生活，让自己免于痛苦和烦恼。

享乐主义认为，朴素的生活、温和的脾气、节制自己的欲望是达到快乐的快捷方式。这可以使一个人看起来很淡泊，不会羡慕或嫉妒别人。这种快乐显然是修养的结果，而不是一味顺着天生的需求去发展。如果把得到快乐当作一个积极追求的目标，就会带来压力、烦恼和痛苦。

4. 这种快乐观虽谈不上有崇高的理想，但也不完全是自私自利。

伊壁鸠鲁说："你对别人行善，要比接受别人的善更愉快。"这就像宗教说的"施比受有福"。不过伊壁鸠鲁不谈是否有福，而是关注怎样更快乐。我能帮助别人，代表我有充足的资源；如果被人帮助，则代表我缺乏资源，显然不会快乐。伊壁鸠鲁还说："坏人无处容身，因为他们躲在哪里都不会安宁，良心会暴露他们。"我们也不便追问所谓"良心"是指什么。享乐主义的目标非常明确，立场很坚定，但某些理论并不是很周延。

（三）伊壁鸠鲁的实际生活

有些人批评伊壁鸠鲁放纵欲望，为了享受吃喝的快乐，每天要吐好几次，这显然是一种谣传。他的学生描写他生活非常有节制，偶尔喝一杯酒，平时喝水就满足了，在经济困难的时候只吃豆子维生，平常只要清水、面包、蔬菜、橄榄就够了。他甚至对朋友说："给我一点奶酪，我就能随时享受盛宴。"这样简单的生活显示出他作为哲学家的特色。

伊壁鸠鲁还特别推崇友谊。他说："最快乐的人是那些对周围的人无所畏惧的人。这种人没有任何敌人，对每个人都很友善，大家和睦相处，彼此完全信任，享受友谊的温暖。对于朋友的过世也不会过度哀痛，他的内心平静，不受干扰。"

1. 哲学与快乐关系密切，伊壁鸠鲁亲自付诸实践，他办了一所学校，专门教别人如何享乐。

2. 伊壁鸠鲁所谓的快乐绝非表面上的吃喝玩乐，满足身体上的各种欲求。他的快乐有四点特色：

（1）不是短暂的身体上的快乐；

（2）心理上的快乐远胜于身体上的快乐；

（3）快乐不是积极地得到什么，而是消极地减少欲望，过简单的生活，让自己免于痛苦；

（4）他的快乐观听起来并不崇高，但也不是完全自私自利的，他认为行善比受人帮助更快乐。

3. 伊壁鸠鲁的实际生活非常简朴，他很容易满足现有的生活条件。可见，享乐主义的快乐并非字面所见的那样肤浅。

课后思考

享乐主义的快乐不能离开理性的、精准的计算，但这种计算必须以了解人情世故为前提。每一次行动都要计算精准实在是一件困难的事，你有什么比较好的办法吗？

9-5

享乐主义的快乐清单

本节要继续介绍享乐主义，因为这个学派引发了许多误会，而且对现代人的影响仍然很大。一个人要快乐究竟需要哪些东西？伊壁鸠鲁说："如果要我去掉品尝美食的快乐、性的欢愉、聆听美妙音乐的愉悦、因看见美丽事物而产生的美好情绪，把这些都去掉的话，我实在不能想象善是什么。"可见，他认为美食、性爱、音乐以及美丽的事物，都可以给人带来愉悦的情绪。他还说："愉悦是生活的开始与目标，你要活得快乐，要让自己开心，让自己高兴。"

本节的主题是享乐主义的快乐清单，包括以下三点：

第一，友谊；

第二，自由；

第三，思想。

（一）友谊

伊壁鸠鲁特别强调友谊。他创立的学派被后代称为"花园学派"，这是为什么呢？他一开始讲课，就在雅典市郊买了一间大房子，与志趣相投的朋友聚会共处，他充分实践与朋友分享这一点。他在遗嘱中提到两件事。

1. 他所有的奴隶都可以获得自由。他本人是享乐主义者，而奴隶
   也是人，没有自由该如何享乐呢？他把自己希望的也加在别人
   身上。

2. 他把自己的房舍和花园赠送给他的朋友和学生，所以后代就称
   伊壁鸠鲁学派为"花园学派"。从这件事中，也可以看出他对
   朋友的态度。

快乐清单的第一项是朋友。伊壁鸠鲁说："缺少朋友进食，是狮子与野狼的生活形态。"吃饭的时候一定要有朋友，孤单的吃饭就像是狮子或野狼这些野兽一样。重要的不是你所享受的食物，而是同谁一起享受。即使面对山珍海味，如果一起吃饭的人话不投机，你也会毫无胃口；如果是好友聚餐，再简单的食物也会让你充满乐趣。快乐并非来自于食物，而是来自于朋友间的默契。

关于友谊，伊壁鸠鲁留下的一些话值得我们参考。他说："在智慧提供给人的幸福之中，至今仍以获得友谊最重要。友谊使一个人由利己主义走向无私的情感，因为你会做到爱友如己。"后来他把财产赠给弟子们使用，就是最好的验证。"真正的朋友不会按照世俗的标准来看我们，他们会充满爱与尊重。"他还强调："要化解对敌人的恐惧，最好是广交朋友。对于不能作为朋友的人，至少要避免与他们结怨。如果连这一点也做不到，至少要避免与他们来往，要为了自己的利益而疏远他们。"换言之，他希望我们广结善缘，冤家宜解不宜结，这些都是具体而有益的处世态度。

著名学者吴稚晖曾公开说自己是无神论者，他坦言人生只有三件事：吃饭、生孩子、交朋友。吃饭和生孩子属于食与色，是生物的本能需求，其中当然也有快乐；但是交朋友则是一种特别的能力，只要大家有善意，三教九流之间都可以互动。

其实交朋友没有那么容易，需要彼此志同道合才能长久。交朋友的时候一定要先了解自己的人生观，选择与自己志趣相似的人来往，所以孔子谈到朋友时会说"益者三友，损者三友"（出自《论语·季氏》。子曰："益者三友，损者三友。友直，友谅，友多闻，益矣。友便辟，友善柔，友便佞，损矣。"）。从前的同学、同事成为朋友，后来时过境迁也可能变成敌人。这样的敌人往往比陌生的敌人更可怕，因为他知道你的弱点，了解你的欲望和需求。

（二）自由

人有自由，才能自主选择要过什么样的生活，要做什么事。这里的"自由"牵涉到对欲望的判断。伊壁鸠鲁认为欲望有三种：

1. 自然的也是必要的欲望，譬如衣服、食物、住所等；
2. 自然的但不是必要的欲望，像豪宅、盛宴、有仆人伺候等；
3. 既不是自然的也不是必要的欲望，诸如权力、名声、地位、过多的财富等。

这样区分之后，就知道应该如何取舍了。我们要把握的当然是第一种——自然的且必要的欲望，这种欲望让我们能够活下去，而且活得比较轻松；其他的东西则可多可少，可有可无。这样的自由与快乐密不可分。

（三）思想

伊壁鸠鲁认为，你有什么问题或烦恼，只要写下来或说出来，就可以消除不必要的困扰。比如人最大的恐惧是死亡，或者死后遭到神明的惩罚，但是你通过思想去了解之后，就可以化解这些问题。他强调，人如果用思想去理解四方面的事情，人生就没什么烦恼了。"四方面"指的是：死亡、神明、疾病和贫困。

首先，死亡是原子的分解。人的生命来自于原子的组合，死亡只是回到原来的状态，每个人都是如此，所以不必害怕。其次，神明根本不会在乎人间之事，对于人死后的赏罚也没有兴趣理会。了解这一点，就不会陷入迷信或畏惧神明。对于疾病，既然人有身体，就不可能完全避免疾病，事先可以预防，事后可以医治，不必有太多烦恼。对于贫困，导致贫困的原因有很多，或是因为遇到乱世，或是因为遇到坏人，或是自己理财失误、运气不佳、失业潦倒，等等。知道贫困的原因之后，就可以过着安贫乐道的生活。

伊壁鸠鲁的享乐主义提供给我们的快乐清单就是三点：友谊、自由与思想。最后，你还要学会如何计算苦与乐的效益，保持内心的知足。他认为，一个人不知足则不可能幸福，就算是世界的主宰也不例外，因为他主宰了这个世界，就还想主宰别的星球。伊壁鸠鲁强调：没有恐惧，也没有欲望和痛苦，真正的幸福在于心灵的宁静与和谐。

对现代人来说，这个学派还是很有吸引力的，他们强调一种高尚的审美情操。你可以拥有、享受各种物质资产，但要适度而不要过分。凡是可以让你达到快乐这个目的，不论是艺术品也好，科学产品也好，你都可以使用，但是你又能适当地约束自己的欲望。以上这些说法基本上可以得到现代人的认同。

1. 友谊。要广结善缘或化敌为友，如果无法做到，则要设法避开敌人，不要与之接触。

2. 自由。你可以自由选择过简朴的生活，以此掌握你的欲望。只有自然的与必要的欲望需要适度地予以满足，其他的都是身外之物，可多可少，可有可无。

3. 思考。要想清楚什么是死亡、神明、疾病和贫困，这样就知道需要采取什么样的态度。伊壁鸠鲁后来甚至认为隐居最好，可避开共同生活的需求，摆脱政治和商业的牢笼。另一方面，他又很珍惜朋友间的友谊，朋友相聚一堂很容易达到一定的快乐水平。

课后思考

你可以接受享乐主义的快乐清单吗？你会怎样列出自己的快乐清单，要加上什么或减少什么？

补充说明

谈到享乐主义的快乐清单，许多人认为除了友谊、自由、思想之外，还要加上亲情、感恩、责任、学习、兴趣等。我们要进一步思考，伊壁鸠鲁为何要这样分类？

1. 友谊涉及我与别人的关系。人是社会性的动物，不能离开人群，要与别人互动往来；更广泛来看，亲情、感恩、责任等都与友谊类似，属于我与别人之间的关系。

2. 思想则涉及我与自己的关系。你要想清楚，自己害怕什么，追求什么，这时没有人能帮得上忙。你可以通过学习，广泛汲取他人的经验，作为参考。

3. 最核心的一点是"自由"。首先要排除各种外在的干扰，不被
   外在的力量所控制，然后再转向内在，自己选择要过什么样的
   生活，比如本节提到的"自然的与必要的"生活。

谈到快乐清单，首先要说明的是，我不是享乐主义者，但是我也
有自己的快乐清单，我在这方面受儒家的影响比较深。

1. 要真诚，即孟子所说的"反身而诚，乐莫大焉"。要做到真诚，
   就不能忘记孟子说的"反身"二字，就是要经常反省自己。真
   诚绝不是想说什么就直接说，想做什么就立刻做；而是常常想
   自己可能错了，自己可能哪里做得不对，哪里做得不够好，这
   才是真诚。

2. 尊重别人。儒家强调不能脱离人间，在与别人互动过程中，不
   管是朋友还是其他各种关系，都要彼此尊重。

3. 遵守规范。任何社会都有既成的规范，伊壁鸠鲁也认为没有必
   要去违背社会规范，这样可以有效避免外界的干扰。

对自己要真诚，对别人要尊重，对社会既成的规范要遵守。三点
都做到的话，人不太可能不快乐。

第 10 章

斯多亚学派的高贵理想：
从西塞罗到奥勒留

向宇宙的规律看齐

本章的主题是斯多亚学派的高贵理想。该学派在西方有很大的影响力，许多西方学者如果没有明确的宗教信仰，通常都认为自己属于斯多亚学派。

其思想具有两点特色：第一，向宇宙的规律看齐；第二，坚守道德的底线。本节的主题是：向宇宙的规律看齐。

古希腊哲学自亚里士多德之后出现分崩离析的现象，大家纷纷把哲学应用于实际生活，希望解决新时代的挑战，使个人生命得到安顿。因此，这些哲学的架构都显得比较狭隘，内容也比较简单。其中有影响力的是四个学派：犬儒学派、怀疑学派、伊壁鸠鲁学派以及斯多亚学派。

在四个学派之中，伊壁鸠鲁学派和斯多亚学派最受重视，两者之间形成一种有趣的对比。

一般人都喜欢伊壁鸠鲁学派的享乐主义，它重视个人的享乐而不谈对社会的责任，能充分享用科技、艺术和文化产品，有自命风流的意味。

而斯多亚学派受到许多人的尊敬，它重视个人对社会的责任而不谈享乐，强调理性、自然和命运，有自命清高的风骨。

西方文化界自启蒙运动以来，最推崇的就是斯多亚学派。

本节要介绍以下两点：

第一，斯多亚学派的由来；

第二，斯多亚学派的自然哲学强调向宇宙看齐。

（一）斯多亚学派的由来

斯多亚学派的出现纯属偶然，它的创始人名叫芝诺（Zeno of Citium, 336—264 B.C.），一般称为西提翁的芝诺或斯多亚学派的芝诺，以区别于埃利亚学派的芝诺。前文介绍过埃利亚学派的芝诺为了帮老师巴门尼德辩护，发明了归谬法，并拓展了辩证法的应用范围。

斯多亚学派的芝诺本来是一位成功的商人。有一天，他在运送原料途中遭遇海难而借住在朋友家中。这位朋友是雅典的书商，正在读一本哲学书。芝诺由此开始接触哲学，他后来还赞美海难是上天善意的安排。

"斯多亚"（stoa）一词本来是指芝诺讲学的一个大厅，其柱廊上有彩色的绘画，在希腊文中，"斯多亚"就是"有彩色绘画的柱廊"。因此，世人便以"斯多亚"作为该学派的名称。由于该学派的学者在英文中被称为 the stoic，所以斯多亚学派中文常被翻译为"斯多葛学派"。但谈到这个学派时，无论英文、法文还是德文，都称之为 stoicism（或 stoicisme, stoicismus），没有"葛"的发音，因此译为"斯多亚学派"更接近原音。

芝诺的个人生活很有特色，他在乱世中讲究理性，重视道德，生活简朴，为人正派。他的形象非常好，许多年轻人常围在他的身边请教问题，雅典人把城邦的钥匙交给他，还替他树立雕像，表示对他的尊崇；甚至在他活着的时候就为他立了墓碑，表示他将会传之久远。他生性害羞，尽量避开人群聚会。他在饮食方面十分节俭，最喜欢的食物是绿无花果、面包、蜂蜜加一小杯酒。他的长袍非常简陋。当时流行一句话——"比哲学家芝诺更清心寡欲",用来形容生活简朴的人。

芝诺认为,哲学是引导生活的艺术,人生的意义就在于取得自身的和谐以及与自然界的和谐。他要在个人身上实现人类的理想。有一次他居住的城邦遭到洗劫,别人问他有什么损失,他说:"我没见到任何人带走知识或智能。"可见,他这个人还是很有特色的。

由他创建的斯多亚学派绵延了500多年,分为前期、中期和晚期。真正大放异彩则是在晚期的罗马帝国时代,此时出现三位重要的代表人物——塞涅卡、爱比克泰德以及罗马皇帝奥勒留。

(二)人应该向宇宙看齐

斯多亚学派的自然哲学有何内容?他们认为万物是一个整体,人应该向宇宙看齐。这种观点结合了泛神论与唯物论。泛神论肯定万物是神,万物中都有神的力量存在;唯物论认为只有从物质的角度才能理解万物。他们认为:除了我们看到的自然界之外,另外还有逻各斯存在;自然界与逻各斯的关系,就像身体与灵魂的关系一样,万物均受逻各斯的支配。从"逻各斯"一词可以看出赫拉克利特的启发。这种观念可用一句话来概括,即"上帝就是世界的意识"。直到今天,还是有许多教派秉持类似的观点,把神当作世界的意识。

芝诺认为,神即是"上帝""逻各斯""理性""命运""宙斯"。他用不同名称描写神,以体现神的不同作用:

1. 神就是理性,代表神有理解能力,宇宙万物没有任何莫名其妙的东西;

2. 神就是命运,代表神有规则,没有任何例外;

3. 神就是宙斯,即古希腊神话中管理世界的天神,代表神统治整个世界。

受赫拉克利特的启发，芝诺认为：宇宙万物的背后有一个宇宙之火在掌控一切；宇宙大火会周期性地出现，神创造世界之后，宇宙大火又回收了世界，这是一种永无止境的创世与灭世的过程。每一阶段世界的所有细节与之前的世界是完全相同的，这是一个永远重复的过程。

19 世纪德国哲学家尼采依然接受这种观念，称之为永恒的轮回。这种宇宙观认为，宇宙是命定论系统，一切都是被决定的。按照这种宇宙观，可以理解宇宙的规律和自然的发展模式。但在这样的宇宙中，人该如何生活？如何说明人的自由和责任？如何表现个人生命的特色？这是下节要介绍的重点。

收获与启发

1. 与伊壁鸠鲁学派的享乐主义针锋相对的就是斯多亚学派，最好将之译为"斯多亚"而不是"斯多葛"。

2. 斯多亚学派由西提翁的芝诺所创立，他在自己的学院中长期讲学。他对过去的哲学家有一定的认识，而且其个人生活富有特色，因此他在世的时候就受到了高度的尊重，他以个人的实践赢得良好的形象。斯多亚学派前后绵延 500 多年，在罗马帝国时代大放异彩，出现三位重要的代表人物。

3. 斯多亚学派的宇宙观可概括为一句话——向宇宙的规律看齐。宇宙是一个整体，"逻各斯""上帝""理性""命运""宙斯"都是同一个意思，都代表自然界的灵魂。他们结合了泛神论与唯物论，形成一个整体的宇宙观，认为定期会出现宇宙大火。

你也许和西方很多知识分子一样，喜欢伊壁鸠鲁学派而尊敬斯多亚学派。请你思考一下，喜欢与尊敬这两种情感是怎么回事？你有类似的经验吗？对某些人、某个团体或某种学说，你能否分辨自己是喜欢多一些，还是尊敬多一些？

补充说明

斯多亚学派的宇宙观认为有宇宙大火或逻各斯，这个观念显然来自赫拉克利特。赫拉克利特属于古希腊哲学的开始阶段，那时很少有明确的唯物和唯心的分辨。譬如泰勒斯说"万物的起源是水"，又说"万物都充满了神明"，可见当时并没有对"物质"和"精神"的分辨，他认为宇宙是一个整体，比较倾向于"万物有灵论"或者泛神论。而说斯多亚学派是唯物论，这是针对德谟克利特的"原子论"来说的，他们认为宇宙万物是由具有同样性质的原子所组成。

"泛神论"的英文是 pantheism，其中 pan 就是万物，theism 就是有神论。泛神论可简单概括为一句话——万物就是神，神就是万物。为什么会有泛神论这种想法？因为这样可以回避一个问题：如果神与万物不同的话，请问神在哪里？人的思维很容易落实到有形可见的层面，一定要问神在哪里。其实，神本身并没有所谓的"质料"或"潜能"，神不一定非要在某个地方。

泛神论主要表现在文学作品上。许多作家在风和日丽时会觉得万物真美，春夏秋冬井然有序，自然界表现得非常有规律，不像人的世界这么复杂。但不要忘记，自然界也可能有灾难，当遇到地震、山崩、海啸、火山爆发这些灾难时，你说"万物是神，神是万物"，那你何必逃难呢？泛神论的思想在西方哲学界不太受到肯定，因为若把万物当作神，人也是万物之一，人也是神了。

斯多亚学派未经深入的思辨，无法接受柏拉图的理型论或亚里士多德的上帝观，他们认为那些说法过于玄想。他们于是接受唯物论，认为一切都是物质，你所见的自然界就是一切，由此构成封闭的系统；同时也接受泛神论，认为万物就是神，何必另外去找？因此，唯物论和泛神论的结合是很自然的。这样一来，人就不用思考"神在哪里"这类的问题。当时有很多学派都叫人不要去想这些根本无法得到答案的问题。

其实，柏拉图和亚里士多德对这个问题已经进行过深入的思考，他们认为应该有一个最高位阶的存在作为出口，像柏拉图所谓的"理型"或"善本身"，或是亚里士多德所谓的"第一个本身不动的推动者"。但如果你真要把它落实，就可能变成一种教条。后来的中世纪哲学，就是往教条的方向去发展的。

10-2

坚守道德底线

本节的主题是：坚守道德底线，介绍斯多亚学派如何看待自由与罪恶。在亚里士多德之后，古希腊城邦政治开始瓦解，随后进入帝国时代，这段时间称为希腊化时代。希腊思想开始影响到周边地区，一路发展到罗马帝国时代，影响力颇为可观。

斯多亚学派的宇宙观结合泛神论与唯物论，认为宇宙是一个整体，上帝是宇宙的意识，这是一种命定论。定期的宇宙大火会让一切重新开始，按照同样的细节重新发展一遍。我们要问的是：在这种命定主义里，人有自由吗？如果没有自由，道德又从何谈起呢？

本节要介绍以下三点：

第一，人的自由问题；

第二，对善恶的判断；

第三，世界主义的萌芽。

（一）人的自由问题

如果宇宙是一个命定的系统，一切都按自然法则发展，那么让人遵守自然法则便失去了意义，因为人本来就在自然界中，被自然法则所支配。人到底有没有自由呢？斯多亚学派认为，人没有外在的自由，但有内在的自由。内在的自由表现为以下三个方面。

1. 发生的一切事情都是神的旨意，人要欣然接受。假设生病了，根本无须抱怨，要把生病当作是神的安排而欣然接受。事实上，这种事不接受也得接受。

2. 主动改变对事件的判断及态度。斯多亚学派认为，人不能阻止命运带来的快乐和痛苦，但可以改变自己的判断，认为快乐并非好事，痛苦并非坏事，从而保持自我满足的自豪感。

3. 肯定神安排的一切都很好，由此变成一种乐观主义。因此，人的自由在于主动改变自己内心的态度。

学习斯多亚学派时要注意，他们对同一样东西会采用许多不同的表述。譬如上帝是宇宙的法则，人的理性与宇宙法则相呼应，类似于天人感应。人要按照理性来生活，就是要按照自然来生活。英文的nature，既代表自然，也代表本性。人的本性就是理性，懂得这一点，就不会去做法律禁止的事情。

什么是德行？德行就是依理性而活，也就是依自然而活。我们要分辨斯多亚学派所谓的"自然"和犬儒主义的用法不同。斯多亚学派的"自然"不是指原始的本能，而是指"依理性而活"。人的本性就是理性，理性可以了解宇宙的秩序与自然的原理，进而肯定这一切都在人的灵魂之中。因此，人应该为了自身的目的去行动，而不是因为希望、恐惧或外在的动机而去行动。这样一来，就把自由从外在转向内在，变成自己理性的理解和觉悟。

（二）对善恶的判断

斯多亚学派认为，按照理性（人的本性）做出选择，履行一切适当的责任就是善。行为本身无关乎善恶，善恶在于动机，在于人的意念或意向。在人的意志中缺乏正确的秩序就是恶，亦即人的意向没有得到理性的引导。

斯多亚学派对于善恶的判断观点比较特别，且这种观点从早期到晚期在逐渐改变。早期观点认为，世上只有善和恶两种人。美德或德行是一个整体，各种美德相伴而生，若有德行便不可能有任何恶行，若非全善，即是全恶，没有中间阶段。斯多亚学派有时也被称作"严格主义"，因为太过严格，对于德行没有中间渐进的过程。

对于这种观念可以这样理解，譬如有两个人前往台北，一个人说"我现在距台北 50 公里"，另一个人说"我比较近，距台北只有 5 公里"，但他们都还没有到台北，目标都未达成，并非接近就代表更好。斯多亚学派的说法旨在强调人格的完整性，因为古代对于人格的了解比较单纯。现代心理学对人格的看法则比较复杂，最夸张的说法是，一个人竟然有 26 种不同的人格。

从斯多亚学派开始，人格在历史上第一次成为判断一个人生命价值的决定性原则。一个人征服世界等于是要征服自己的情感、冲动和欲望，从而不受外界干扰。有智慧的人会根据合理的原因为国家或朋友受苦受难，甚至牺牲生命。他们对于善恶的基本观念就是"若非全有，即是全无"，西方有一句广为人知的话"All or nothing"，就是从这里衍生出来的。这显然是相当极端的观点。

（三）世界主义的萌芽

斯多亚学派认为宇宙是统一的整体，来自同一个神，由同一定律所支配，从而形成一个完整的结构。人类虽有民族、地区、观念上的不同，但人的理性都是一样的，因此人类属于同一类，真正的爱智者应该成为世界公民。从这里就衍生出世界主义，它的原意是把宇宙看作一个整体，英文是 cosmopolitanism，cosmo 就是宇宙，politanism 就是要把宇宙当作一个城邦、一个国家。因此，斯多亚学派在道德上的要求较为特别。一方面，人是自己的主宰，要追求内心的平静。德行就是皈依于一种普遍主宰的力量，人的德行从属于自然界的规律，也就是神的规律。另一方面，世间所有人都跟你一样，应该形成世界一家的观念，这称为世界主义。

收获与启发

1. 要把人的自由理解为：自由就是有意识地情愿去做必须做的事，一切都在必然性的控制之下，一切都是命运的安排。命运与上帝或普遍的理性是一样的，因此人的自由完全是内在的自由。通过理性的了解，改变自己对事件的判断及态度，把任何事件都当作神的旨意欣然接受。以此而论，人还是自由的。

2. 早期斯多亚学派对于善恶的判断非常严格，甚至走向极端，他们认为一个人或是善人或是恶人，没有中间阶段。一个正在修炼的人尚未达到善的程度，他就还是恶人。一旦进入善的世界，他就进入了一个特殊领域，一切言行表现全都合乎善的要求。这与现实生活显然颇有差距。斯多亚学派的后代学者逐步修正这种观点，进一步强调修德的重要性。

3. 斯多亚学派表现出一种世界主义。尽管世人在生活地区、所属国家、风俗习惯、宗教信仰方面各不相同，但人的理性是相同的。我们都是人类，应该组成共同的国家；我们都是世界公民，应该发展世界主义。这种观念显示一定的高贵性，令人向往。

许多西方学者如果在政治上或宗教上没有明确的个人信仰，通常会欣赏斯多亚学派的观点，进而在言行上有类似的表现，虽不能至，心向往之。我们很难想象，一个封闭的系统最后能演变出对人格尊严的肯定。

你是否使用过斯多亚学派的方法？当遇到一件事的时候，心想既然已经发生了，无可奈何，不如改变对这件事的态度而安心接受，最后发现一切都有它的道理。就像斯多亚学派的创始人芝诺因为遭遇海难而学习哲学，建立了斯多亚学派，最后把这一切说成是神的安排。

补充说明

有关自由的问题非常复杂，将来会一再出现。到目前为止，所谓的"自由"简单说来有三种。

第一种，只要你身体健康，就有自由行动的可能。你可以跑来跑去做很多事，譬如念书、上班。

第二种，只要你心智正常、能思考，你就有自由。对于每天发生的事，你可以被动地接受它；同时你可以思考，了解事情的前因后果，知道那件事对自己的影响，自己在其中扮演了什么角色。一般认为，身体健康、可以自由行动是外在的自由；心智正常、可以针对每天发生的事进行自由思考，这虽有被动性，但至少是一种内在的自由。

第三种也是一种内在的自由，即亚里士多德所谓的"人生最高的幸福是观想"。观想要按照自己的知识水平，它基本上不需要有任何行动，不是为了使潜能得到实现，也不是为了应对日常生活的被动反应，它没有明确的外在目的。针对我过去的经历、针对别人的遭遇或者针对整个自然界，都可以从事观想。观想本身不带来行动，也没有情绪上的反应，这可以说是自由的极致。

外在的行动自由与内在的心理自由都是人的本能，只有达到观想的程度，才能显示有理性的生命的最高境界。自由是一个复杂的题材，很多哲学家都有自己的看法，在后续的章节遇到相关问题时会再做进一步的说明。

入世精神的典型

斯多亚学派前后绵延了 500 多年，我们要在中间穿插介绍一位罗马哲学家西塞罗（Marcus Tullius Cicero, 106—43 B.C.）。本节主题是入世精神的典型。公元前 146 年，罗马在军事上征服了希腊，但在文化上，希腊反而对罗马产生了广泛的影响。正是西塞罗将希腊哲学以通俗易懂的方式介绍给了罗马人。

本节将介绍以下三点：

第一，西塞罗寻找人生之路；

第二，西塞罗的哲学立场是折衷主义；

第二，西塞罗对后代的影响。

（一）西塞罗寻找人生之路

西塞罗年轻时曾到过雅典附近的德尔菲神殿，他向神请教："我怎样才能获得最大的名声？"得到的回答是："你要以自己的本性，而不要以舆论作为生活的指南。"神是在提醒西塞罗，要想获得最大的名声，一定要顺着自己的本性加以发挥，而不要整天注意别人对他的评论。

西塞罗确实做到了。他年轻时广泛学习各种哲学，后来了解到希腊人在演讲术方面成就非凡，于是向一位当时著名的希腊学者学习演讲。这位希腊学者不懂罗马时代的主要语言拉丁文，就要求西塞罗用希腊文进行演讲。西塞罗才华横溢，他用希腊文做的演讲博得周围听众的一致赞美。这位老师沉默几分钟之后才说："西塞罗，我佩服你，也赞美你，但我怜悯希腊，因为演讲与口才是希腊仅存的光荣，这些光荣现在却被你转移到罗马名下了。"

西塞罗的演讲术在当时堪称一流，据说恺撒（Gaius Julius Caesar, 100—44 B.C.）听到他的演讲也感动得全身颤抖。那时正处于罗马帝国的形成阶段，罗马帝国正式建立于公元前 27 年，西塞罗在此之前已过世了，但西塞罗的一生都与罗马的政治密切相关。

西塞罗一生大部分时间都在从政，在此之前他一直研习哲学，到了晚年，他又回到哲学的怀抱。西塞罗的从政经历令人刮目相看，他正处于罗马帝国建立之前的"前三头"阶段。

在罗马帝国建立之前，有所谓的"前三头"和"后三头"："前三头"是指庞培（Gnaeus Pompey, 106—48 B.C.）、恺撒以及克拉苏（Marcus Licinius Crassus, 约 115—53 B.C.）；"后三头"是指安东尼（Mark Antony, 约 83—30 B.C.）、屋大维（Gaius Octavius Augustus, 63 B.C.—14 A.D.）以及雷必达（Marcus Aemilius Ray Lepidus, 约 89—13 B.C.）。这些人都拥有财富、权力或军队，可惜西塞罗支持的庞培最后败于恺撒，所以西塞罗的下场并不理想。

西塞罗在公元前 63 年被选为首席执政官，并因其政绩荣获"祖国之父"的尊号。很难想象一位哲学家、修辞学家、辩论家能达到如此高的政治地位。在后来的政治斗争中，他被放逐而流亡海外。在他流亡期间，罗马的元老院为他穿起丧服，在没有通过他回国的决议之前，不敢讨论其他任何议案。可见，他受到当时社会的广泛尊重。

（二）西塞罗的哲学立场是折衷主义

所谓的"折衷主义"有点像中国古代的杂家，吸收各家各派思想的精华，但它本身缺乏原创性。西塞罗承认自己学习的是苏格拉底与柏拉图，他对柏拉图的《对话录》推崇备至，他说："如果爱神丘比特可以写作的话，他的作品应该就像柏拉图所写的一样。"

其实，西塞罗对于古希腊各个学派都有研究，但他没有建构出自己的系统。他承认自己的作品是复制品，但他的特长在于，可以把希腊思想巧妙而充分地介绍给罗马人。他的哲学有以下三点特色。

1. 他的作品是标准的哲普作品，适合普及大众，一般人都听得懂。

我年轻时阅读方东美先生的著作，他引用西塞罗的一句话来鼓励大家学好哲学："哲学，人生的导师、至善的良友、罪恶的劲敌，如果没有你，人生又值得什么！"有了哲学的指导与陪伴，人生就有了明确的方向——要设法行善避恶，人由此可以展现其特有的价值。

2. 他的思想对一般人来说是非常高档的心灵鸡汤。

他认为人的道德意识是与生俱来的，每个人天生具有内在的道德观念，它 ·方面出于人性，另一方面也由普遍的公意（大家的意见）所决定。这就是说，道德一方面有人性的依据（可惜他对人性未做充分的说明），另一方面道德也表现在社会上，展现于法律和风俗习惯中。他的伦理学强调，一个人有德行就能获得幸福，但对于外在资产也不必排斥，这有点像亚里士多德的漫步学派的说法。他也认为，智者应该免于情绪与欲望的困扰，这些都是希腊哲学家发展出来的观点。

3. 他认为民间宗教混淆不清，需要加以净化。

他要祛除粗劣的迷信以及各种有关神明恶行的描述，只保存两点：神明是眷顾人的，人的灵魂是不死的。掌握这两点，宗教就能与一般人的生活需求相结合，也能助人逐步提升道德水平。

此外，他还强调"人类之爱"的理想。他引述柏拉图的一封书信："理性鼓励众人扩大心胸，从亲友之爱推广而形成社会之情，要与同胞结合，再与人类结合。理性提醒世人，人活着不只是为了自己，同时也要为国家、为人类，所以留给自己一小部分资产就够了。"这种从理性出发推广为人类主义的思想，显然与斯多亚学派的观点相吻合。可见，西塞罗确实表现出折衷主义的特色。

综上所述，西塞罗是典型的罗马哲学家，他的思想属于折衷主义，即把他认为最好的、最适合大众的哲学思想整合起来，但缺乏完整的系统和原创的见解。同时，他年轻时学过演讲术，能充分表达自己的思想。他一生的大部分时间都花在从政上，对罗马的百姓有一定贡献。

（三）西塞罗对后代的影响

西塞罗真正的影响力表现在文艺复兴之后，高潮出现在启蒙运动之中。启蒙运动的学者大力推崇西塞罗。法国百科全书派的主编狄德罗（Denis Diderot, 1713—1784）说："西塞罗确实是罗马哲学家第一人。"《论法的精神》的作者孟德斯鸠（Montesquieu, 1689—1755）说："西塞罗是罗马人之中能把哲学从学者手中抽离出来，并解决其外语障碍的第一人。"这是说他能把希腊文顺利地转换成拉丁文来表达。英国哲学家休谟甚至说："西塞罗的声望现在如日中天，亚里士多德反而全面式微了。"

另一位启蒙运动的代表人物伏尔泰写过一部名叫《拯救罗马》的剧本，他曾自己上台扮演西塞罗，观众认为他简直把西塞罗演活了。《罗马帝国衰亡史》的作者历史学家吉本（Edward Gibbon, 1737—

1794）读遍了西塞罗的书信与演说集，最后说："我从中感受到语言之美，呼吸到一种精神的自由，从他的训示中体会到公共意识与个人意识的分野。"

西塞罗所处的年代，哲学已从希腊时代过渡到希腊化时代，并逐步进入到罗马时代。

课后思考

假如你是西塞罗，从前面介绍过的哲学家当中，你会选择哪三位哲学家，把他们的主要观点整合为个人生活的参考，并可以向别人介绍？

补充说明

"折衷主义"在哲学上一向是个批评的字眼，他们综合别人的思想，将其中的精华加以整合，这就好像一盆插花，里面什么花都有，颜色搭配合宜，但只能放在特定场合进行观赏；也像个园林，里面有假山和各种植物，但那不是真正的山，也不是自然生长的植物。我们在学习中要广泛撷取各家的优秀思想，但最终还是要发展出一套一以贯之的哲学。

我也常用"化隐为显"这个词，哲学就是要把一个人"隐然"接受的观念变成"显然"的，使它呈现出来，呈现的过程需要有一贯的系统，否则不会产生创见。我们要感谢前代哲学家，正是由于他们提出原创的思想，才使后代像西塞罗等人能够予以折衷。西塞罗更像是一座桥梁，只是发挥了联系的作用。

西塞罗《论义务》的四种德行

西塞罗是罗马时代典型的哲学家，他的思想属于折衷主义，即把他认为最好的东西统整在一起，而不在乎自己的思想是否构成完整的系统，是否具有创造性。

他对后代影响最深的著作是《论义务》，书中阐述一个人在什么职位上应该尽什么责任，人应该如何生活才能尽好个人义务。有的地方将此书译为《义务论》，但"义务论"是伦理学中一种有关义务的特定主张，容易造成混淆，因此最好翻译成《论义务》。

《论义务》里提到四种德行，这可追溯到古希腊时代柏拉图的思想。柏拉图谈到四种关键的德行——明智、勇敢、节制、正义，称为"四枢德"，其顺序不能随意改变。柏拉图将城邦中的人分为三种：一是管理城邦的统治阶级，他们需要的是明智；二是保家卫国的卫士阶级，他们需要的是勇敢；三是一般百姓，他们有各种欲望和情绪的冲动，需要加以节制。明智、勇敢、节制分别对应于古希腊时代的三个阶级，确定了各阶级的理想。排在最后的"正义"是指，每个阶级按照各自的责任和能力，努力安排好自己的生活。因此，正义是普遍的要求，每个人都要有一定的分寸。

西塞罗不仅改变了柏拉图"四枢德"的排列顺序，而且还更换了其中一个词。按照《论义务》中的顺序，以下分别加以说明：

第一，明智；

第二，正义；

第三，雄心；

第四，节制。

（一）明智

明智是什么？我们一再强调，不要将"明智"一词翻译为智慧。在希腊文和拉丁文中，"明智"和"智慧"是不同的词。"智慧"就是 sophia，因此哲学（philosophia）就是爱智慧。"明智"代表一个人懂得如何使用聪明才智，如何为人处事。智慧是属灵的，所以人只能爱好智慧，慢慢接近智慧，却不能完全拥有智慧；而明智是人可以获得的能力，一个人可以充分运用他的能力，知道如何取舍。

在西塞罗看来，四种德行中排第一的当然是明智，就是要了解真理，同时要把真理与实际生活联系起来。了解真理分两方面：一方面要了解神与人的关系，另一方面还要了解人与人的关系。

罗马时代是多神论，神与人的关系很密切。在电影中经常出现这样的画面，罗马将军在作战之前，会在帐篷里拿出几个木刻或石塑的神像默默祷告，似乎神总在扮演着某些功能，可以使人得到保佑和祝福。除了神与人的关系之外，还要了解世俗事务的知识。再进一步，就是要对社会引导出的义务加以了解。义务是人在世界上最重要的。所谓"明智"，就是对义务有基本的、正确的认识。

（二）正义

西塞罗认为，正义是最值得尊敬的。人光有明智还不够，如果没有正义，明智反而可能对社会有害。这就与中国人常说的"要德才兼备"类似，如果一个人有才无德，他的"才"反而可能给社会造成灾难。

西塞罗认为，"德"在正义方面表现得最为具体。人性有两个特色：一个是爱自己，一个是爱别人。组成一个国家之后，就要设法维持人群之间的联系，分配给每一个人应得之物，同时要确保对约定的承诺。换言之，一个社会应该让每个人都各取所"值"，你值多少就分给你多少；同时你与别人有任何约定，都要遵守承诺。这些观念在现代社会中已被普遍接受。人与人相处要有适当的关系；一个人付出多少代价，就应该有多少收获；做出任何约定之后，就要设法履约：这些都是正义最根本的内涵。

正义有两个具体的任务。

1. 不要使任何人伤害别人，不但你自己不要伤害别人，也不要让别人伤害别人。

2. 要区分公私财产，公有财产由公共使用，私有财产由个人支配。这都是社会生活所需的观念。

西塞罗进一步补充说，"正义"应该加上"慷慨"。所谓的"慷慨"包括三点。

1. 不用非正义的方式从事慷慨的行为。等于是慷他人之慨，把别人的财物拿来帮助自己的朋友。

2. 慷慨的行为不能超过自己的财富能力。譬如我只有一万块钱，为了表现慷慨而捐出两万块钱，最后自己也吃不消。

3. 慷慨的对象应该是有善意、可以回报我的人。这类似于孔子所说的"以德报德"。如果缺乏慷慨，正义就会变成抽象的概念。

西塞罗还强调，正义的基础是诚信。如果没有诚信，正义就变成"言而无信"，从而无法实践。他认为，正义是最光彩、最耀眼的德行；如果没有正义，明智也不会产生什么效果。西塞罗说："正义是一切德行的女王。"

在谈到正义时，他肯定一个人可以拥有私有财产，这样才能表现出一个人在政治上和社会上的地位和价值。

(三)雄心

古希腊时代强调勇敢，主要针对的是保家卫国的卫士；西塞罗则强调雄心，说明人应该有大的气魄和胸襟，其中包括勇气和耐心。人要有雄心去保卫社会，以除恶为目标，但要以正义为基础；不求个人的权力与名声，只希望维系道德；不管在顺境或逆境，都要保持平和的心境。

有雄心者表现三点特色：

1. 参与公共事务，不能像一般百姓只注意个人生活需求；

2. 致力于研究学问，才能看得更远，有更高的理想；

3. 可以努力追求财富，在国家或亲友有需要的时候，可以大方分享，否则如何表现自己的雄心壮志？

中国古代的范蠡在帮助越王句践成功复国后离开政坛，改名陶朱公，做生意赚钱，三度散尽千金帮助家人、亲戚、朋友和穷困之人，他可以作为有雄心者的一个例证。所以人应该志向高远，努力使自己成为国家、社会的栋梁之才。西塞罗一生的大多数时间都用来从政，并有相当杰出的表现，他亲自实践了"雄心"这一德行。

(四)节制

节制就是言行适当。人可以多才多艺，但若要投入社会，还是要有专业。西塞罗认为人在选择从事何种工作时，要考虑以下四点。

1. 要考虑普遍的人性。按理性原则思考，使工作符合人性的要求。

2. 要考虑个人特有的天赋。分析自己在哪方面有更大的才华，可以达到更高的职业成就。

3. 要配合环境、机遇和条件。人不能离开社会和政治，因此要审时度势，在适当的时机做适当的事。

4. 要符合个人的意愿。个人做出选择后就要承担后续的责任。

综合上述四点，就是西塞罗所说的节制。

收获与启发

1. 明智有两个重点：一、要注意到神与人的关系，这属于信仰的范畴；二、要注意到人与人的关系，这属于人间的范畴。一个人明智的话，对于人生根本的信仰会有一定的立场，对于现实世界也会有明确的认识。

2. 谈到正义时，要注意到慷慨与诚信这两个条件。

3. 谈到雄心时，可用一句名言来概括："计利当计天下利，求名应求万世名"，这是一种非常开阔的境界。西塞罗是一位政治家，对于名利当然不会排斥。

4. 节制就是一个人在选择自己的人生道路时，要有通盘的考虑，一旦选择之后就要承担后续的责任。

《论义务》一书对后代产生深远的影响。马基雅维利在《君主论》一书中多次引述西塞罗的《论义务》，认为君王应该慷慨、仁慈以及严肃。英国哲学家洛克在《政府二论》中参考了西塞罗的观点，认为政府应该保护私产。《国富论》的作者亚当·斯密曾谈到如何才是合宜。康德的《伦理学》也从《论义务》中得到诸多启发。密尔在《论自由》一书中，主张政府要减少干预个人，这同样来自西塞罗的启发。

根据西塞罗所说的节制，你在选择目前所从事的工作时，是否也考虑过这四点：合乎理性、配合天赋、参考机缘及个人意愿？

10-5

勇敢面对命运

从本节开始，要依次介绍斯多亚学派晚期的三位有代表性的罗马哲学家，他们的年代都在公元之后。第一位是塞涅卡（Seneca, 4 B.C.—65 A.D.），他是一位朝臣；第二位是爱比克泰德，他是罗马皇帝侍卫的奴隶，后来被解放了；第三位是罗马皇帝奥勒留。本节先介绍塞涅卡，主题是勇敢面对命运。

本节内容包括以下三点：

第一，塞涅卡一生的复杂遭遇；

第二，塞涅卡在哲学上的进展；

第三，塞涅卡如何面对挫折？

（一）塞涅卡一生的复杂遭遇

一个人如果享受过富贵荣华，后来又遭受委屈而被要求自杀，他对人生的体验应该比一般人要深刻得多。塞涅卡也是一位帝王之师，他曾担任罗马皇帝尼禄的私人教师 15 年，但尼禄皇帝是一位著名的暴君。

公元 64 年罗马城发生大火，起因一直没有定论，塞涅卡被人冤枉，说他阴谋推翻尼禄皇帝，尼禄皇帝于是裁决让他自杀。塞涅卡说：

"在谋杀自己的母亲与兄弟之后，仅剩的就是谋杀自己的老师了。"他以这样的话来宽慰自己，但他的朋友们忍不住失声痛哭。他劝阻这些朋友说："你们读的哲学到哪里去了？对抗灾祸的决心又到哪里去了？"塞涅卡特别推崇苏格拉底，说苏格拉底直到生命的终点，仍维持着一贯的态度，处在命运女神的威迫之下，却依旧泰然自若。

塞涅卡充分显示出斯多亚学派的平静与自制，可以承受任何打击。他说："我的生命是属于哲学的，至少这是我对它的义务。"他的另一句话也能代表斯多亚学派的立场，他说："我们无力改变万物的秩序，我们的灵魂必须将自己安置于自己的法则中，我们无法改善，最好就是忍受。"

（二）塞涅卡在哲学上的进展

斯多亚学派的创始人芝诺对于道德的看法是严格的二分法——或是全善或是全恶，没有中间阶段。塞涅卡的观点则趋于缓和，他认为人的道德始终处于一种挣扎的状态，所以尽量不要再按以前的方法思考人的道德问题。人可以慢慢进德修业，包括三个阶段：第一种人，他离开了许多罪恶，但还剩一些；第二种人，他养成了毅力，可以拒绝一般的罪恶，但有时难免再犯；第三种人，他已经不再犯任何罪恶，但还是缺乏信心，对自己的智慧没有充分的把握，他已经慢慢接近智慧与完美的德行。塞涅卡将进德分为三个阶段，这让每一个人都有希望，可以慢慢努力，这修正了早期斯多亚学派的严格主义。

另一方面，他认为不论称为上帝、逻各斯、宙斯还是理性，上帝不再是完全"唯物论"的，它应该是超越物质的。与此同时，他把原来斯多亚学派形而上学的一元论（或称唯物论或泛神论），逐渐改为二元论的倾向，认为人有心也有物，有灵也有身，可以慢慢修炼自己。他说："身体是加于灵魂的负担与苦刑，灵魂在重压之下陷于桎桔。"不用太过于排斥有形的资产，可是外在的资产并不会带来真正的幸福，那只是命运之神的虚幻礼物。由于塞涅卡年轻时便拥有丰富的资产，所以他对于世俗的产业并不排斥。

他曾连用几段话来阐述人生到底什么是重要的。他说："人生有什么事是重要的？不是名利权位，而是要观看心中的宇宙，克服恶劣的行为。很多人曾经控制土地与人民，但是很少人曾经控制自己。人生有什么事是重要的？提升心灵不要受机运所左右，不要离开属神之物。人生有什么事是重要的？要心存喜悦，忍受灾难。人生有什么事是重要的？人的自由不在于罗马公民权，而在于自然的权利，逃避自我的奴役才是自由的，一个人最悲惨的奴役是做自己的奴隶。"这些话听起来让人觉得相当振奋。

（三）塞涅卡如何面对挫折？

一个人遭遇挫折时该怎么办？塞涅卡谈到三个最明显的挫折：一是愤怒，二是震惊，三是忧虑。

1. 愤怒

要怎样对待愤怒？当你先相信了某些状况，后来发现事实与你想象的完全不同，自己的看法被扭曲和颠覆的时候，你就会感到愤怒，就好像别人突然违背了契约一样。这时候唯有改变观念，才能改变愤怒的倾向。哲学就是要帮助人与现实相协调，使人调整自己的期望，与现实的不完美相妥协，由此可使愤怒逐步减轻，直至完全化解。

2. 震惊

这一点特别值得注意。古希腊时代的天神宙斯到罗马时代改名为朱庇特（Jupiter）。朱庇特的长女就是命运女神，她一手持羊角，一手持方向舵，负责掌管命运。羊角代表给人恩宠的权力，命运女神可以任意施人以恩宠；方向舵代表她能随意改变人的命运，她先赐给你礼物，然后让你陷于灾难。塞涅卡的一句话让人听了心惊胆战，即"没有什么事是命运女神不敢做的"。塞涅卡说："人是一点轻微的摇晃就会碎裂的容器。造物者并未创造出任何永恒的东西。"没人保证你能活过今晚，活过这个小时。我们生活在注定会死亡的万物之中，所以根本不必震惊，发生任何事都不必惊讶。

3. 忧虑

塞涅卡认为人活在世界上不必太过忧虑。他说："请不要再阻止哲学家拥有金钱，没人说拥有智慧就应该贫穷。"有智慧的人不会失去任何东西，他拥有自身所拥有的一切。一个人心灵的平静并不仰赖于命运，除非内心保持平静，否则任何地方都是嘈杂之地。你觉得自己目前的情况不够理想该怎么办？忧虑无用。

他特别提到，如果要保持创造的原动力，就要常问自己："就只能这样吗？就只能这样吗？"所谓"智慧"，就是分辨什么是可以改变的，什么是必须接受的。对于必须接受的，就安静接受吧；对于可以改变的，就认真努力加以改善。人还是自由的，可以自愿地、自发地接受必然的事情。这是斯多亚学派的一贯主张。

当时罗马有一位贵族失去了儿子，三年后仍沉浸在哀伤中无法自拔。塞涅卡说了一句至今仍被广为传诵的名言，他说："何必为了生命的某一部分哭泣？全部生命的本身就是值得让人哭泣的。"

1. 罗马哲学重视实践，主张入世，希望人活在世界上，能够修养德行，并由此获得幸福。塞涅卡曾经担任皇帝的老师15年，后来被冤枉而自杀。他对人生的观察与体验显然比一般人更为深刻。

2. 塞涅卡开始修正早期斯多亚学派的严格二分法——德行若非全有、即是全无，其实这并非二分法而是一元论，因为没有其他对照的可能。塞涅卡慢慢加以协调，他认为德行应该有修养的阶段，从不理想慢慢修养到理想，让所有人都有提升的机会。

3. 他分析了愤怒、震惊与忧虑等感受，提出如何对待挫折的观念，帮助众人化解人生的困难。

启蒙时代的思想家对于塞涅卡非常地推崇，譬如《百科全书》的主编狄德罗就这样说："读了塞涅卡的作品之后，我是否跟还没有读它之前不一样？肯定是的，绝对是的。"这句话有点像是北宋学者程颐（1033—1107）的说法："一个人读了《论语》之后，如果像读《论语》之前一样，完全没有改变，他就是没有读过《论语》。"

课后思考

塞涅卡说："没有什么事是命运女神不敢做的。"人活在世界上，随时都要有这样的心理准备，任何事情的发生都很难预测。你能否从个人的经验里，回想起你遭遇过的令你震惊的突发事件，事情过后你有哪些体会？

关于命运，可以做三点思考。

1. 面对命运的不幸遭遇，该如何判断？

如果这件事属于意料之外、情理之中，就可以接受。这合乎孟子所说的"莫非命也，顺受其正"（《孟子·尽心上》），即没有一样遭遇不是命运，顺着情理去接受它正当的部分。既然这件事情在别人身上、在古人身上可能发生，那么发生在我身上就不必太难过，这属于情理之中，可以接受。当然，孟子说的"顺受其正"还是要你坚持走在正路上。

2. 如何响应这样的命运？

有些人想到，"接受不可改变的，努力改变可改变的，这是内在的自由"，这是很好的观点。我们可以进一步思考。譬如对孔子来说，有人描写他是"知其不可而为之者也"（《论语·宪问》）。孔子明知理想不能实现，他还是照样努力奋斗，因为他的内心有对自我的要求，他认为自己可以尽力改变一些现状，所以要"知其不可而为之"。而庄子属于道家，他是"知其不可奈何而安之若命"（《庄子·人间世》），即安心接受不可改变的。

3. 注意结果

"结果好，一切都好"（Ende gut, alles gut.）是一句德国谚语。不管碰到什么遭遇，也许令你难以接受或非常难堪，但如果因此而觉悟，知道未来该何去何从，则未尝不是一件好事。

第二二章

希腊哲学没有画下完美句点

11-1

还是修养自己吧

本章的主题是希腊哲学没有画下完美句点。在西方哲学史上，通常会把希腊与罗马放在一起，这是因为罗马哲学缺乏特色，只是让希腊哲学，尤其是斯多亚学派继续发展。此后上场的是长达 1300 多年的中世纪哲学。

斯多亚学派后期三位有代表性的罗马哲学家与政治都有密切关系，塞涅卡是尼禄皇帝的老师与顾问，爱比克泰德则是尼禄皇帝一名侍卫的奴隶，他出身卑微，后被解放为自由人，住在罗马。后来他在其他地方建立了自己的学派，学生把他的思想印成小册子，叫做《伦理学袖珍》(*Enchiridion*，又译为《手册》)。本节要介绍爱比克泰德（ Epictetus, 约 50—约 135)《伦理学袖珍》一书的重点，包括以下三点：

第一，修德的责任；

第二，哲学的教导；

第三，意志的训练。

（一）修德的责任

斯多亚学派的传统是一元论思想，结合了泛神论与唯物论，它用不同名称描写神，旨在说明神的不同功能。凡是与纯粹物质不一样的东西都可以称作神,包括宙斯、逻各斯、知性、人的理性、意志、良心,都属于这一范畴。简而言之,神就是世界的意识。

人最明显的特色是理性,这正是神赋予人类的特色,每个人都分享着神的这一部分。理性就是理智、意志或良心,斯多亚学派对这三个词也未做明确区分。理智代表合理的思考,意志代表正确的抉择,良心代表人的本性对内心的要求,三者合称理性。理性是人区别于其他动物最宝贵的特色,如果失去这一部分就不再是人了;其他的一切都是外在的,可多可少,可有可无。人的言行要配合自己心中的神,亦即要配合理性,才能获得幸福。

爱比克泰德说:"人的本性是什么?是咬人、踢人、把别人关起来、杀人?都不是。应该是行善、与人合作以及祝福他人。"他看的是人性中比较阳光的一面。同时,他认为所有人都有初步的道德直观。他的说法非常浅显,但言之有理。他说:"想想看,当你毫无私心地赞美时,你赞美谁呢?你赞美义人,还是不义的人?谦虚的人,还是傲慢的人?温良的人,还是放纵的人?只要不是完全邪恶的人,总能凭借人所共有的善念,看出某些事情的善恶。"这些说法与我们所说的良心大同小异。人只要真诚,就会发现我与别人之间有许多共同之处,应该与别人好好相处,努力行善避恶。

(二)哲学的教导

哲学的教导,就是把我们与生俱来的善恶观念应用在个别情况中。他认为教育有两个重点:一方面,要学习把天生的、原始的善念应用在个别情况中,以求符合人性;另一方面,要学习分辨能力范围之内与能力范围之外的事。有些事属于能力范围之外的事,像健康长寿、荣华富贵、不受皇帝责罚、免于灾祸与死亡,这些事你无法全部掌握;因此要把发生在自己和亲友身上的一切事件都当作神的旨意而安心接受。这是标准的斯多亚学派的思想。而能力范围之内的事，就是自己对于事件的判断和个人意志。因此，教育就是要让自己进行真实的判断，以实现正确的意志。

爱比克泰德认为哲学的教育可以让人了解进德的三个阶段。

1. 要接受告诫。命令自己的欲望遵从正确的理性，摆脱病态的情绪，获得灵魂的平静。

2. 要接受训练。每天检查良心，避开坏朋友与犯罪的机会，保持警觉，恪尽职责，逐渐与别人成为真正的兄弟姊妹以及世界主义的公民。这有点像我们常说的"功过格"，每天检查功过，久而久之，德行自然精进。

3. 要做正确的道德判断。这样一来，我们即使在睡眠、喝醉酒或忧郁时，也不会表现出不检点的态度。

上述说法对年轻人大有裨益。他特别提醒年轻人应该要修饰整洁，从喜欢自然之美到体会道德之美，要培养俭朴的德行。他并不反对财富，因为财富可以让人行善。

爱比克泰德强调尊敬神是一件好事，但首先要知道神是什么。他说，对于神可以有五种不同的态度：第一种人直接说神不存在；第二种人说神虽然存在，但没有先见之明；第三种人说神虽然存在，也有先见之明，但他只管天界的大事，不管人间的琐事；第四种人说神管天界与人间，但他只是泛泛地管，不太注意个别的事；第五种人，就像荷马笔下的希腊神话英雄奥德修斯（Odysseus，伊塔卡国王，参加特洛伊战争后，花了十年才返回家乡）以及苏格拉底，他们都不约而同地说："我的一举一动都逃不出神的耳目。"爱比克泰德显然认为第五种才是正确的态度。他认为神明不但存在，并且用秩序与正义统治一切，我们要安心服从他们，自愿接受一切事件。这也是斯多亚学派的一贯立场。

（三）意志的训练

爱比克泰德认为，善恶的本质在于意志，意志可以克服自身，此外没有东西可以克服它。要用主动的意志去克服罪恶，要主动愿意去行善，因为所有的毁灭都是由内而生，而救援也是由内而生的。所有的罪恶都涉及邪恶的意志，所以要克制和修正邪恶的意志，这是每个人能力范围之内的事。你为什么还不救助自己呢？这种救助轻易无比，你无须求助任何人，也不必去侮辱或控诉任何人。你只须与自己谈话，就会轻易被说服，没有人比你更能说服你自己。他的《伦理学袖珍》有很多地方就像是与自己的心灵在温和地交谈。

经过以上三步骤，最后的结论是：上帝是人类之父，人类生来就是兄弟，难道你忘了你是谁？你所统治的人又是谁？大家都是亲戚，天生都是兄弟，都是宙斯的子孙。最后他提出一句口号："世界一家，博爱人类。"

这本《伦理学袖珍》可谓是一份高档的心灵鸡汤，除了讲述一些鼓励人的小故事之外，它还可以让人沉思冥想，付诸实践。他没有特别强调背后的逻辑、自然哲学以及有关神明的看法，因为他认为自斯多亚学派创立以来，对这些观念已有充分的说明。

一家瑞士疗养院专门收容神经衰弱症和心理失衡症的病人，院长在病人入院时，一定会送给他们一本《伦理学袖珍》的德文翻译本，后来证明这本书对所有病人都有明显的帮助。

英国近代效益主义哲学家边沁（Jeremy Bentham, 1748—1832）说："有一次我去外地迷了路，并且饿了，就坐下来休息了两个小时，随手从口袋中掏出爱比克泰德的《伦理学袖珍》一书，把它当作晚餐。"

这本书对西方学者来说确实很有参考价值。人不能仅凭主观的幻想，还要具体实践以下三个方面：要了解修德的责任全在自己，要经过哲学的教导才知道该如何去做，最后还要进行意志的训练，因为那是一个人行善避恶的关键所在。

(课后思考)

　　针对爱比克泰德所说的进德的三个阶段——第一接受告诫，第二接受训练，第三做正确的判断，你能否根据自己的经验来说明三者中最难做到的是哪一点？

(补充说明)

1. 接受告诫为何困难？

　　因为现代人生活节奏太快，人心往往浮躁，所以接受告诫不容易。接受告诫最好从年幼开始，孩子通常比较容易接受老师、父母的告诫。成年之后，要经常问自己：我是否已经准备好接受别人善意的告诫？良师益友的重要性就在于此。

2. 接受训练为何困难？

　　因为要长期去做才会有效果。大家可以学习袁了凡（1533—1606）的做法，他在《了凡四训》中提到用"功过格"修养自己，每晚睡前检讨一下今天有哪些功，犯了哪些过，并逐条记录下来。经过一段时间便发现，功愈来愈多，过愈来愈少了。王阳明等学者提倡"在事上磨练"，即在具体的事情上、工作上磨练自己，而不要刻意训练德行，通过参加训练班来提高德行是不可能的。

3. 做正确的判断为何困难？

　　因为一切条件都在变化之中，并且无法掌握到一个客观的标准，需要自己去衡量。任何判断都牵涉到这是什么事，跟我有什么关系，跟其他人又有什么关系。对每件事都做出正确的判断非常不容易。

唯一的帝王哲学家

本节要介绍西方历史上唯一的帝王哲学家——罗马皇帝奥勒留（Marcus Aurelius, 121—180）。他从公元 161 年继位到 180 年去世，在位时间长达 20 年。柏拉图曾有一个愿望：或者让哲学家担任君王，或者让君王学习哲学，才能把一个城邦治理好。柏拉图本人试图亲自栽培这样的君王，结果以失败收场。亚里士多德有机会栽培亚历山大大帝，但这个君王对哲学没有太大兴趣。真正具有哲学家和帝王双重身份的只有奥勒留。

奥勒留是罗马时代斯多亚学派的三位代表之一。斯多亚学派在整个西方哲学史上的成就并不是最高的，它不是一个体系完整、具有创见的学派。本节要介绍以下三点：

第一，奥勒留的表现如何？

第二，他如何发展斯多亚学派的学说？

第三，他对人的修养有什么看法？

（一）奥勒留的表现

电影《角斗士》（*Gladiator*）一开场描写的是罗马军队与蛮族作战，有一位穿白袍的老皇帝亲临现场，他就是奥勒留。在电影中，奥勒留被自己的儿子所杀，历史的实际情况并无确证。

奥勒留承认自己空有"帝王哲学家"之名，但是皇帝和哲学家两方面都没有做好，可见他非常真诚。作为皇帝，他必须维护罗马帝国的发展，因此在宗教上不可能采取宽容的态度，他对刚刚上场的天主教徒继续实施迫害。但作为哲学家，他所属的斯多亚学派主张天下一家，人类是一家人，大家都是兄弟姊妹。这样一来，皇帝和哲学家两个身份自然就有了矛盾。

我年轻时学习奥勒留的思想，对他的一句话印象深刻："不要满不在乎地过日子，好像你可以活一千年似的。"我将这句话牢记在心，从此努力把握时间，刻苦学习。

（二）奥勒留如何发展斯多亚学派的学说？

奥勒留如何发展斯多亚学派的学说？从以下三个方面来说明。

1. 依然遵循斯多亚学派的一元论，认为上帝是宇宙的灵魂。

上帝和宇宙是一个整体，这是泛神论；宇宙是物质，这是唯物论。奥勒留说："凡是与我和谐的，也都与你和谐。""你"是指宇宙万物。万物在你之中，万物也回归于你。这种一元论的思想很容易就演变为对世间万物普遍的爱。

2. 作为罗马皇帝，奥勒留认为好公民必须奉行国家的礼仪。

罗马帝国是多神教，因此他自然会对新出现的天主教（属于一神教）进行打压和迫害，以免对国家的宗教领域产生危害。被他迫害的基督徒中有一位很有名，叫做殉道者犹斯丁（Justin Martyr, 110—165），在介绍中世纪哲学的章节会介绍到他的思想。

3. 试图突破斯多亚学派的唯物论立场

唯物论的思想比较狭隘，在奥勒留之前的塞涅卡和爱比克泰德就已经指出，不能只从物质的角度来看。奥勒留认为人由三个部分构成：

身体、灵魂（仍具有物质性）以及知性。人的知性来自宇宙的知性，是上帝的分支之一，它是上帝赐给每个人作为向导的精灵的。如果违背这个精灵的命令，就等于违背理性的命令，那么你的言行表现不仅不合理，也是对神大不敬。不道德就是对神不虔诚。要与诸神同行，就要真心诚意接受神的指令，亦即服从神赐给每一个人的理性，因为理性让人有能力免于腐化。这些都是斯多亚学派的一贯主张。

（三）奥勒留对人的修养的看法

关于人的修养，他提到三个重点。

1. 要同情人的软弱之处

他说："别人冒犯你的话，你要去想他冒犯你的动机是什么？是善还是恶？如果动机是恶，你也不用感到惊讶或愤怒，反而要替他惋惜。"这就是说，与别人相处时，别人得罪了你，你要看他的动机是什么，而不要只看自己的损失是什么。如果知道他确实有难言之隐，你就比较容易谅解他；如果他完全出于恶意，那就替他惋惜吧，因为他走偏了路。

2. 要发挥人的优越之处

他说："人最可贵的地方是能够爱那些甚至是犯错的人，只要你了解人人都是兄弟，犯罪出于无知而非出于故意。"这类似于苏格拉底的说法。奥勒留说："再过一段时间，每一个人的生命都会结束。你从结果的一致性可以往前推，前面许多事情都可以包容，可以原谅。最主要的是没有人能够伤害我们，我们内在的自我并没有因为有人伤害就变得比以前更糟。"

3. 人应该主动行善

他说了一段话非常精准："眼睛不是为了要看见吗？双脚不是为了要走路吗？这正是它们存在的目的，所以你要实现它们的作用。因此，人生的目的在于行善。行善或者为大众谋福利，就实现了人的功能，成为真正的自己。"他的结论是要博爱众人，追随上帝。这与塞涅卡，尤其是与爱比克泰德的观点非常接近。

启蒙运动的学者孟德斯鸠受到奥勒留的很大启发，他说："奥勒留的《沉思录》（*Meditations*）是伟大的古典作品，我几乎要把奥勒留奉为圣人了。"

西方启蒙运动时代，对希腊和罗马初期哲学家的推崇随处可见，这是因为启蒙运动的学者要设法摆脱中世纪 1300 多年过于明确的宗教立场，而回到比较原始的以人为本的立场。因此，他们对于古希腊和罗马初期哲学家的推崇就不足为奇了。

收获与启发

1. 西方哲学史上只有一位真正的帝王哲学家，就是罗马皇帝奥勒留。但他承认自己帝王没做好，哲学家也没做好。他的代表作是用希腊文写的《沉思录》。他的确是难得的统治者，经常用斯多亚学派的思想进行自我反省。神明眷顾每个人，人与神明有亲密的关系。在神明之下，有合理的宇宙秩序。人应该按照自己理性的指示去追随神明。人有博爱众人的责任，要同情人的软弱。这些说法都是对人生非常有益的名言金句。

2. 他发展了斯多亚学派的学说。他接受一元论，这种一元论偏向泛神论，上帝与宇宙合而为一，上帝成为宇宙的灵魂。他也接受多神教，对于刚刚兴起的天主教继续迫害。同时，他试图突破此派的唯物论立场。他认为，人除了身体与物质性的灵魂之外还有知性，知性更能凸显一个人的主要特色。他的修养观提醒我们：要同情人的软弱，发挥人的优越，同时要主动行善。

你是否愿意尝试奥勒留的方法，当别人冒犯你时，先不考虑自己的损失，而要考虑对方的动机？如果对方的动机是好的，就不要怪他，可以与他沟通，消除误会。如果他的动机是坏的，就要考虑他是否有难言之隐，或者替他感到惋惜。

补充说明

1. 要做换位思考。这就像外国人常说的"假如我是你"（If I were you）。换位思考需要有高度的同理心，真正从别人的角度来看问题。对方不一定会把他的动机直接告诉你，这时你要自己去设想。

2. 设法以直报怨。对于别人的冒犯，不能一味地逃避、退让，以直报怨合乎法治的精神。以直报怨与以德报怨不一样，个人可以偶尔实践一两次"以德报怨"，但它不能成为普遍的原则；否则必须说清楚它背后的根据。譬如《老子》中就出现"报怨以德"的说法，这时你就要清楚了解道家的哲学系统是什么。

3. 司法审判也需要考虑一个人的动机。奥勒留的方法就是，当别人冒犯你，你要考虑他的动机是什么：动机是好的则不要怪他，可以通过沟通来化解误会；动机是坏的，就要看他是否有难言之隐，要不然就替他觉得惋惜。

11-3

当犹太教遇上希腊哲学

本节要介绍两大传统的碰撞，主题是当犹太教遇上希腊哲学。这两大传统非常重要，犹太教后来衍生出基督宗教，而希腊哲学一路发展则构成整个西方文明的基础。我们可以简单地用水分子 H_2O 来说明整个人类的文明：第一个 H 代表希腊（Hellas）；第二个 H 代表希伯来（Hebrew），就是犹太人；O 代表东方（Oriental）。想要了解西方文明，无法绕过前面两个 H。

罗马帝国建立之后分为十个行省，犹太省为其中之一，其人口约占罗马帝国总人口的十分之一。全体犹太人都信仰犹太教。犹太教源远流长，已经流传超过 2000 年。当犹太教遇到希腊哲学时会碰撞出怎样的火花？

宗教也希望以合理的方式说明自己的教义，使两种文明可以逐渐协调和沟通。希腊化犹太哲学的首席代表人物是斐罗（Philo, 25 B. C.—40 A.D.），他的年代完全涵盖了耶稣一生短短的 33 年。

当时希腊哲学对犹太人的影响，主要体现在北非的亚历山大城（Alexandria），这座城市是由亚历山大大帝修建的。斐罗是亚历山大城的犹太人派驻罗马的大使，他对于各种文化的冲突与影响有直接的了解，也能做出深刻的反省。

本节要介绍斐罗思想的三个重点。

第一，他要设法协调希腊哲学和犹太教，说明犹太教的神是怎么回事。

第二，他要找到神和世界的中介，说明神与世界的关系如何。

第三，他要融合宗教与哲学，说明人生的目的何在。

（一）犹太教的神与希腊哲学的初步协调

在宗教上有所谓"三大一神教"的说法。"三大一神教"是指：第一是犹太教；第二是基督宗教，包括"一教三系"，即天主教、东正教和基督教（新教）；第三是伊斯兰教。这三大宗教是非常明确的"一神教"，它们的来源都是犹太教。

对犹太人来说，他们的《圣经》就是今日《圣经·旧约》的前五篇，称为《摩西五经》。这是摩西率领犹太人出埃及时所流传下来的，是犹太人的主要经典。斐罗很有信心地认为，摩西曾经启发了两位希腊哲学家——柏拉图与亚里士多德。但这一说法并没有历史根据。

犹太教的上帝非常特别，他是唯一的，完全超越人间所有的一切，是绝对的、无限的、完美的、不可思议的；但上帝也有位格。这里所说的"位格"，与后面基督宗教的"三位一体"毫无关系。"上帝有位格"代表上帝像人一样，能够认知，有情感，有意愿。用再多的词都无法准确描述上帝，总之他超越一切，甚至超越柏拉图所说的最高的"善的理型"，也超越亚里士多德所说的"第一个本身不动的推动者"。犹太教的上帝在人类历史舞台上高调登场。斐罗第一步要做的是与希腊哲学进行沟通，他认为犹太教的上帝是最高的，其他的神都有一定的限度。

（二）犹太教的神与万物之间的中介

上帝与万物如何联系是一个很大的问题。上帝是完美的、唯一的，万物是多样的、有限的。如果上帝直接创造万物，则无限的上帝和有限的世界就产生了某种关系，这会使上帝本身受到干扰和影响。斐罗从希腊哲学中学到如何找到神与万物之间的中介。

最有资格作为中介的只有两个：一个是逻各斯，另一个是知性。逻各斯是由赫拉克利特提出来的；知性则是阿那克萨戈拉提出来的，他曾经让苏格拉底惊艳后又转为失望。无论逻各斯还是知性，都表现出一种理性安排的特色。它们不是上帝，而是一个中介的存在。逻各斯被使用的次数更多，因为它一方面代表理性，一方面又代表人的言语，理性是言语的根源；所以，逻各斯就成为上帝创造世界的工具。

斐罗认为，上帝借着逻各斯来创造世界，这是渐进的过程，好像一种流衍出来的过程。流出是比喻，好像光线由一个中心发射，随着距离愈来愈远，会由明亮而逐渐黯淡。

简而言之，上帝是绝对超越的，你只能称他为存在。在《圣经·旧约》当中，摩西带领犹太人出埃及，摩西在西奈山中遇到上帝显灵，他问上帝的名字，上帝回答："I am who I am."（我是自有永有者）。英文用"现在式"表示"永恒的现在"，既没有过去，也没有未来，永远是自有永有的。无论怎样努力，人的理性只能认知上帝是存在的，但无法认知上帝的本性。要想认识上帝的本性只能依靠犹太教的启示，所以必须要有逻各斯介于上帝与万物之间，上帝借着逻各斯创造了世界。

斐罗的观点对于新柏拉图主义的普罗提诺的思想很有启发，对于后来的基督宗教也有很大的启发。

（三）人生目的

斐罗认为，人生的目的是再度与上帝合而为一，因此人要修养品德，尽可能肖似上帝。要从感性与身体的枷锁中解放自己，甚至也要从理性中拯救自己。只有靠神的恩典，才可使人上升到忘我入神的状态，这称为密契境界（mystic）。一般将 mystic 翻译为"神秘"，但中文的"神秘"一词给人一种不够光明磊落的印象，所以最好翻译为"密契"，代表密接契合，形容与神合而为一的境界。

由此可见，斐罗希望把犹太教与希腊哲学进行有机的融合。我们要注意两点：

1. 斐罗的思想与后来的基督宗教不同，没有"三位一体"的概念，也不认同上帝降生为人；

2. 斐罗借鉴柏拉图的思想，后面的新柏拉图主义也借鉴斐罗的许多想法，斐罗相当于为新柏拉图主义开辟了坦途。

收获与启发

1. 斐罗是犹太人哲学家，他了解古希腊哲学，希望把自己的宗教传统与希腊哲学加以融合，来说明自己的传统有一定的可信度。他首先强调希腊哲学曾受到犹太教的启发，事实是他的学说大量借鉴古希腊哲学的研究成果。犹太教的上帝是唯一的、超越的、纯粹的、完美的存在。无限的上帝和有限的世界万物不可能有直接的联系，否则会对上帝的超越性产生干扰，因此需要一个中介。

2. 这个中介需要具备两个方面的功能：一方面要上承唯一的上帝，另一方面要开启万物。斐罗借用希腊哲学家常用的"逻各斯"作为中介物，从"一"到"多"的过程，就像光线由明到暗的过程。

3. 斐罗认为，人生的目的是与神合一。西方各大宗教认为，密契境界代表人生最高的幸福；不能仅靠理性认知和德行修养，而必需要靠某种特殊的恩典或机缘，才能让一个人达到密契境界。他的说法虽然有拼凑的痕迹，但对于后续的新柏拉图主义和中世纪的宗教哲学都具有启发性。

课后思考

假设万物有同一个来源，那么从这个"一"如何演变或化生为万物之"多"，你能想象出几种可能的说法？

补充说明

关于这个问题，许多人认为宇宙起源于一个大爆炸；也有人从生物学的角度，认为一切都来自于一个单细胞，后面是不断演化的过程。如果将目光放在有形可见的世界，可先做如下分类：1. 日月星辰；2. 山河大地；3. 花草树木；4. 鸟兽虫鱼；5. 人类。大爆炸可以解释全部的五个方面，而生物学只能解释花草树木、鸟兽虫鱼和人类。

不过，我们还是可以问：为什么会有大爆炸？在大爆炸之前是什么？如果宇宙真的起源于大爆炸，那么人生的意义何在？人生有什么目的？我们先不管大爆炸是否能被科学家证实，真的从大爆炸出发的话，你还是不能回答人生意义的问题。人有理性，非思考不可，所以一定会面对这样的问题。

在人类文化的最早期，各民族都有神话，因为人需要理解、需要解释。哲学发展后，这种解释有了基本的模式：宇宙万物充满生灭变化，它本身不能保证自己的存在，因此需要有一个来源、一个力量使它存在。亚里士多德是古希腊哲学的集大成者，他十分重视充满变化的经验世界，但到最后还是要推出理论上非有不可的设定，亦即要有"第一个本身不动的推动者"。

该如何理解"第一个推动者"？我讲一段自己的经验。我女儿上幼儿园时，有一天听老师讲到《圣经》的故事说"人是上帝造的"，她回家后问我："如果人是上帝造的，那上帝是谁造的？"连一个孩子都会提出这样的问题，更何况是大人？当时我对她说："这个问题太复杂，你长大才会懂。"

后来我教大学生的时候，也有学生提出同样的问题，我如此回答："假设上帝是 X 所造，那 X 才是上帝。""那 X 是谁造的？""假设 X 是 Y 所造，那 Y 才是上帝。"你如果不愿意这样无穷地向后追溯，就必须找到一个万物的来源，它创造万物，但其本身不是被造的。亚里士多德的上帝就是如此，他推动万物，但他本身是不动的。

有人说自己是无神论，不愿意听到太多有关神的事情，难道爱智慧就是谈神或上帝吗？不是的，但爱智慧必须问到最根本的问题。你设定一个名词，这个名词所代表的内容没人说得清楚，哲学家只能说那是最高的"善理型"，那是"第一个本身不动的推动者"；宗教家给他各种名称，称他为上帝、梵、阿拉或涅盘。这些只是一个名词，但这个名词有指涉的对象。人不是自找麻烦，而是必须设定一个"一"做为一切的来源。

像老子这样的智者，他在《老子·第四十二章》说："道生一，一生二，二生三，三生万物。"这句话大家耳熟能详，说明中国人已经习惯根据老子这句话来理解宇宙万物从"一"到"多"到底是怎样的过程。中间加上"二"和"三"可以缓和"一"和"多"之间直接接触所造成的复杂情况。老子的"一"、"二"、"三"在第四十二章说得很清楚，不难理解。他所说的"一"是指元气，"二"是指阴气和阳气，"三"是指阴气、阳气以及和气，阴气和阳气以某种比例调和在一起，就构成了世间万物。

所以，当听到哲学家谈到神或上帝，不必太惊讶，他们认为宇宙万物要有一个源头，这个源头本身是"自本自根"的（这四个字是庄子用来描写"道"的），西方认为它是"自因"的（自己是自己的原因），这是人类思维达到最高层次时必须要面对的。

即使像康德这样的大哲学家也要设法论证上帝，他说："上帝不可知，但是上帝又非存在不可。"他为何这么说？后来尼采说"上帝死了"，如果上帝不存在，他又何必在意上帝是否死了呢？尼采认为西方 1000 多年来把上帝作为价值观的基础，但许多信徒的阳奉阴违使这种信仰流于表面形式。

所以，看到西方哲学家谈到上帝或神，你可以将之想象成老子谈到"道"、孔子谈到"天"一样的情况。我们要尊重他们的信仰，参考他们的观点，冷静分析其合理性。

如何协调上下二界？

本节的主题是：如何协调上下二界，介绍古希腊哲学的压轴人物，著名的新柏拉图主义（Neo-Platonism）的代表人物普罗提诺（Plotinus, 204—270），从他之后就要进入中世纪哲学的阶段了。

柏拉图的哲学体系完备，后代有很多人追随他，以他的思想作为基本立场，称为柏拉图主义者。有些学者设法解决柏拉图哲学中的问题，使其可以继续发展，称为新柏拉图主义者。

柏拉图思想中有上下二界的区分。"下界"是指我们看到的经验世界，它是感官的对象，一切都在变动之中，都不可靠。人类若想获得可靠的知识，一定要肯定有一个"上界"存在，柏拉图称之为"理型界"。柏拉图认为，人所看到的一切在理型界都有完美的模型，所以人应该向上提升自己的心灵，以得到真正的智慧。但是这样一来，如何说明经验世界呢？柏拉图的学生亚里士多德便翻转老师的学说，用各种方式来说明变化不是虚幻的，变化也有其原理。

但不管怎样，柏拉图的思想仍具有鲜明的特色，其精神价值特别明显。人要向上提升，追求高尚的生活方式，慢慢接近神明的境界。柏拉图的思想传诸后世，到普罗提诺就形成"新柏拉图主义"。普罗提诺的重点就是要协调上下二界，使其恢复到一元论。因为一旦陷入二元论，就很难解释二元之间的关系如何。

本节要介绍以下三点：

第一，普罗提诺的背景；

第二，普罗提诺的观点；

第三，普罗提诺的思想对人生的启发。

（一）普罗提诺的背景

普罗提诺生于埃及，曾在埃及北方最大的城市——亚历山大城游学。他 28 岁时遇到良师萨卡斯（Ammonius Saccas, 175—242）。萨卡斯是当时最有名望的哲学家，可惜没有留下任何著作。普罗提诺此前一直寻寻觅觅，希望有人指点迷津，最后终于遇到萨卡斯，他知道自己要找的人非他莫属。

普罗提诺后来参加罗马对抗波斯的远征军，40 岁时到罗马创立了学派，吸引众多达官显贵，连当时的罗马皇帝和皇后都来听课。他曾建议皇帝建造一座城叫做柏拉图市，希望实现柏拉图的理想国；皇帝一时冲动答应了，但后来又反悔，因此计划未能实现。

普罗提诺的授课有两点特色：在哲学史上，他是第一位在课堂上欢迎大家提问讨论的，因此课堂气氛生动活泼；另一方面，他是首位允许妇女进入课堂的，这在当时传为美谈。他在罗马的时候，常有人向他请教问题，他的身份俨然就是精神导师。他还收养孤儿，亲自照料，充分显示仁慈和敦厚。他交友广泛，从不树敌。他虽苦修度日，但性格却非常温和。

他的学生波斐利（Porphyry, 232—304）帮他整理著作，将其分为六卷九章。这位学生说："我们老师似乎对于有形可见的身体不感兴趣。"有一次，学生找人要为普罗提诺画一幅肖像，普罗提诺说："我们已经有了大自然用来包装我们的这样一幅剪影，难道还不够吗？你认为花费力气给后代留下一幅剪影的剪影作为观看的东西，这值得吗？"可见他不太在意外在的形象。

波斐利说他在普氏门下学习的六年里，普罗提诺有四次神人合一的忘我经验。普罗提诺临终之际，对一位医生朋友说出遗言："我在等候你，不久我内在的神性成分就要前去与宇宙之神结合了。"

（二）普罗提诺的观点

普罗提诺的学说被称做"流衍论"（Emanationism），有时也译为"流出论"，好像水太多而流出。但"流出"一词过于通俗，最好还是翻译成"流生论"或"流衍论"。

普氏的学说构成一个系统，位于最高阶的是"太一"（the One）。将大写的 the One 翻译为"太一"非常巧妙，代表"最高的一"。他说："上帝就是太一，超越一切思想与存在，不可描述，不可理解，排除了一切叙述与认知，只能勉强形容它是超越的存在。"存在、本质、生命这些词皆不足以描述太一。太一是万物真正的根源，它必须与万物完全不同，但在逻辑上要先于万物。太一是单纯的、唯一的、不可分的，你不能说它是这个，不是那个。譬如，你可以说"上帝就是善的本身"，而不能说"上帝是善的"。你一说上帝是善的，就把他当作可以与人对照的东西，因为你也会说某些人是善的；但上帝是绝对超越的。太一永远存在，没有过去，也没有未来。

普罗提诺之所以用"流衍论"来说明太一如何生成万物，是因为他反对两种思想。

1. 他反对有神论的创造说，即神在创造时采取某种行动使万物出现。神若有创造的行动，则代表神不是完美的，还需要实现创造的潜能。神不可能有任何自由的行动，因为行动会损伤他的恒常不变性。

2. 他反对泛神论，泛神论认为万物等于神，神等于万物。

因此，普罗提诺说，上帝本身是"满而溢"的，他圆满而流衍出万物。流衍的具体过程体现了普氏哲学的个人特色，它缺乏科学上的理性论证，我们不必深究。

流衍的过程分为四个阶段。

1. 完整而圆满的太一流衍出知性。知性表明有能知与所知的二元对立。上节曾谈到犹太人斐罗将逻各斯或知性当作神与万物的中介，普氏也采用类似的手法。

2. 知性再流衍出世界魂。世界魂有高层、低层两面，以它作为桥梁，上与知性相通，下与自然界相联系。

3. 世界魂再衍生出个人灵魂。个人灵魂也有两面，高的与知性界有关，低的与身体有关。

4. 灵魂的下一层是物质的世界。

他用各种比喻来说明流衍的过程。流衍就像光的放射，太阳光射出后会渐次变弱变暗，但太阳本身没有减损。流衍又像照镜子一样，镜中所映现的是复制品，但是原件没有任何损伤。他还以河水为喻，河水满了就会溢流出去。流衍不是"无中生有"的自由创造，那是基督宗教的说法；也不是混同太一与万物的泛神论。太一流衍出万物是必然的，不涉及自由选择的问题。

这种说法的根据是：完美程度较低的东西必然源自完美程度较高的东西。从太一到知性，到世界魂，再到个人灵魂以及物质世界，普氏认为流衍论解决了柏拉图上下二界的分离状态，使其恢复为一个完整的系统。

（三）普罗提诺思想对人生的启发

普罗提诺认为人生的目的就是要回归太一，要摆脱尘世的束缚和身体感官的欲望，让自己的灵魂不断净化，变得愈来愈纯粹，然后再往上提升。

他说回归有三条途径：第一是音乐，第二是爱，第三是哲学。

1. 所谓"音乐"就是要超越感性的声调，借着节奏与旋律，达到可理解的和谐，亦即心灵之美。

2. 要从对形体美的沉思，提升到对无形美的沉思，使人有回归太一的愿望。

3. 要经由哲学向上提升，爱好智慧可以帮助人回到美的根源。

然而，哲学的思考过程仍有主客对立，有能知与所知的对立，所以最后还要借助密契经验，才能抵达忘我入神、神魂超拔、与上帝合一的境界。可见回归是一个历程，而不是顿悟。要经由音乐的启发，经由爱的冲动以及哲学的探讨，加上道德的实践，最后才能实现与太一的合一。

在此要补充说明一点，他所谓的"与太一合一"，并不会使个人的生命与太一完全混同，其中还是有某种差异的。"差异"二字对后来的宗教影响很深。

普罗提诺在个人修炼方面有深刻的体验，所以他说的一些话很有参考价值。他说："眼睛如果没有变得像太阳，它就看不见太阳；心灵也是如此，本身如果不美就看不见美。"他强调，人处于神与兽之间，有时倾向这一边，有时倾向另一边。有些人日渐变得神圣，有些人慢慢沦为禽兽，而大多数人处于中间。他的结论是：哲学是向着太一的升华过程。哲学就是爱智慧，爱智慧走到这一步，显然要做重新的思考。

1. 普罗提诺用来联系"一"与"多"的模式称做流衍论。
2. 普罗提诺认为，流衍论化解了柏拉图哲学的二元倾向。不过，流衍论表面上把柏拉图的思想变成一元的系统，但中间的流衍过程完全不可理解。
3. 人生的目的是回归太一，但人与太一之间永远保持某种差异性。

课后思考

毕达哥拉斯建议照顾灵魂的方法是研究数学、欣赏音乐与沉思冥想，现在普罗提诺建议回归太一的方法是音乐、爱与哲学，这两位哲学家都提到了音乐。请问：你是否曾在某一首音乐中得到忘我入神的体验，感觉到自己的生命与宇宙万物合而为一？

补充说明

艺术可简单分为时间的艺术与空间的艺术，音乐显然属于前者，它随着时间的过程而展现出旋律。欣赏音乐时，一般能达到两种层次：第一层，回到自己的心灵，收敛注意力使之回到自身，使自我由分散的变成整合的，感觉到生命好像很丰富，但它又是整合的；第二层，体会到与周围环境很融洽，周围的环境不一定是指大自然，也可能是你小小的书房或客厅，你觉得一切都很安好。当你回到自己心灵时，会觉得心里平静而愉悦，许多平常干扰你的事都被丢在一边；当你与周围环境融洽时，平常看不顺眼、感觉不和谐的事物统统被超越了。

较难达到的是第三层，即超越自我和周围的环境，进入忘我入神的境界，这就是所谓的"密契经验"。音乐不太可能成为进入最高境界的唯一管道，因为音乐毕竟是由人所创作和演奏的，有特定的欣赏方法。然而真正的音乐有时根本不需要声音，像老子说的"大音希声"（最大的声音几乎没有响声），庄子则称之为"天籁"。

每次提到审美感受时，我总会想到阿拉伯诗人纪伯伦说的一句话："美——就是你见到它，甘愿为之献身，甘愿不向它索取。"换言之，美本身就是最好的回报。

11-5

希腊哲学影响深远

希腊哲学接近尾声，本节将对整个希腊哲学的结束阶段做点评，并介绍希腊哲学对后代的影响。在亚里士多德之后，希腊哲学主要的趋势是走向实践哲学，将哲学具体落实于人生，告诉大众如何才能获得幸福的生活。这种思潮最后显示为三点特色，也可以说明希腊哲学为何需要交棒。

第一，强烈的主观主义。

第二，缺乏创造性。

第三，哲学让位给宗教。

（一）强烈的主观主义

从亚里士多德以后，希腊哲学的各个学派不再有为求知而求知的兴趣，失去哲学最重要的好奇心。这种好奇本应是全面而根本的好奇，因为智慧是完整而根本的理解。哲学由追求真理的探索，转而成为了个人趋吉避凶、求乐避苦的方法，藉此代替俗化的宗教，给人以实际的建议。哲学家不再遥望星辰，探索宇宙的奥秘；而是由宇宙转向人生，设法内观自身，解开人生的迷惑。这种趋势容易导致怀疑主义，在希腊化时代，怀疑主义曾相当盛行。

如果强调个人主观的需求，就容易忽略客观真理和共同的道德标准，只计较个人的利害，要宇宙围绕个人来转。伊壁鸠鲁学派不谈义务与责任，只求自然的感觉和个人的享乐，它虽然也强调节制，但毕竟是以个人的感觉作为判断标准。斯多亚学派强调理性和高贵的德行表现，用义务或责任来抑制自然的冲动，但最后也执着于一个简单的观念——神是宇宙的灵魂。怀疑主义鉴于人难以获得真正的知识，就断言知识不可靠。普罗提诺的新柏拉图主义要使灵魂进入密契经验，陷于神魂超拔的恍惚状态，认为这样才能窥见哲学的堂奥。这些都是强烈的主观主义的表现。

（二）缺乏创造性

当时的哲学只谈三个重点。

1. 要想过幸福的生活，首先要知道万物是怎么回事，亦即要了解万物的规律，这就是自然哲学。

2. 为了了解万物，需要有认知的方法，逻辑就是思维的方法，可以说明人如何认识客观的自然界，找出其中的规律。

3. 将获得的知识再落实在生活层面，就是伦理学。

所以，当时哲学受到重视的就只有这三门学问：逻辑、自然哲学与伦理学，但都是把过去已经出现的思想重新调配一下。譬如伊壁鸠鲁学派采用的是德谟克利特的"原子论"，斯多亚学派在自然哲学方面采用了赫拉克利特的"宇宙大火"与"逻各斯"的说法，而新柏拉图主义是由柏拉图的思想发展而来。这些学派自身缺乏创造性，对哲学的贡献较为有限。

（三）哲学让位给宗教

古希腊哲学最大的成就是柏拉图与亚里士多德两人建构的系统，

其核心都在于形而上学。我们复习一下。

首先要研究自然哲学，所谓"自然"就是有形可见、充满变化的一切。亚里士多德有一本书放在《自然学》之后，被称为 *Metaphysics*，也就是《形而上学》。形而上学研究的是无形可见、永不变化的本体世界，所以柏拉图才会提出"理型论"，亚里士多德才会提出"完美的实现与形式""第一个本身不动的推动者"。

亚里士多德之后，所谓的"上帝""本体""第一个不动的推动者"或"真善美的理型"都被摆在一边，世人觉得这些理论或观念似乎没有什么实际作用，于是就把"善的理型"或"第一个本身不动的推动者"的位置空出来了。若没有新的说法来填补这一空白，世人就只会追求现实欲望的满足。

在宗教方面，罗马时代的神非常世俗化，缺乏超越性，已变成功能性甚至功利性的神。每个神都有各自的作用与功能，做任何事情都要祈祷相应的神。功利神则更为俗化，目的只有一个，就是帮助人解决眼前的问题和困难。任何神只要能帮我们解决困难，我们就去祭祀它。

对于罗马的多神教，可用一句简单的话来概括：这么多的宗教与神明，百姓以为那些都是真的，哲学家以为那些都是假的，而政治人物以为那些都是有用的。政治人物对真假的兴趣不大，只要有用就好，他们利用宗教来巩固统治，稳定社会。因为有神的存在，又有各种宗教庆典、迎神赛会，社会动荡不安的可能性大为降低，百姓也可以暂时得到心灵上的慰藉或麻醉。

哲学让位给宗教之后，每个人都在寻求人生的解脱，希望得到某种超越的力量来支持自己。众人看到罗马帝国日益腐败，渐趋衰亡，认识到现实世界的一切都不可靠，那要如何修行才能得到来世的拯救呢？

罗马时代的哲学大多是比较高档的心灵鸡汤，是可以普及大众的醒世格言，但普遍缺乏完整的系统。这时，基督宗教强势登场。众多基督徒实践他们的信仰，以自己的生命作为见证，肯定他们所相信的来世是人生唯一的希望。自此进入中世纪哲学的阶段。

希腊哲学对后世的影响十分深远。长达 1300 多年的中世纪虽然以宗教作为基础，但是人毕竟是有理性的，而希腊哲学又有非常完整而丰富的资源，所以宗教也要设法与希腊哲学相互协调。

在中世纪的开始阶段，柏拉图哲学和新柏拉图主义占据主导地位，他们的学说被基督徒消化吸收，经修改调整后再加以推广。经院哲学出现后，亚里士多德的哲学重新上场，因为亚氏的理性思维能力让人觉得他是不二之选。整个中世纪，前半段受到柏拉图的影响，后半段受到亚里士多德的影响。从文艺复兴开始，柏拉图的思想重新焕发活力，当时的学者将古希腊与罗马初期哲学家的思想加以恢复推广，成为文艺复兴运动的主轴。

一种哲学要成为完整的系统，至少要包括三个方面：第一是逻辑与知识论，它告诉你如何认识万物的存在，能认识到什么程度；第二是形而上学，其中包括本体论，要探讨人性的本体、万物的本体以及作为一切来源与归宿的上帝的本体；第三是以本体论作为基础，应用在实际生活上，包括伦理学、美学等。后代的西方哲学家都是根据个人的能力与兴趣，研究这三个领域中的某一方面，最后建构成系统而成为哲学家的。

1. 柏拉图与亚里士多德先后左右了中世纪哲学的主流思想。
2. 哲学不可忽略形而上学的层次，那是人类理性爱智慧的至高要求。

课后思考

读完古希腊与罗马的哲学，请你思考一下，人是否可能只接受某些伦理学的观点，而完全不谈形而上学呢？你现在可以区分伦理学与名言金句的差别吗？

协调人神关系

第 12 章

中世纪哲学参照宗教的启示

如何看待中世纪哲学?

探讨西方文化时，听到"中世纪"三字，难免觉得陌生和疑虑。

我们觉得中世纪陌生，是因为很少有人谈到中世纪的情况。在长达 1300 多年的中世纪里，好像没出现过什么著名的科学家；文学家似乎只有薄伽丘、但丁等人，也都是接近文艺复兴才出现的。中世纪当然有哲学家，但他们往往具有神学家的身份。

我们对中世纪觉得疑虑，是因为西方人自己都把中世纪称作"黑暗时代"。启蒙运动时期，著名历史学家吉本在他的代表作《罗马帝国衰亡史》中声称，他要描写的是野蛮与宗教的胜利过程。将野蛮与宗教并列，可见西方人对中世纪没什么好感。

本章主题是中世纪哲学参照宗教的启示，本节主题是如何看待中世纪哲学。谈到中世纪哲学，首先会想到基督宗教。不论是否喜欢中世纪哲学，不论是否赞成主导这个时期的基督宗教，它终究是西方的一段客观历史。如果没有中世纪哲学，那么前面的希腊哲学与后面的近代哲学之间就会出现断裂，西方哲学恐怕就不是今天这种情况了。所以，我们可以批评它、超越它，但还是要认识它。

基督宗教起源于犹太教的传统，可以各用三句话来描述它们：

犹太教相信：1. 上帝创造人类；2. 人类犯了罪，背离了上帝；3. 上帝答应将来会派弥赛亚来拯救人类。很多犹太人直到今天还在等待救世主弥赛亚的来临。

基督宗教相信：1. 耶稣就是救世主弥赛亚，也称作基督，他是神的儿子；2. 耶稣替人类赎罪，死了之后又复活；3. 凡是相信耶稣是基督的就称为基督徒，他们的宗教就称为基督宗教，演变到后来成为普世宗教。

中世纪哲学有两点特色：1. 时间最长，占整个西方哲学2600多年的一半（1300多年）；2. 创见最少，因为由宗教主导，肯定敬畏上帝是智慧的开始。哲学是爱智慧，但中世纪的人相信只有在《圣经》里才能找到真正的智慧，信仰无异于智慧的体现。因此，哲学成为神学的女仆，以它的辩证思维能力为宗教服务。

不过，不妨换个角度来看。如果没有中世纪哲学，西方人恐怕只能继续发展伊壁鸠鲁学派和斯多亚学派；而且中世纪哲学确实把古希腊哲学家柏拉图与亚里士多德的思想做了充分的应用和发挥。

本节的内容包括以下三点：

第一，基督宗教维持社会稳定，保存文化命脉；

第二，基督宗教提供新的架构，塑造西方心灵；

第三，基督宗教唤醒社会大众，面对人生奥秘。

（一）维持社会稳定，保存文化命脉

罗马帝国幅员辽阔，在公元375年之后逐渐分裂为西罗马帝国与东罗马帝国。100年后，西罗马帝国于公元476年灭亡，这使得今日的欧洲地区在政治上与文化上陷入真空状态。在这种情况下，宗教的教会成为维持社会秩序的唯一机构，承担了政府的许多职能，成为知识与艺术唯一的支持者与保存者。宗教的神职人员成为唯一的识字阶级，教宗则成为最高的神圣权威，可以任命或否决各地区的王侯。

可见，并不是基督宗教造成这种真空状态，而是基督宗教在真空状态里承担起它的历史责任，维持社会稳定，保存文化的命脉。

（二）提供新的架构，塑造西方心灵

基督宗教是怎样塑造西方人心灵的呢？其中有三个重点。

1. 它肯定存在一个至上神。他是万物的来源与人类历史的主宰，由此确立"一神论"的信仰系统。

2. 它相信人类已经堕落，需要耶稣的救援与赎罪。这种观念强化了古希腊时代柏拉图哲学的二元论——精神与物质、理型世界与现象世界的二元对立，使善恶两极更加对立。

3. 由于上帝介入人类的历史，使整个历史产生一种动力感。犹太教认为自己是上帝的选民，基督宗教认为耶稣就是拯救世人的弥赛亚。以前的历史只看过去，从此以后可以面对未来。基督宗教提出"末世论"，开始设想历史的终结。

（三）唤醒社会大众，面对人生奥秘

从古希腊时代到罗马初期，只有哲学家会特别注意个人内省的生活，藉此寻找更高的生活质量。基督宗教特别关注个人责任、犯罪意识与脱离俗世之后的情况，这引起所有人对内心生活的注意。而个人责任、犯罪意识与脱离俗世这三点，正好针对人的痛苦、罪恶与死亡这三大奥秘。基督宗教对于这些问题都有明确的看法，可以安顿当时一般人的心灵。

不可否认的是，基督宗教忽视对自然界的研究，对人与人之间的适当关系也未做深入探讨，当然会引发各种批判。尤其是它对教育资源的垄断，使一般人无法肯定理性的作用、无法拓展理性的思考，从而使整个文化停滞不前。中世纪长达1300多年，在哲学上没有太多创见，只是将古希腊哲学成果加以应用和推广，哲学系统的建构也只为了配合基督宗教发展的需要。哲学成为神学的女仆，缺少独立地位。这就是中世纪被称作"黑暗时代"的重要原因。

基督宗教具有"一教三系"的结构：在公元前后出现的称为"天主教"（Catholic）或"罗马天主教"；1054 年分裂出东方的教会，他们自居正统，中文翻译为"东正教"（Orthodox）；1517 年在马丁·路德宗教改革之后，才出现中文翻译所谓的"基督教"（Protestant）。"一教三系"所有信徒都称为基督徒，他们都相信耶稣就是基督（救世主），都相信同一本《圣经》与同一位上帝。

收获与启发

1. 中世纪是乱世，西罗马帝国在公元 476 年灭亡，使今日的欧洲地区陷入混乱，各地蛮族都拥有相对独立的空间。此时不能忽略基督宗教的教化作用，它以信仰的力量对蛮族进行精神上的改造，从而维持社会稳定，在一定程度上也保存了文化的命脉。

2. 基督宗教提供新的架构，塑造西方的心灵。它让西方人相信：存在一个至上神，他创造并掌管万物；人类已经堕落，需要经过拯救才能提升。这加强了柏拉图上下二元论的架构。因此，柏拉图和苏格拉底在西方常被称为"预先存在的基督徒"，即在基督宗教出现之前，他们就有一些类似基督徒的观念。另外，对于历史的体验已经从"只看过去，对现在的处境茫然"，转向"面对未来，强调历史有目的"。

3. 基督宗教唤醒了一般大众，强调每个人的灵魂都是独特的，应该重视内省的生活，注意内在生活的价值。

　　许多人都认为中世纪是"黑暗时代"，请问：你认为怎样的时代不黑暗呢？

神关人什么事？

美国是目前世界上最强大的国家，美元也是目前最强势的货币。我们注意到，任何面额的美元背面都印了一句话——我们相信上帝（In God We Trust）。在如此世俗的、日常使用的钱币后面，为什么要印上一句"我们相信上帝"呢？

一般人听到尼采说"上帝死了"，都会觉得有些兴奋，好像终于打倒了某种可怕的权威。尼采确实说过这样的话，但目前基督宗教（天主教、东正教和基督教）的信徒加起来超过 25 亿，其他宗教的信徒也为数众多，为什么还有这么多人信仰宗教呢？

本节的主题是神关人什么事，要介绍以下三点：

第一，如果没有神或不谈神，人生会是什么情况？

第二，为什么探讨人生的意义会谈到神的问题？

第三，如果有神的话，一定要信仰某一种宗教吗？

（一）如果没有神或不谈神，人生的情况会如何？

先梳理一下与神有关的语词，它们涉及到不同形态的信仰。"神"这个字的希腊文是 theos，后来所有与神相关的术语都是从这个字演变而来的，可简单分为三组：第一组是"有神论"（theism），第二组是"无神论"（atheism），第三组是"非神论"（non-theism）。"无神论"是针对"有神论"的那个"神"采取否定的立场；"非神论"则不在乎到底有神还是无神，它关心的是信徒自己内在的觉悟，譬如佛教或某些印度的教派。

除了"无神论"和"非神论"，其他与神有关的词大都属于"有神论"系统。常见的至少有六个词：

1. 一神论（monotheism）：一神论信仰唯一的神。今天有所谓的三大"一神教"，包括犹太教、基督宗教和伊斯兰教，都属于一神论；

2. 多神论（polytheism）：多神论最为常见，他们相信自然界里有很多神，还有许多与人类生活有关的神明；

3. 尊一神论（henotheism）：以印度教为代表，他们相信有三大主神：梵天（Brahma）、毗湿奴（Vishnu）与湿婆（Shiva），三者轮流担任主神，所以称为尊一神论；

4. 泛神论（pantheism）：泛神论主张万物就是神，神就是万物。一般说来，文学家（如诗人、词客）很容易就有这种倾向，肯定万物就是神；

5. 万有在神论（panentheism）：它主张万有在神，神在万有。用"在"来代替"是"，与泛神论有一定的差别，这是比较后期的发展；

6. 自然神论（deism）：近代西方哲学家大多属于自然神论，他们相信神创造世界之后就放手不管，让世界按照一定的动力和规律自行发展。

如果把所有与神相关的概念统统去掉，不但完全无法谈论宗教，而且人类文化的其他方面，像神话、文学、艺术、历史、哲学等，恐怕也要去掉一大半。其实，"神"只是一个名词而已，它所指涉的对象可以用不同的名字来称述。只要有一个词既不是指自然界，也不是指人类，那么该词所指的通常就是与神有关的"超越的力量"。譬如儒家所说的"天"、老子所说的"道"、印度教所说的"梵"等，都有类似的指涉。

由此可见，神对人的影响显而易见。如果没有神，人生的意义难以阐明。因为在自然界与人类构成的封闭系统中，一切都在变化，一切都会结束，尘归尘，土归土。如果不谈神，人生很难得到充分的理解，只能就人的"身""心"两方面来看，而无法涉及"灵"的层次；同时，怎样给祖先定位也是个问题。

如果说自己是"无神论"，就要先界定你所谓的"神"是指什么。我们所谓的"神"既不是自然界也不是人类，而是这两者的来源与归宿。从哲学的角度来看，它提供了一个解释的原则。若要理解充满变化的一切，就必须考虑有这样一种存在。

（二）为何探讨人生的意义会谈到神的问题？

为何探讨人生的意义会谈到神呢？举例来说，柏拉图与亚里士多德都是哲学家，柏拉图哲学中的最高层次是"理型"，理型世界的最高层次是"善的理型"，相当于真善美的合体。柏拉图把"善的理型"比做太阳。正是由于太阳的照射，万物才得以呈现；否则万物沉浸在黑暗之中，它们的存在不能彰显，它们的意义也无法被理解。柏拉图为了理解万物的存在，特别是为了理解人类生命的意义，于是肯定有一个最高的"善的理型"存在。

亚里士多德从变化的世界着手，他认为宇宙万物的存在可以从"形式"与"质料"，或者从"实现"与"潜能"两个角度来看。因此，必须有一个完美的形式和完全的实现，才能使万物持续活动，并作为万物的原因和最后的归宿，他称之为"第一个本身不动的推动者"。

亚里士多德要探讨自然界背后的本体——形而上学，形而上学对他而言就是神学。这里所谓的"神"与宗教无关，它只是做为最后的、理解的原则。如果没有作为完美的形式与实现的神，宇宙万物的变化根本无法被理解。

柏拉图与亚里士多德是古希腊最重要的哲学家，各自建构了庞大的哲学系统，但他们都认为存在一个超越自然界与人类的最高力量。因此，谈到人生的意义，我们强调"意义就是理解的可能性"，你如果想理解人生，一定会涉及到与神相关的观念。

（三）如果肯定有神存在，一定要信仰某个宗教吗？

孔子、老子、柏拉图与亚里士多德，都属于哲学家的范畴。他们都肯定：如果这一切不是梦幻的话，自然界与人类一定有一个共同的来源与归宿。一般把这种想法称为"自然神学"。换言之，在用理性探求本源的过程中，根据自然界和人类的情况，推出应该有一个最高的力量作为两者的来源，也可称之为"主宰"。至于最高的"主宰"与人类有何关系，不同哲学家的立说各有侧重。

与"自然神学"相对的是"启示神学"，这是专门针对中世纪的基督宗教来说的。启示的主要内容是：犹太人接受神的启示，成为神的选民，后来耶稣出现成为救世主，创建基督宗教，超越界的力量具体体现在耶稣身上，耶稣是神变成了人，使人类可以向上提升。这一套都属于启示神学，需要靠信仰才能了解。中世纪哲学掌握了启示神学，由此发展出庞大的宗教哲学系统。

哲学家的神与宗教上的神不是一回事，但有类似的作用与效果。

1. 如果完全不谈神，人生就变成封闭的系统，人生的意义不容易被理解。为什么美元在背面印上"我们相信上帝"呢？因为《圣经》中记载了耶稣说过的一句话："你或是信奉上帝，或是信奉金钱，你不能两个都要。"美国人在印制美元时很可能想到了这句话，它提醒我们：不要以金钱作为人生的主宰。

2. 探讨人生意义的问题会涉及到"神"，那是哲学家的神，与宗教没有必然的关系。它可能是柏拉图所说的"善的理型"，亚里士多德所说的"第一个本身不动的推动者"，或是孔子所说的"天"，老子所说的"道"。

3. 即使肯定神的存在，也不一定要信仰某个宗教。我们要区分：用人的理性可理解的"自然神学"，及宗教所特有的"启示神学"。后文会谈到为什么基督宗教对西方世界影响如此深远。

课后思考

如果把神界定为"万物的来源与归宿"而不涉及任何宗教信仰，你认为这样的神只是一个名称或象征吗？它对于我们了解人生的意义会有所帮助吗？

补充说明

神的位格问题让人困扰，因为"位格"一词原本用于人类身上。"位格"的拉丁文为persona，本来是"面具"的意思。人在面对不同对象时，要不断改变自己的角色，有时是老师，有时是学生，有时是朋友，有时是子女，有时是父母。位格代表具有认知、审美和行动能力的主体，即有知、情、意三种能力。

神为什么有位格？这是因为人有位格的缘故。我认识的神必须能跟我沟通，否则神就变成完全不可知，那才是最可怕的情况。其实，神本身的存在一定有三个层次：第一是超位格的部分（super-personal），第二是位格的部分（personal），第三是非位格的部分（impersonal）。

首先看自然界，除了人类以外的东西都是非位格的。无论是纯粹的物质，还是生命或有意识的生物，都不是有位格的主体。上帝既然造了这一切，所以他一定有非位格的层次。

超位格是指超越人的理性思维之上，不是人所能理解的。所有的宗教或哲学抵达最高的层次，通常都会认定：宇宙万物的根源有一部分是人可以了解的，但必然有一部分是人永远无法理解的；或者即使能被人理解，也是经过人的加工而展现出来的，并非它本来的样子。否则，如果你想象的神与人相差无几，就会带来种种不必要的困扰。

宗教中谈到神、佛或其他名称，以及老子的道、孔子的天，都属于同一位阶。既然谈到这些概念，代表对其有所认识。譬如老子对道有所体认，但他强调人的言语无法表述。既然如此，他为什么还要说呢？因为我们是人，如果不通过概念和言语来表达，别人就弄不清楚你到底掌握到什么东西。

如果只从人的角度来描述神，就成了古希腊时代色诺芬尼所批评的"把神当作像人一样"。其实，神和人绝对是不一样的。但因为是人在思考神的问题，所以神与人相应的这部分可以被人类以理性的方式表达出来，这样就不会有什么特别的矛盾。

哲学家所说的神，要放在哲学的领域里讨论。宗教家通过某种启示，也许能得到对神的某些特殊见解。你如果不信，则与它完全无关；你如果相信，那么原来用理性无法透彻说明的部分，现在就可以阐释清楚了。

　　不过，哲学既然是爱智慧，那么哲学家始终要有自我约束的能力。如果信仰某种宗教，固然一切问题都有现成的答案，但我们还是要用理性逐渐接近智慧，不要轻易就接受宗教的定论。这就是哲学的可贵之处与特别之处。因此，哲学可以启发和鼓励其他学科，继续发展人类理性的作用，追求更高层次的真理。人在有生之年绝对不可能充分掌握真理本身，更不用说去表达它。

信仰是因为荒谬

本节的主题是：信仰是因为荒谬。人类有理性，因此习惯用理性进行思考和判断，对于理性不能理解的说法，就认为是荒谬的。但经过一段时间之后，看法也可能改变，觉得它未必那么荒谬。基督宗教的信仰在中世纪普遍传布，它最初就被认为是荒谬的。

本节要介绍以下三点：

第一，基督宗教在罗马时代初期被认为是荒谬的；

第二，殉教者犹斯丁所做的见证；

第三，哪一种荒谬更荒谬？

（一）基督宗教在罗马时代初期被认为是荒谬的

基督宗教的信仰在罗马帝国时代初期被认为是荒谬的，为此基督徒饱受迫害。迫害始于公元 49 年，到尼禄皇帝时达到第一个高峰，后面继续发展，前后一共持续了 260 多年。罗马政府为维持社会安定，为了让国家的宗教继续存在和发展，采取高压手段来遏制他们认为荒谬的信仰。

前文介绍了唯一的哲学家君王奥勒留，他出于维持国家安定的考虑，同样采取高压手段对付基督徒。公元 177 年，一位名叫安提那哥拉（Athenagoras）的基督徒将《为基督徒申辩》一书上呈罗马皇帝奥勒留，反驳对基督徒的三项指控。

1. 基督徒被指控为无神论，因为他们不相信罗马官方的多神。事实上，他们不是无神论，他们相信只有唯一的一位神。

2. 基督徒被指控为吃人肉。基督徒望弥撒时，会在圣餐礼分享耶稣的身体与他的血，这是因为耶稣在最后的晚餐中曾拿起饼和酒，说："这是我的身体，是我的血，你们要食用它来纪念我，让你们有更强的灵性力量。"在外面打探的人听到之后，就以为他们要吃人肉。

3. 基督徒被指控为乱伦。因为基督徒结婚时会称某某兄弟与某某姊妹结婚，外面打探的人听说兄弟和姊妹结婚，这岂不是乱伦吗？

这三点显然都是误会。基督徒的信仰不是当时一般人所能理解的。当时普遍信仰多神，什么都能包容，没有任何限制；基督徒只相信唯一的神，以耶稣这个人作为代表，这听起来不是很荒谬吗？更荒谬的还包括：上帝创造世界，让耶稣来拯救世人，耶稣是人也是神，耶稣的母亲是童贞生子。最荒谬的是耶稣死而复活，这显然有违于人的一般经验。

（二）殉教者犹斯丁所做的见证

当时，犹斯丁出来为基督宗教做了见证。有很多书籍或历史资料都把他的名字翻译为查士丁，但按照拉丁文发音，应该译为犹斯丁。后世称他为殉教者犹斯丁，他是在奥勒留皇帝的时代殉教的。

犹斯丁最初学习斯多亚学派，发现他们的上帝观不够完整，就转向亚里士多德的漫步学派；后来求助于毕达哥拉斯学派，但他对于音乐、几何与天文学都不太精通，于是又转向柏拉图主义，了解了理型论；最后皈依天主教成为基督徒，于公元165年在罗马殉道。

犹斯丁原来是哲学家，后来成为基督徒。他通过冷静的思考，发现基督宗教的特色。他说："当我着迷于柏拉图学说时，觉得基督徒所说的是一些无稽之谈。但当我发现他们毫不畏惧死亡或其他任何恐怖的迫害时，我逐渐明白，他们不太可能生活在邪恶与欲望之中。一个以吃人肉为乐趣的享乐主义者或纵欲之徒，当死亡剥夺他一切欲望的基础时，他怎可能含笑表示欢迎呢？他怎么没有千方百计想延长自己的现实生命，躲避世俗统治者的检验，却反而把自己的生命交托给死亡呢？"犹斯丁看到，很多基督徒并非一般所说的荒谬，他们有坚定的信仰，可以用生命作为见证。

罗马初期的犹太哲学家斐罗曾这样描写基督徒："他们的自我克制是建立灵魂中其他美德的基础，他们在白天要操持哲学。"当时基督徒所谓的"哲学生活"有实践上的意义，就是要实践苦修与自我弃绝的生活。犹斯丁为基督宗教做了见证，他说："所谓的荒谬或不荒谬，不能只看理论或者理性的思考能不能想得通，还要进一步看它在生活上所造成的改变。"

（三）哪一种荒谬更荒谬？

罗马时代的宗教有两大特色。

1. 多神论

他们信奉的神基本上是功能神，每个神都有一定的功能或作用，人有哪方面需求就找特定的神来帮忙。譬如，打仗就祭拜战神，耕田就祭拜农神。后来进一步演变成功利神，完全以个人的需求为标准，只要对我有利的，我就去祭献。

2. 罗马皇帝把自己当作神，接受百姓的祭拜。

在迫害基督徒的时期，罗马皇帝曾下令，所有人民要向皇帝半身像前的祭灯投一把香，以此表示献祭。当时的基督徒只有四种选择：躲进墓穴里藏起来；在压力下崩溃；花钱买通官员，取得献祭证书；勇敢地拒绝，因而殉教。

罗马皇帝自认为神，这岂不是更荒谬吗？皇帝也是人，就像普通人一样会遇到人间的悲欢离合、生老病死和各种诱惑。把他们称为神，完全有悖于一般人对于神的理解。

收获与启发

1. 如果信仰的内容不是荒谬的，就可以用理智充分掌握它，这属于知识范围而与信仰无关。对于某些荒谬的说法，我们要细心分辨：它是否像早期的基督徒一样被人误会？或者它完全超越了理性所能掌握的范围？我们要问：为什么还有人相信呢？

2. 殉教者犹斯丁在早期的基督徒中享有崇高的地位。他早期研习各种哲学流派，均无法找到满意的答案；后来他看到基督徒所做的见证，于是皈依天主教，成为基督徒；最后他本人也从容殉教，含笑接受死亡。我们要思考：这种荒谬的信仰真的能解释或解决人生的重要问题吗？

3. 当时还有许多更荒谬的情况。罗马官方宗教的神成为功能神或功利神，一般百姓根据自己的需要，把神当作工具来利用，这样的宗教哪里还有宗教情操或自我提升的作用呢？同时，罗马皇帝还把自己当作神，这是更明显的荒谬。

课后思考

你有没有这样的经验，从前以为荒谬的事，后来因为自己经验的增加或是因为阅读思考，从而了解了那未必是荒谬的？

我们要分辨两种荒谬。

1. 相对的荒谬

人活在世界上，对于物质世界或人类社会形成某种认识或观念，当将来发现更多事实或真相时，你就会发觉：原以为荒谬的其实未必如此。这些属于相对的荒谬。

2. 根本的荒谬

我们在进行哲学思考时，要对"根本的荒谬"有所理解，这一点非常重要。譬如当你听到亚里士多德说宇宙万物最根源的力量是"第一个本身不动的推动者"时，你难道不觉得"本身不动"和"推动者"这两者有矛盾吗？但是矛盾又能统合在一起，这就是"根本的荒谬"。后面还会遇到许多类似的问题，像神为什么创造万物？神是一，万物是多，两者不同，但又不能分开。

再看人的存在。人的一生会有许多无奈的遭遇，人有自由就要负责，但是谁能对自己一生所做的事完全负责？因此，痛苦、罪恶、死亡属于生命中最深层的奥秘，与它们相关的答案往往都属于"根本的荒谬"。

每个哲学家在他思想的最高点，都会存在一些根本的荒谬，人的理性只能慢慢接近，却永远不能完全掌握。譬如孔子"五十而知天命"，他真的知道了吗？他如果真的知道天命，那他后来"知其不可而为之"是顺天命还是逆天命？孟子也说："天还不想让天下太平吧，如果天想让天下太平，当今之世，舍我其谁？"请问：天不是仁爱的吗？天为什么不想让天下太平呢？

"根本的荒谬"与"相对的荒谬"属于不同层次，两者有完全不同的性质。"根本的荒谬"并非真正的荒谬，而是人的生命在追求意义的过程中，最后有可能抵达"只可意会，不可言传"的境界。正如孟子所说，即使修炼到"圣"的境界，上面还有"圣而不可知之之谓神"的境界。既然不可知之，你怎么知道有呢？这些问题都与"根本的荒谬"有关。我们要保留这样的可能性，在哲学上不断探讨，才不至于愈来愈困惑。

12-4

万物会复原吗？

　　本节的主题是：万物会复原吗？即万物最后能否回到原始的完美状态？这个问题涉及到中世纪初期第一位教父哲学家奥利金（Origen，185—254）。他曾经追随一位老师叫做萨卡斯，他有一位同学就是新柏拉图主义的代表普罗提诺。巧合的是，普罗提诺创建了古希腊哲学的最后一个学派，奥利金则创建了中世纪教父哲学的第一个学派。

　　听到"教父"一词，可能会想到三个意思。

　　第一，基督宗教初期有所谓的"教父哲学"。基督宗教中的主教、神父等领袖人物都受过良好的教育，对于希腊哲学也有基本的认识，他们肩负着一项任务，就是设法用哲学来为他们的宗教信仰辩护。

　　第二，基督宗教有一项传统仪式，孩子出生后要受洗，这时会请在德行、能力等方面受到肯定的一对夫妻作为孩子的教父和教母，使孩子将来能得到更好的教育和指导。

　　第三，《教父》是美国好莱坞的电影，一系列三部都非常值得欣赏。电影主要描写的是黑手党，反讽的是，这些黑手党都来自于意大利西西里岛，而西西里岛的居民全信仰天主教。在每一部结尾时，都会有初生的婴儿在教堂里受洗，同时所有的坏人会被教父派去的杀手全部消灭，这几乎成了固定的模式。

这里对"教父"的理解要回到原始的情况，即教父哲学。奥利金有一个观念，他认为万物最后都会复原，即回到原始的完美状态，这称作"万物复原论"。

本节主要探讨三个问题：

第一，上帝本身是圆满的，他为何要创造这个世界？

第二，上帝是如何创造这个世界的？

第三，万物复原论是怎么回事？

（一）上帝为什么要创造世界？

基督宗教信仰的上帝是从犹太教的上帝传承而来，他是唯一的、纯粹的精神体，从永恒就存在，他是圆满的，没有任何缺憾。但是他为什么要创造世界？简单来说，因为上帝就是善，他总是在自我沟通与自我扩散之中，不可能没有活力，所以他创造了世界。这种创造没有任何目的，因为若有外在目的，代表上帝不够完美。上帝也不是自由创造世界的，因为自由创造是一种行动，行动表明有潜能需要实现，这也代表上帝不够完美。

上帝创造世界是一个奥秘难解的谜。他为什么创造世界？因为他就是善，并且他也是爱。他创造世界与人类之后，让天使与人类享有神所特有的自由，可惜人类没有善用这样的自由，所以后面就出现耶稣降生来拯救人类这一系列的发展。

（二）上帝如何创造世界？

姑且接受"上帝是善""上帝是爱"这样的说法，接着要问：上帝是如何创造这个世界的？从犹太教到基督宗教都相信，上帝是圆满无缺的，所以他必须从虚无中创造世界。这种观念在人类思想史上非常罕见，也很难被理解。

在古希腊时代，不管是柏拉图还是亚里士多德，都认为原本有一种纯粹的物质，它处于完全的混沌中，后来被赋予了形式，于是慢慢出现万物。但基督宗教认为，如果上帝之外还有混沌的物质，那么上帝就受到了限制，这不符合宗教的教义。所以，他们相信上帝一定是从虚无中创造世界的。

有人也许会联想到古代的道家，《老子·第四十章》有一句很简短的话："天下万物生于有，有生于无。"从字面上看，好像可以从"无"中生出"有"；但根据王弼的注解，应该将这句话理解为"有形之物来自于无形之物"。如果只是说"有生于无"，就变成一种很神秘的情况，怎么可能无中生有呢？

如果说上帝从虚无中创造了世界，随之而来的问题就是：上帝本来圆满自足，他创造世界与人类不是自找麻烦吗？事实上，所有的宗教与哲学都是先接受现实，然后再回溯它的根源。譬如，《老子·第四十二章》提到："道生一，一生二，二生三，三生万物。"可见，老子认为"道"生出万物。但"道"是圆满的，它"独立而不改，周行而不殆"，为什么还要生出万物？宇宙万物纷纷芸芸，人类世界错综复杂，"道"岂不是自找麻烦？可见，并不是只有基督宗教才需要面对这样的问题。

关于上帝如何创造世界，基督宗教的说法非常特别，它符合基督宗教的教义，却完全无法被人的理性所理解。你若不信这个宗教，就会觉得这种说法非常荒谬。

（三）万物复原论是怎么回事？

万物复原论认为，上帝本身是完美的，不知出于什么原因创造了万物，万物最后一定会回到上帝的圆满里面。对自然界来说，这种说法问题不大，因为自然界本身就是一种循环过程，只要保持生态平衡就可以了。

但人类不一样。人有自由，可以选择为善还是为恶。有很多人执迷不悟，临死前对于自己所犯的恶行仍然毫无悔改之意。如果好人和坏人最后都复原到完美的上帝里面，那么人为何一定要行善避恶呢？即使死后会下地狱或炼狱，但不管是几十年还是几百年，那都是有限的一段时间，最后万物都会复原，回到完美的上帝怀中。这样一来，正义何在？

600多年后，爱尔兰哲学家爱留根纳（Eriugena, 810—877）也呼应奥利金的万物复原论，他被称为"经院哲学第一人"。他提到：

1. 上帝所造的一切都不是邪恶的，所以魔鬼与恶人的实体或本性依然是善的；
2. 应该受惩罚的是魔鬼与恶人的邪恶意志，他们对万物过于执着，忽略了意志应该转向上帝；
3. 就像太阳升起会消除一切阴影，万物最后也会复归于上帝。

万物复原论对人来说始终是个奥秘，但基督徒确实相信有一个从虚无中创造一切的上帝，因此他们必须考虑上帝真的可能让万物复原。否则，圆满的、唯一的、完美的上帝造了人类之后，还要去造地狱和炼狱来惩罚恶人，不是自寻烦恼吗？而且，完美的上帝怎会如此没有度量？他难道不能"以德报怨"吗？对于宗教的奥秘，很难用理性做出充分说明，但它又是基督宗教里非常核心的观念。

1. 基督宗教相信上帝是无限的、超越的、唯一的、完美的，他从永恒就存在，他创造了世界与人类。他为什么创造？因为他是善，总要展现他的生命力；也因为他是爱，总要把他的爱付诸实现；所以他创造了这一切。

2. 上帝创造世界的方法是"无中生有"。《旧约·创世纪》一开头就说："上帝说要有光，就有了光。"后来就把说话当作一种力量，英文就用 the Word 代表三位一体的"子"，也就是耶稣。被造之物在本质上就不是完美的，因为它有生有灭。人类作为万物之灵，获得特有的自由。自由使人类可能犯错，甚至可能故意为恶。人类的恶就是缺少应有的善，或是弄错了应该追求的目标，爱好万物超过了爱好神。后面再延伸出死后的审判，以及天堂、地狱等各种说法。

3. 如果说上帝是完美的，是善的，也是爱的，那么他何苦要自找麻烦，先让人类存在，人因为有自由而可能犯错，上帝又让人陷入地狱的惩罚呢？进一步要问：地狱在上帝之内还是之外？当然在上帝之外。如此一来，无限的上帝不是受到地狱的限制吗？所以奥利金等教父哲学家才会强调万物最后会复原，一切都会回归到上帝的圆满之中。

课后思考

　　如果万物最后都会复原，人不论善恶，最后都会有圆满的结果，你觉得这样合理吗？这种说法对人生的知与行会有哪些影响？

很多人都会质疑万物复原论的说法，在此我想说明以下四点。

1. 为何要提出万物复原论？

中世纪初期的教父哲学为何会非常认真地提出"万物复原论"？因为他们信仰唯一的、完美的上帝，这是一个大前提。上帝无论是出于善还是出于爱，他创造了世界万物以及人类，人有自由就有可能犯错，死后就要接受审判而下地狱，这对上帝来说不是自找麻烦吗？这样看来，上帝的智慧显然还不够。他本来是一个完美的存在，创造人类之后，就要去做公平的裁断，赏善罚恶，还要造一个地狱出来。上帝是全善的，所以地狱当然在上帝之外。但如此一来，上帝不是把自己限制住了吗？

为了解决上述困难，奥利金提出万物复原论，不管人类如何判断善恶、为善还是为恶，最后一切都要回归到上帝的怀抱中。换个角度想，如果主张人类以外的万物最后都会复原，大家还比较容易接受，自然界本来就是一种生态平衡，形成食物链，最后一切复归于平静。但是人类出来之后就不一样了。

不论如何质疑万物复原论，真正要面对的是下述问题：人真的能分辨善恶吗？善恶真的有适当报应吗？按照什么标准去报应呢？

2. 为什么很多人不能接受万物复原的观念？

主要有两方面的考虑：一方面是"知"，另一方面是"行"。

在"知"方面，如果万物复原，不管好人还是坏人，最后都会回到最原始的状态，那么区分善恶还有意义吗？既然区分善恶，就应该善恶有报，这样的区分才能被人理解。

在"行"方面，如果万物复原，那又何必行善避恶、改恶从善呢？绝大多数人可能都会有这样的想法，这里包含一个假定：为恶比较容易、比较愉快，因为为恶不用修行，可以放纵自己；行善则比较困难，比较辛苦。

但你认真思考之后就会发现：你为恶一定会伤害某些人，甚至伤害自己。也许开始会觉得自己终于报仇了，终于出了一口恶气，但隔一段时间之后，或者在你生命快结束的时候，你回首往事就会觉得：有必要吗？非这么做不可吗？因此，为善为恶的真正报应就在行动的当下。就算你当时没有这种感受，之后也一定会出现。看到别人因你而受苦，你忍心吗？心里的"不忍"不是对别人的，而是对自己的。我心里觉得不忍，觉得难过，觉得不安，那我怎么可能愉快呢？这就是另外一种思考角度。

3. 人如何判断善恶？

判断一个人为善或为恶不能脱离特定的时代和社会。当然，我们最后还是会把焦点拉回到自己身上，我自己可以清楚感觉到别人欺负我，这当然是对我为恶，但此时我能以同样的方式对付他人吗？善恶的观念不但会随着时代和社会而改变，更重要的是，它会随着一个人的年龄、经验、阅历的增加而改变。当初以为是那样，后来发现未必如此。

这样一来，如果最后万物不能复原，善恶报应这笔账很难算清楚。如果用轮回来解释，因为没有人能把账算清楚，所以只好继续轮回下去，总是有人来还债，有人来要债。佛教《地藏经》中说："地狱不空，誓不成佛。"真正有大悲愿的菩萨都希望地狱变成空的，这其实也是一种万物复原的想法。

可见，万物复原在宗教里是比较常见的观念，用理性也可以理解。不过，万物复原论并没有成为天主教的主流思想。13世纪天主教作家但丁的《神曲》里有地狱、炼狱和天堂三个层次，代表天主教没有接受万物复原论作为正统教义，因为这种理论对于教导世人分辨善恶或行善避恶没有太大帮助，甚至可能有副作用。

4. 万物复原的观念与《三字经》所说的"人之初，性本善"可以对照来看吗？

《三字经》由南宋末期的王应麟（1223—1296）所编，他采用的是朱熹的思想。朱熹依据的是北宋程颐等学者的说法，主张人性本善。宋朝到明朝的学者，包括王阳明在内，都主张人性本善。他们本是一番好意，但"性本善"需要做很多预先的解释。譬如，先要把人性分成两半，一半是天理，另一半是人欲；然后说人欲和动物的欲望差不多，动物都有欲望，所以这不能作为人性的特色；人与动物的差别在于人有"天理"，所以天理才能作为人性最真实的内容。

性本善是由思考推衍出的结论，不是从现实经验出发的。朱熹最后提出"去人欲、存天理"这六个字，请问：你见过有谁真正做到这六个字？孔子终生努力学习、改善自我，他到70岁才说"从心所欲不逾矩"，孔子没有去人欲，而是要把"欲"调整到配合理性的思维，配合社会的、别人的需求，让合理的"欲"实现出来。孔子的志向是"老者安之，朋友信之，少者怀之"，他希望天下人都快乐，这不也是一种"欲"吗？《三字经》的说法带来许多后遗症，我们有机会再谈。

再回顾一下基督宗教对"人"的看法。他们认为人的生命是受造的，人受造时具有两个条件：第一，人是按照上帝的形象受造的；第二，人在受造之后便有了原罪。这两点一个代表善，一个代表恶。上帝的形象当然是善的，这代表人有良心或良知；原罪是伴随人的自由而来的一种原始的紧张状态，这代表人有犯错的可能。基督宗教一方面讲人有良知，一方面讲人有欲望，它要设法让人一生走得平稳，它建构的道路很符合大众的实际生活状况。

相对的，如果主张人性本善，那么对于人间随处可见的罪恶以及个人随时为恶的可能性都无法解释。我们学习西方哲学，并不是要接受他们的宗教信仰，也不是要对他们加以批评或排斥，而是要了解、了解、再了解。究竟要如何了解呢？

第一步，先知道他们在说什么，尽量避免曲解或误会。

第二步，再思考他们的说法能否成立，是否有道理？我们可以不赞成，但对于有道理的说法要予以认同。

第三步，学会之后对自己的生命有何启发？我们要从中汲取正确的观念，用来建构属于自己的人生观，这才是爱智慧的表现。

最后，对于智慧要有个人的体验和实践的心得。

从"三位一体"说起

本节的主题是：从"三位一体"说起。

如果去欧洲旅游，参观英国的牛津大学、剑桥大学，或爱尔兰的都柏林大学等名校，就会发现这些学校都有"三一学院"。"三一"是基督宗教最核心的教义，他们相信上帝是"三位一体"的。这是怎么回事呢？

"三一"对应的英文是 Trinity，这个词看似简单，却有十分丰富的内涵。前面的 Tri 来自于拉丁文 Tres，代表"三"；后面的 nity 就是 unity，代表"统一体"。两部分合起来，表示三个在一个之中，代表三位一体的神明。

基督徒出现之后，在将近 260 年的时间里饱受迫害。公元 313 年，君士坦丁大帝发表米兰敕令，解除对各种宗教的限制，每个人都可以选择自己的信仰并加以实践，其中特别提到对于基督徒的宽容与肯定。

公元 380 年，基督宗教正式成为罗马帝国的国教。

历史上的耶稣说了什么、做了什么，现在都无法得到确证。传下来的《圣经·新约》是在公元 1 世纪后期、距离耶稣在世将近 100 年左右的时期才全部完成的。重要的是，耶稣的门徒建立了教会，成为神在人间的代表。

本节有以下三个重点：

第一，基督宗教发展初期所展现的核心信仰；

第二，"三位一体"在说什么？

第三，基督宗教为什么可以广为传扬？

（一）基督宗教发展初期所展现的核心信仰

基督宗教早期的内容可从以下三个方面来看。

1. 耶稣是犹太人

犹太人相信自己是上帝的选民，他们的历史会对整个人类世界产生重要的影响。上帝是创造者，也是拯救者，犹太人受到召唤，一直在等待救世主的出现。

2. 耶稣出现

耶稣出来传教，强调天国已经来临，人必须悔改，为自己赎罪。最关键的一点是：耶稣受难而死，并且信徒相信他死而复活。这等于是一个新的创造，从此出现了新的人类，基督宗教由此展现为普世宗教，对于神和人性都有新的理解。

3. 耶稣门徒的表现

耶稣门徒中最特别的一位是保罗。保罗没有见过耶稣，他本来要去迫害耶稣的门徒，结果在路上受到震撼，成为最杰出的传教士和奠定基督宗教基础的神学家。另外，他主张的普世主义也胜过犹太教的排他主义，这是保罗的贡献。

另一位是约翰，他是耶稣最年轻的一位门徒，耶稣去世前把他的母亲托给约翰照顾。《圣经·新约》里有一卷福音就叫做《约翰福音》，一开头就强调：太初有逻各斯，逻各斯成为人，也就是耶稣。他使用了"逻各斯"一词，把古希腊哲学的重要观念接引到基督宗教，甚至成为耶稣基督的一个象征。这让希腊哲学与基督宗教之间有了一个重要的关联点。

（二）"三位一体"在说什么？

在教父哲学的初期阶段，有一位来自北非的教父叫做德尔图良（Tertullian，160—225），他在哲学史上以严格区分希腊哲学和基督宗教而闻名。德尔图良认为：你们是雅典，我们是耶路撒冷；你们希腊哲学用理性追求真理，永远也吵不完，我们基督宗教有《圣经》，上帝明白宣示了真理；两者要严格区分，没有任何沟通的可能。

幸好中世纪哲学的发展没有遵循德尔图良的路线，否则就变成纯粹的宗教了。

德尔图良在哲学上还有一个重要表现，他首先提出"位格"的观念。"位格"的拉丁文是 persona，本来是"面具"的意思。演员上台演戏，戴什么面具就表明他是什么样的人。类似的，每个人在面对不同对象时，就好像戴上不同的面具，表现出不同的角色和身份。"面具"这个词后来就变成了"位格"，英文就是 person。将 person 译为"位格"比译为"人格"更适合，因为若说"上帝具有人格"就框限住了上帝。我们今天说"这位先生""那位女士"，就是用"位"来称呼与我平等的，具有知、情、意三种功能的主体。

基督宗教用"三位一体"来说明神的最大奥秘。"一体"代表只有一个神，"三位"代表这个神有三种角色或功能，第一位是父，第二位是子，第三位是灵。这背后的信念是：神就是爱。从人的角度来看，父母与子女的关系是人类所能想象的最亲密的关系。爱一定需要能爱与所爱，父子之间的爱产生某种力量，就称为灵。上帝创造世界和人类，后来又拯救人类，最主要的原因就是爱。

"三位一体"是基督宗教最核心的信仰，靠人的理性是无法理解

"三位一体"的，一定要靠信仰才能得到启发。人若从"三位一体"的角度来看，更容易了解宇宙万物；在与神沟通时，也更容易产生互动的效果。

要记得一点：神本身是什么永远是一个奥秘，人不可能充分了解。不仅是基督宗教，其他宗教也有类似的情况。作为万物的来源与归宿的那个最高力量，永远留在奥秘之中，对于理性来说，它永远处于隐晦黑暗之中。人所理解的神，绝对不等于神的本身。

譬如，孔子说自己"五十而知天命"，但他亦无法掌握天命的全部内容；后来他在周游列国时，有两次差点被杀，他只能说自己是在顺从天命。孟子也说，上天还不想让天下太平，否则的话，"当今之世，舍我其谁"。

孔子、孟子都有非常精准的观点，人可以了解天命，但那只是人所能了解的某个侧面；天命本身是什么永远在奥秘之中。老子谈到"道"也一样，他说："我勉强给它取个名字叫做'道'。"但是"道"本身完全不可说，完全不可思议。

西方的基督宗教谈到超越的力量，居然认为它是"三位一体"的。这种说法与众不同，很可能来自于某种启示，值得我们参考。

（三）基督宗教为什么可以广为传扬？

不管是否信仰基督宗教，当听到"神就是爱"时，都会受到很大启发。基督宗教对于"爱"的特别强调，在它推广过程中扮演了关键的角色。

耶稣谈到的"爱"不是常人所能想象的。一方面，他谈到所谓的"金律"——己之所欲，施之于人，你希望别人怎样对你，你就要对别人做同样的事。更进一步，他谈到要"爱人如己"，这四个字实在难以做到。更让人震撼的是，他还谈到要"爱你的仇人"。这些对爱的理解足以使很多人受到启发。

另外，保罗在他的书信中对爱的描述已经成为文学上的经典名言。保罗说："爱是恒久忍耐，又有恩慈；爱是不嫉妒，不自夸，不张狂，不做害羞的事，不求自己的益处，不轻易发怒，不计算人的恶；不喜欢不义，只喜欢真理。凡事包容，凡事相信，凡事盼望，凡事忍耐。爱是永不止息。"（《哥林多前书》13:4-8）基督徒最喜欢引用这段话来描述人间行为的准则。

"三位一体"的观念凸显了基督宗教的特色，要信仰这样的宗教，不能只靠理性去了解。从理性上来看，会发现它有荒谬性；但正因为荒谬，我们才考虑是否要信。重要的是，信了之后，能否有与之配合的行为表现，能否超出一般人的思维模式，表现出一种更加超越的精神力量。

收获与启发

1. 基督宗教是有传承的，从犹太教到耶稣，再到保罗、约翰等信徒，逐步发展，构成信仰的初步内容，对于宗教的教义与仪式都有一定的说明。

2. 德尔图良首先使用拉丁文"面具"一词，以之代表具有知、情、意能力的主体，称为"位格"。譬如，"你""我""他"都是有位格的，而一般的动物或植物只能称"它"，代表没有位格，与人不是平等的。

"三位一体"代表只有一个神，这样说的目的是要表达出"神是爱"这样的观念。爱不可能是孤单的，爱是一种关系，一定要有"能爱"与"所爱"才能构成关系。人类所知的最亲密的关系莫过于父子，由此展现出的力量就称为灵，灵一直在世间运作。这就是基督宗教对"三位一体"的基本理解。

3. 区分不同位格，是为了凸显"爱"，这可以用保罗的话来加以
    说明。

基督宗教对西方世界的影响非常深远。以公元纪年法来说，它出
现于 731 年，英国学者比德在编辑《英吉利教会史》中首次采用
公元纪年。"公元前"用英文字母 B.C. 来代表，意为"基督之前"
（Before Christ）；"公元后"用 A.D. 来代表，这是拉丁文 Anno
Domini 的缩写，意思是"上帝的年代"，亦即耶稣诞生，上帝的年
代由此开始。基督宗教对西方文化的深刻影响由此可见一斑。

课后思考

保罗所说的爱已经成为人类文化的经典名言，你读了之后，有何
感想？

第 13 章

教父哲学代表：奥古斯丁

有了求真决心，可以改变人生吗？

本章的主题是：教父哲学的代表奥古斯丁（Augustine, 354—430）。本节的主题是：有了求真决心，可以改变人生吗？

中世纪有一个宗教和两个学派：一个宗教就是基督宗教，而后发展为"一教三系"；两个学派就是在前的教父哲学与在后的经院哲学。教父哲学最重要的代表就是奥古斯丁。

本节要介绍以下三点：

第一，教父哲学的代表奥古斯丁的主要工作；

第二，奥古斯丁传奇的一生；

第三，他的求真决心带来怎样的结果？

（一）教父哲学的主要工作

教父哲学在奥古斯丁这里得到最完整的发挥。在进入主题之前，我们先要说明一个简单的观念。天主教掌握中世纪整个社会的发展，他们对于德行完美的人物，包括为宗教信仰殉教的人物，会在他们的名字前面加上"圣"（St. 即是 Saint）字，譬如圣奥古斯丁、圣托马斯·阿奎那。从哲学的角度来看，"圣"这个字是多余的。如果"圣"代表完美的话，这些哲学家的见解不尽相同，这不是有些矛盾吗？所以，在用理性探讨人生问题时，我们统一把"圣"字去掉。

奥古斯丁作为教父哲学的代表，他的主要工作是把当时流行的新柏拉图主义与基督宗教进行有机的融合。新柏拉图主义将最高的层次称为"太一"，由"太一"流衍出知性、世界魂、个人生命以及万物；基督宗教认为有一个至上神，其地位相当于"太一"，但他们主张创造论而非流衍论。谈到人生的归向，新柏拉图主义认为要回归太一，基督徒认为要回归上帝，两者的想法类似。奥古斯丁要设法协调希腊哲学与基督宗教，使两者能融为一体，这就是教父哲学最主要的工作。

（二）奥古斯丁传奇的一生

奥古斯丁出生于北非的塔加斯特（Tagaste），母亲是虔诚的基督徒，父亲直到临终前才受洗。奥古斯丁从小既聪明又调皮，经常让父母操心，母亲天天为他祷告。在他 16 岁时，父母把他送到当时北非最大的城市迦太基（Carthage）学习修辞学，这在当时是热门的学问。

奥古斯丁有一本代表作名为《忏悔录》，直到今天仍有很多人阅读。书中描写他的成长过程，记录了他年轻时的许多荒唐故事。他曾和几个伙伴路过别人的花园，只因为门口挂着"不可偷摘水果"的牌子，他就偏要去偷；偷了之后自己随便吃两三颗，剩下的或者丢掉或者拿去喂猪。这很明显是青春期的叛逆表现。

他在求学阶段不喜欢希腊文，后来才后悔，觉得自己无法进一步了解希腊哲学家的作品。他在迦太基学习期间结交了一群坏朋友，组成了一个名叫"颠覆者"的团体，专门扰乱社会治安，抢劫无辜的路人；所幸奥古斯丁参与不多。他耽溺于情感之中，很快便有了情妇和私生子。

尽管有这么多复杂的问题，奥古斯丁的学习成绩还是相当优秀。

他的修辞学、辩论术都非常好，年仅 20 岁就在迦太基创办了一所修辞学学校，自任校长。后来这个学校办不下去了，他就到米兰去教书。

他是典型的罗马帝国末期的人。当时的人对于男人行为不检点不以为意，反而认为那是潇洒的表现。他在米兰接触到天主教，33 岁受洗成为基督徒，然后回到北非的希波城（Hippo），几年后被选为主教，成为一位重要的哲学家与神学家。

奥古斯丁有何特别之处？他年轻时放浪形骸、任性自负，但他也在不断地寻找真理。他早年对感情不负责任，喜爱炫耀自己的演说能力，后来他为此深深地忏悔，批判自己年轻时的各种作为，这些经历使他探触到人性最深刻的一面。他对于罪恶非常敏感，甚至把许多无害之事也当作罪过。譬如，他说自己求学时喜欢嬉戏胜过喜欢学习；热心于研究古希腊特洛伊城的大火，却不喜欢背诵数学公式；一有空就到歌剧院去观赏演出。他甚至说："婴儿哭闹着要吃东西是否也算是一种罪恶呢？"可见，他有极其敏锐的良心，比一般人更接近人性的本来样貌。

他以前所未见的活力使自身成为思考的对象，他说："我自己就是我探究的对象。"他是哲学史上第一个撰写真实自传的人，他的作品《忏悔录》非常真实，对自己的问题一点都不美化或隐藏。他诚实面对自己，学习了解自己。也唯有探究自身、关注自身，才可能获得真理。他说："不要从你自身离去，因为真理栖息于人的内心世界。"他把焦点转向人的内心世界，由此开启西方哲学史的新纪元。

（三）奥古斯丁的主要发现

奥古斯丁发现，人类总是不对劲，内心总是不平静，生活在混沌中又渴望脱离混沌（混沌就是没有秩序的状态）。他写道："神啊，你要让我们走向你，直到栖息于你之中，我的心总是不能平静的。"

这当然是他后期的觉悟。

奥古斯丁在哲学探讨的主题上开创了新纪元，他要探讨人的内心世界，在内心世界中寻求真理。另一方面，他也是古代社会最具现代精神的哲学家。

所谓的"现代精神"是指以下三个方面。

1. 自我的觉醒与批判

他注意到自我的重要，要向内反省及批判自己，他的《忏悔录》中有很多这方面的数据。由"忏悔"一词就能看出，他对自己的生命有一种深刻的反思。

2. 他的作品显示了心理的冲突与挣扎

这属于现代人比较熟悉的"深度心理学"的范畴。对于别人提出的问题，他有时也觉得难以回答。有一段与"时间"有关的名言在哲学史上流传了下来，他说："时间究竟是什么？没有人问我，我倒是清楚；有人问我，我想说明，便茫然不解了。"事实上，对于"时间是什么"这一问题，大家至今都难以达成共识。

奥古斯丁究竟是如何说明时间的呢？他说："时间在我的灵魂里面，我以灵魂来衡量我的时间"。如何衡量？通过记忆，理解过去；通过观察，理解现在；通过想象，理解未来。所以，时间是我们心中最深刻的一种体会。后来的哲学家还会一再讨论这个问题。

他对人性有非常深刻的了解，他说："坏习惯不加以抑制，不久它就会变成你生活上的必需品。"他又说："我们最危险的敌人其实是我们对敌人的仇恨，这种仇恨在我们内心造成的伤害，远远超过我们打击敌人给敌人造成的伤害。"如果内心缺乏深刻的反省，就不可能写出这样的语句。

3. 生命的隔绝与希望

奥古斯丁有强烈的求真之心，但他又感觉到生命是隔绝的，与世界不能沟通，对自己亦无法认识。那么希望何在？我们后文会继续介绍他在求真之路上究竟觉悟到什么，以及他关于原罪与罪恶、灵魂与真理等方面的看法。

收获与启发

1. 奥古斯丁是教父哲学的代表，他的主要工作就是把古希腊时代最后一派哲学——新柏拉图主义与他本人所信仰的基督宗教做有机的结合。

2. 奥古斯丁有非常传奇的一生，他年少时放荡不羁，30 岁以后成为循规蹈矩的宗教家。

3. 在求真决心的引导下，奥古斯丁将人的内心世界作为主要的探讨对象。他不但开启了哲学研究的新纪元，也显示出现代的精神。很多人甚至将他与存在主义的思想联系起来。

课后思考

很多人都有青春期叛逆的经验，你是否记得自己过去的经验？是什么样的机缘让你走上人生的康庄大道？

若我受骗，则我存在

许多人都知道近代西方哲学家笛卡尔说过"我思故我在"，但比他早 1200 多年的奥古斯丁说过一句类似的话——若我受骗，则我存在。

本节要介绍以下三点：

第一，努力学习，寻找真理；

第二，回到自己，深刻反省；

第三，我的存在，不可怀疑。

（一）努力学习，寻找真理

不管奥古斯丁在生活上有什么问题，他还是非常爱好学习的，学习的目的就是要寻找真理。他接触到四种思潮，对他的思想产生重大影响。

1. 他阅读了罗马初期哲学家西塞罗的著作。从此以后，他便开始向往更高级的哲学生活，认真思考此生该何去何从。

2. 接触到当时很流行的摩尼教。波斯人摩尼（Manes）在公元 3 世纪创立了摩尼教，他认为：这个世界从古以来就有善恶两种势力的斗争；人的灵魂和身体一善一恶，也是一种二元的组合，一直处于斗争之中。奥古斯丁最初认同摩尼教的说法，认为它可以解释恶的来源问题。他当时还不能理解基督宗教的说法，因为基督宗教认为神是善的，那世间为何会有恶存在呢？可是他后来发现，如果善恶总是二元冲突的话，该怎样劝一个人行善避恶？如此一来，人永远也找不到确定可靠的知识。到底什么才是可靠的知识？到底从哪里可以找到真理的基础？他仍要努力继续寻找。

3. 接触到新柏拉图主义。新柏拉图主义是一种一元论的系统，以一种唯心论的方式来整合整个宇宙，奥古斯丁觉得这种说法比较合理。

4. 接触到基督宗教。奥古斯丁在米兰遇到一位主教安布罗斯（Ambrose, 340—397）。一般认为安布罗斯就是奥古斯丁的"苏格拉底"。他受到这位主教的深刻启发，后来皈依基督宗教，自己也成为宗教里的一位教父。

（二）回到自己，深刻反省

奥古斯丁年轻时就成为受人尊敬的修辞学教授，在社会上有一定的成就；但他心里始终觉得不安，总是充满疑虑。后来，他听说埃及有几千人过着朴素而圣洁的修行生活，这些人大多没受过什么教育；而他却一直没有打定主意该如何生活，于是心里更加不安。

一天午后，他躺在自家花园的长凳上，随手翻开《圣经》放在一边，他起身后又倒在无花果树旁，这时听到隔壁传来一个孩子的声音："拿起来读！拿起来读！"他忽然间好像受到启发，产生了灵感，于是立刻跳起来拿起《圣经》，正好翻到《圣经·新约》中保罗所说的一段话："行事为人要端正，好像行在白昼；不可荒宴醉酒，不可好色邪荡，不可争竞嫉妒；总要披戴主耶稣基督，不要为肉体安排去放纵私欲。"(《罗马书》13:13-14)他觉得这句话就是专门对他说的，所以当下觉悟要改邪归正，走上人生的正途。他要回到自身去探讨，到底什么才是真实可靠的知识，人到底能够认识什么。

（三）我的存在，不可怀疑

人活在时间的过程之中，过去有如南柯一梦，未来好似镜花水月，而现在的一刹那又恒处于变化之中。奥古斯丁要问：我真的存在吗？或者我只是在做梦？于是他开始认真思考。这个问题只可能有两种答案：第一是我存在；第二是我不存在。若我存在，就不需要再探讨。若我不存在，却以为自己存在，那我可能受骗了；然而我必须存在才能受骗，否则是谁受骗了呢？这个论证十分有趣。这一说法深深影响1200多年后笛卡尔的思想，当笛卡尔说"我思故我在"时，也经过类似的思考过程。

我处在变化的世界中，一切都在变化，一切都不可靠，这一切都是真的吗？我从哪一点可以肯定存在呢？答案就是从我自己开始。我肯定自己存在，因为我即使受骗，我也必须存在才能受骗，所以我的存在是不可质疑的。这是真理的第一步基础（我们可以把"真理"理解为"真实存在者"）。你如果向外求知，所有的知识都是相对的，人间的富贵荣华都是短暂的；如果向内求觉悟，人心又是善变而不安的。灵魂才是真正的自我，人还要设法向上寻找自我的根源，这样就会找到信仰。

"若我受骗，则我存在"这句话中隐含三个意思：第一，我存在；第二，我知道我存在；第三，我渴望我存在。

1. "我存在"就是我能肯定自己的存在。

2. "我知道我存在"是说，当我确信自己存在时，我获得一种超越感官认识、超越一切知识的理解，我觉悟到有一个内在的自我，这是理智的作用。

3. "我渴望我存在"是说，当我确信自己存在时，我产生一种继续存在下去的渴望，我从中体验到一种喜悦，要对自己的存在不断加以肯定，这是意志的作用。

因此，人如果肯定自己的存在，立刻会出现理智的"知道"和意志的"渴望"。

人对自己的存在有了真知，才知道该如何去寻找幸福。什么才是"真知"？除了"我存在，我知道我存在，我渴望我存在"这三点以外，我们还要知道：人间大部分东西都没有太大价值，只有和自己灵魂有关的才是真实的；且还要由此上溯到根源，也就是神。奥古斯丁是宗教家，这样的推理对他来说是很自然的。人活在世界上要找到根源，那才是真实的基础。对奥古斯丁来说，这个根源就是基督宗教的上帝。

他进一步肯定以下三点：

1. 一切存在的东西都是上帝创造的；

2. 上帝创造的一切都是美好的；

3. 人间虽有罪恶，但这种罪恶也可能让人类产生善的结果，否则这种罪恶不会出现。

他认为恶是善的缺乏，而不是实实在在的东西。就像动物会生病，生病代表缺乏健康，它并非真实的东西。为恶代表我们对善有所缺乏，只要行善，恶就会完全消失。这是当时对恶的一般理解。

1. 奥古斯丁怀有求真的决心，他学习当时所能找到的各种知识。他先是受到西塞罗著作的启发，开始研究哲学；后来觉得摩尼教的善恶二元论似乎可以说明恶的问题；然后又接触到新柏拉图主义的唯心论，发觉还是一元论比较合理；最后接受基督宗教的一整套思想。

2. 他不满足于先前所知，一直在继续追问，一定要找到可靠的"知"。他在追问的过程中推出"若我受骗，则我存在"：若我以为自己存在，而事实上不存在，代表我受骗了；但我必须存在，我才能受骗。这是一种很巧妙的推论方式。他回到自身，由此肯定"我存在，我知道我存在，我渴望我存在"。我有这样的生命就会追求幸福，而幸福一定要建立在最真实的基础上，然后再把人与神的关系做一个建构，进入宗教的世界。

课后思考

请你回忆一下在学习过程中是否有过被骗的经验？比如被某个观点或知识骗了很多年，后来突然觉悟。

13-3

"原罪"与"恶"

本节要探讨的是"原罪"与"恶"这两个刺耳的问题。中国人听到"原罪"这两个字就会觉得有压力，因为数百年来，我们所学的儒家思想都采用朱熹的解释，从《三字经》开始就强调"人之初，性本善"，所以"性本善"的观念已经深入人心了。至于这个说法对不对，朱熹的解释是否符合孔子、孟子的思想，我们姑且不论；但是我们听到基督宗教说"人有原罪"，总觉得很难理解，更不容易接受。

本节内容包括以下三点：

第一，原罪所指的究竟是什么？

第二，恶又是什么？

第三，由此造成的人间状况如何？

（一）原罪是什么？

我们最好将"原罪"理解为"罪的来源"。人类世界自古以来都是善恶并存，恶显然来自于有缺陷的状态。但是不能将人间的罪恶归因于上帝，因为基督徒相信上帝是全善的、全知的、全能的，不可能与罪恶有任何关系。所以，我们在探讨原罪的时候，等于是在追问：罪的来源到底是什么？

根据基督宗教的理解，罪必须由人自己来负责，这就是亚当和夏娃在伊甸园偷吃禁果的故事。最初上帝与人类约定，有一种果子不能吃，结果人类违背了神的旨意，得罪了神，这就是原罪。原罪的来源是人有自由可以做出选择，然而它的后果居然是会遗传给人类的后代。

　　如果人类的原罪是靠生理上的遗传得来的，只要生而为人就有罪，那怎样理解这样的罪呢？罪与人的行为有关，必须以自由作为前提，但是人刚一出生，哪里有自由行动的可能呢？所以，与其说原罪如何遗传给后代，不如回到人的自由这个问题上。

　　每个人都有自由，可以自由做选择，但任何选择都有一半的机率选错，由此产生一种原始的紧张状态，这就叫做原罪。换句话说，人在自由选择时，可能由于理智不清、意志不坚或情绪干扰而做出错误的选择，有时甚至故意做出一些不该做的事，害人害己。这样就造成了人间的各种罪恶。

　　可以进一步问：人类不是上帝造的吗？上帝为什么不能造一个可以自由选择但永远不会选错的人呢？这当然可能，但如此一来，人的自由就变成虚幻的东西。就像造一个机器人，给它设定好程序，让它不会做任何坏事；但是机器人本身没有自由，也就没有所谓的"道德的责任"，更谈不上价值与尊严。人类可以自由选择，就要为他选择的后果承担责任。

（二）恶是一种缺乏

　　恶到底是怎么回事？简单来说，恶不可能是上帝所造的真实之物。除了道德上的恶，另外还有两种恶。一种是生理上的恶。自然界的生物都有生老病死的问题，譬如一个人受伤或生病就是生理上的恶，这属于自然现象。另一种是形而上学的恶。人是受造的，不是自己生出自己的，因而人的存在不是完美的状态。因此，形而上学的善就等于存在，形而上学的恶就等于虚无。

初期的基督徒将恶视为一种缺乏，你本来应该有正确的作为，结果你的意志选错了方向。所以，恶与意志有关，一般所谓的"自由"都是针对"自由意志"来说的。人的意志转离了上帝，而上帝是永恒不变的善。离开了永恒不变的善，转向有限的、相对的万物，以为万物更重要。因此，所谓"恶"就是人的意志缺乏正当的秩序。恶不是上帝造成的，也不是从虚无中创造的，而是人从本质堕落，趋向于不存在的东西，追求那些会消灭的东西。

事实上，新柏拉图主义的普罗提诺已经提出过这样的观点。从罗马时代开始，整个中世纪基督宗教都接受"恶是一种缺乏"的观念。所以，不必把恶的原因归之于全能的上帝，或像摩尼教那样，认为有一个恶神存在。

把恶当作一种缺乏，在宗教里也许说得通，但在现实中我们不免要问：恶真的是一种缺乏吗？人间有许多罪恶令人发指。譬如，第二次世界大战时纳粹屠杀600多万犹太人，如果说这样的罪恶只是善的缺乏，对那些牺牲的人来说不是太轻描淡写了吗？直到今天，世界各地的罪恶依然层出不穷，少数人为了自己的欲望而不惜伤害他人。如果只是把恶当作一种缺乏，恐怕不容易说服一般人。

（三）原罪与恶造成的人间状况

人间一向都是善恶并存的。奥古斯丁的年代是公元354年至430年，西罗马帝国在476年灭亡。在他生命的最后阶段，当蛮族快要攻陷希波城时，奥古斯丁只能默默祷告。他的生命即将结束，而天下大乱、罪恶横行的情况却丝毫没有减少。

奥古斯丁除了宗教、神学方面的著作，另有两本哲学著作最有名，一本是《忏悔录》，另一本就是《上帝之城》（*The City of God*）。他把人间的国家分成两个，一个叫做巴比伦，一个叫做耶路撒冷。巴比伦代表世间的帝国，即世俗之城、地上之城；而耶路撒冷代表天上之城、上帝之城。这象征着人间善恶两种势力一直并存，且一直在对抗。他把天主教教会当作耶路撒冷的代表；但不要忘记，因为人性的软弱，教会中同样存在着各种罪恶。

我们必须承认，宗教对于原罪与恶的问题已经做出比较完整而深刻的探讨。在社会学、心理学等学问尚未充分发展的情况下，也很难再做进一步的评论。

收获与启发

1. 基督宗教所谓的原罪，不是说每个人生下来就有原始的罪。由于人的社会一直存在着罪恶，所以要追问罪恶的来源是什么。上帝是完美的，所以罪恶的来源不能推到上帝，而只能推到人类的祖先。原罪是如何从祖先往后代代相传的呢？与其说是生理上的遗传，还不如说由于每个人都可以自由选择，而任何选择都有一半的机率会选错，由此造成原始的紧张状态。这样解释原罪比较合理。

2. 对于世间出现的各种罪恶，恶的来源何在？恶不是积极的、具体的、真实的东西；恶是一种缺乏，即缺少合理而正当的秩序，这种缺乏与人的意志直接有关。意志本该以上帝为目标，现在却以人间的名利权位为目标。由于意志选错了方向，于是后面出现各种复杂的情况。

3. 这样解释"原罪"与"恶"能够充分说明人间的状况吗？在宗教界之外能否被认同呢？直到今天，这仍然是一个问题。

奥古斯丁说："要痛恨罪恶，但不要痛恨犯罪的人，因为他们与我们一样都是软弱的。"请问你对这句话有什么样的感想？

补充说明

奥古斯丁为何说不要痛恨犯罪的人？因为犯罪的人跟我们一样是软弱的，我们无法完全了解别人的遭遇；更重要的是，人可以改过迁善。如果痛恨犯罪的人，会使他改过迁善的意愿降低，甚至自暴自弃。

我们可以把奥古斯丁说的"罪恶"延伸到更广的领域，譬如社会的不公平、经济的不平衡，及各种特殊的个人遭遇。

我曾看过一篇报导，美国高中生有 30% 无法完成高中学业，主要原因有三个：吸毒、酗酒和性泛滥。我们要从更宏观的角度去思考，设法消除造成罪恶的因素，减少犯罪的可能。譬如打击毒品交易，限制将酒精出售给未成年人，不能对性泛滥听之任之。等到青少年犯罪之后再来责怪他，对他也不公平。

有人犯了罪，对社会造成伤害和威胁，我们当然要痛恨。但是与其责怪这个人，不如思考他犯罪的诱因是什么。如果这些因素一直存在，还会让更多的人走上犯罪之路。我们痛恨这种罪恶，就要设法阻止或减少造成罪恶的相关条件。当然，要完全消除罪恶恐怕也只是个幻想。

奥古斯丁是宗教家，也是哲学家，我们要练习由他说的话反推到他的心灵状态和信仰，进而理解他对人生的各种看法。如果你能经常练习反推，当你自己遇到问题时，思维的角度、宽度和高度都会不同，这才是学习哲学的目的所在。

论灵魂与真理

本节要介绍奥古斯丁如何谈论灵魂与真理。有关人的问题始终令我们好奇，古希腊时代就出现"灵魂"的概念，但一直没有明确的说法。奥古斯丁认为："人有身体与灵魂，灵魂是不死的。灵魂拥有身体，但这并不代表有两个位格，他还是一个完整的人。"奥古斯丁这样定义"人"：人就是灵魂，他使用会腐朽的、在尘世的身体。这和柏拉图的"身体是灵魂的监狱"的说法已经有所不同。中世纪哲学家都有宗教信仰，他们不再把身体当作完全负面的东西。身体也是上帝造的，上帝所造的一切，没有理由是不好的。

本节要介绍以下三点：

第一，人是什么？

第二，如何证明上帝的存在？

第三，真理是什么？

（一）人是什么？

奥古斯丁认为，人有灵魂，灵魂是非物质的、知性的、会思考的。灵魂除了具有非物质性，还具有实体性，就像亚里士多德所谓的"自立体"。非物质性加上实体性保障了灵魂的不死。奥古斯丁参考柏拉图的论证，从以下三个方面证明灵魂不死。

1. 灵魂是生命的原理，生命和死亡不兼容，所以灵魂是不死的。

2. 灵魂可以理解不朽的真理，因此灵魂本身必须是不死的，否则它不可能理解性质完全不同的、不朽的真理。动物的魂有感觉能力，但是人的灵魂还有知性推理的能力，人与动物在这一方面完全不同，人可以进一步理解不朽的真理。

3. 灵魂渴望完美的幸福。奥古斯丁发现人类总是不对劲，内心总是不平静。他有一句话值得再次引述："上帝啊，你让我们走向你，直到栖息于你之中，否则我们的心总是不能平静。"如何才能让自己安心？只有进入宗教的领域。

其实这种观念我们并不陌生，可以拿禅宗思想来做对照。达摩祖师是禅宗的初祖，他来到中国创建禅宗。禅宗二祖是慧可禅师。慧可禅师第一次拜访达摩祖师时，便请他开示："求大师为我安心。"可见，这是人类共同的境遇，总是觉得心里不安，总感觉哪里不对劲，不知道走哪条路才是正确的。

达摩祖师的回答巧妙而精彩，他说："你把心拿来，我替你安。"他把那种模糊、抽象的状态具体化，好像心要放在什么地方才能够安。慧可说："我找不到我的心。"达摩祖师说："我已经替你安好心了。"这代表其实连自我都不存在，所有问题都是自寻烦恼。这是佛教思想对人的启发。

作为基督徒，奥古斯丁相信：存在一个至善而完美的上帝，他是一切真理的基础。人只有追求上帝，才算走在正确的路上。如最后能与上帝会合，就能得到真正的安顿。人是善变的，每天都有不同的想法和作为，永远不能满足于自身。只有投身于更伟大的、永恒不变的力量，才能让自己安顿并发现幸福。

奥古斯丁说："使你幸福的，不是你自己灵魂的德行，而是那赐你德行的上帝。"换句话说，是上帝感动了你的意志，又使你有能力行动，就连德行也是来自于神的恩赐。所以，寻找上帝就是追寻至高的幸福，而至高的幸福就是得到永恒不变者，就是在爱中与上帝结合。

（二）如何证明上帝的存在？

奥古斯丁深知，从灵魂继续谈下去，一定会谈到真理。他所谓的"真理"主要是证明上帝的存在，因为上帝是一切真理的基础。奥古斯丁从以下三个方面来证明上帝的存在。

1. 从人可以了解永恒的真理来证明

人的心智不可能去创造或修正真理，并且人的心智常在变化之中，而真理是不变的，因此人的心智比真理要低。但是，心智居然可以了解什么是真理，就代表有一个更高的力量，亦即上帝，让人心受到光照，从而了解了永恒的真理。这就是奥古斯丁著名的"光照理论"（theory of illumination）。

2. 从受造物来证明

奥古斯丁说："这个世界以及一切可见之物，它的安排、秩序、美妙、变化和运动都在默默宣告：它们只能是被上帝创造的。上帝在照管一切，否则一切都会消失。"这一论证也被称为"设计论证"。世人看到宇宙万物充满秩序与和谐的美感，保持一种适当的运动与平衡，由此便能肯定上帝的存在。后来，经院哲学的代表托马斯·阿奎那也采用这一方式来证明上帝的存在。

3. 从众人具有的共识来证明

他说："人有理性，除非一个人冥顽不灵，否则很容易就有共识，都承认上帝是世界的创造者。"我不是自己创造自己的，我们的父母也来自于他们的父母，我们所见的一切都有来源。请问：这一切的根本来源是什么？奥古斯丁称之为上帝。

奥古斯丁进一步描述："上帝不在空间中的某处，也不在时间中的某一个片刻。他没有空间上的广延性，但他不变而超越，又可以内在于万物之中。"简单来说，上帝既内在于万物，又超越于万物之上。在时间方面，他说："上帝不在时间中的某一个片刻，他没有时间的延展性。但他是不变的与永恒的，比万物更古老，所以在万物之前；又比万物更新颖，所以在万物之后。"

这些说法与《庄子·大宗师》中对"道"的描述有异曲同工之妙。换句话说，上帝不在空间中，也不在时间中。他超越空间，但又无所不在；他超越时间，但是比万物更古老，也比万物更新颖，他永远没有过去和未来的问题。这样的上帝是人间所有真理的基础。如果用"上帝"一词代表万物的来源与归宿的话，奥古斯丁的说法应该能得到不少共鸣。

（三）真理是什么？

真理到底是什么？事实上，以上帝作为基础的一切就是真理。奥古斯丁作为基督宗教的教父哲学家，最主要的特色就是把推论出的灵魂、真理与上帝都归结于基督宗教的《圣经》和教义系统。

关于人的本性，奥古斯丁认为：人的本性就是指向上帝，奉行道德律，这样才可以完成本性的动力。如果上帝不想使人成为他所要的，他就不会创造人。人的意志是自由的，要遵守道德责任，同时也要把爱上帝当作一种义务，由此才可以得到救赎与恩典。

1. 人是什么？人的本质就是灵魂，他使用会腐朽的、在世俗生活的身体。人是身体与灵魂的结合，但灵魂是主要的。灵魂是不死的、非物质的，同时具有实体性。奥古斯丁参考柏拉图的论证来说明灵魂不死。他认为灵魂渴望完美的幸福，而完美的幸福与上帝直接相关。

2. 奥古斯丁用三种方式证明上帝的存在。首先，从人可以理解永恒的真理来看，真理比善变的人心要高，不可能是人心想出来的；所以人心一定是受到上帝的光照，才能理解这样的真理。第二，从受造物的秩序、和谐与平衡也可以证明上帝的存在。第三，从人间的共识来看，一般人凭正常的理性都会接受存在着一个万物的来源与归宿，他就是上帝。由这三方面能否证明上帝的存在？对于已经信仰宗教的人，上帝的存在无须证明；对于没有宗教信仰的无神论者，可能会觉得这些证明很难理解，甚至完全不能接受。

3. 人受到光照的启发才能认识真理，最高的真理就是基督宗教的教义：神创造世界与人类，人类得罪了神，神派他的儿子耶稣来拯救人类，耶稣受苦受难，被钉死在十字架上，最后复活了，相信这样的宗教就可以获得拯救。这就是整个教父哲学核心的观念。

课后思考

请你思考一下，真理是什么？我们可以把真理界定为最真实而不可怀疑之物。如果你要追寻真理，要如何肯定有一个最真实而不可怀疑之物存在呢？那是一种什么样的东西？可以被描述吗？

我们把真理定义为最真实而不可怀疑之物，以此为前提，真理只有两种可能：第一种，真理与人的认识有关；第二种，真理与人的认识无关，即真理不以人的理解为基础。

如果认为最真实而不可怀疑之物需要人的认识才能确定，那么外在世界的一切（如各种物理现象、物质、空间……）都与真理无关。我们不能说外在的一切是假的或不是真理，只能说它们与真理无关。因为对于有形可见、充满变化的世界，人的认识只能不断接近它的实际状况，却不可能完全了解。

奥古斯丁思考这个问题，最后只能说："若我受骗，即我不存在而以为自己存在，那么我必须存在才能受骗。"他由此肯定自我的存在。近代哲学家笛卡尔说的"我思故我在"受到很多人的肯定，但笛卡尔的"我思故我在"所强调的是："我思"等于"我在"，"我"等于"思"。换言之，我只能肯定那个正在思考的我，我的本质就是思考或思想。可见，如果认为真理与人的认识有关，那么你只能肯定自我，而不能肯定万物。这时要继续追问："我"真的存在吗？如果没有一个更大的基础，"我"怎么能算是真的存在呢？这就是近代哲学家不断探讨的问题。

也有人认为："真理就在于追求真理的过程里面。因此，人要不断修正自己对真理的看法。人不可能完全理解真理，只能不断追求。"但追求的目标是什么？如果目标是要肯定自我的存在，这算是比较正确的方向。既然真理与人的认识有关，因此所有认识都要从对自我的肯定开始，否则是谁在认识呢？

如果追求的目标是外在的一切，这就回到真理的第二种可能，亦即真理不以人的理解为基础，真理与人的认识无关，不管人是否存在，真理都存在。如果从这个角度出发，最后很可能会推出亚里士多德所说的"第一个本身不动的推动者"这样一种矛盾的概念。这一概念可以说明宇宙万物的变化现象，它本身没有矛盾的问题。所谓"矛盾"是站在人的角度来看。亚里士多德希望你知道：就算人不存在，照样存在着一个客观的、真实的、不可怀疑的、宇宙最后的力量。你可以用各种名字来称呼它，例如上帝或"道"。

也有人把真理归结为四点：第一，真理不受时空限制；第二，真理没有对立面，没有任何变化；第三，真理不可分而应该是一个整体；第四，真理没有逻辑上的原因，在逻辑上无法找到比它更早的东西来解释它的存在。这四点都采用否定的方式，都使用"不"或"无"。代表不能用肯定的、正面的方式来描述真理是什么，这就是哲学上使用的"否定法"，在中世纪这是一种很重要的方法。

综上所述，如果界定真理为最真实而不可怀疑之物，那么就有两个选择：第一，真理与人的认识有关，它要建立在人的理解的基础上；第二，真理与人的认识无关，它不必以人的理解为基础。由此出发，你或是走向笛卡尔所说的"我就是纯粹的思想"，可以肯定自我的存在，以此作为真理的出发点和基础；或是走上另一条路，认为真理与人的存在无关，就算人不存在，真理照样存在，这样的真理只能用否定的方式来描述，或者用亚里士多德那种矛盾的方式来表述。

另外，对于笛卡尔的"我思故我在"，我们简单用两句话来说明一下。

1. 这句话中的"我"只是纯粹的思想或灵魂，与"我"是否有身体（身体属于自然界，有长宽高三维，有广延性）完全无关。

2. 笛卡尔把这句话进一步发挥，认为"我在故上帝在"。我的生命有时间、空间上的限制，因此我的存在需要有一个更大的基础，那才是最真实而不可怀疑之物，可以称之为上帝。这样就进一步肯定不以人的理解为基础的真理。

这样一来就大致厘清了真理这个观念。当代德国哲学家伽达默尔有一本著作叫做《真理与方法》，他在书中对真理做了进一步的分析，后文再做详细的介绍。

有多少力量，就有多少爱

本节的主题是：有多少力量，就有多少爱。这句话是奥古斯丁的名言，按照原文直译就是"我的力量如何，我的爱也如何"。他还说了另外一句话："我的爱如何，我的价值也如何。"

第一句"我的力量如何，我的爱也如何"，重点在于后面的"爱"。你在世界上有多少爱的表现，要看你有多少力量；如果力量不够，不可能有许多爱的行为。第二句"我的爱如何，我的价值也如何"，一个人在世界上有多少价值，要看他展现多少爱；如果没有爱，人的生命毫无价值可言。从这两句话出发，本节要介绍奥古斯丁的爱的伦理学，包括以下五点内容。

第一，爱是普遍的。

第二，爱的真实性。

第三，爱决定一个人的性质。

第四，爱的方式。

第五，爱的次序。

（一）爱是普遍的

人有欲望，欲望的表现就是爱。因此，人的所有活动都是爱，爱就是生命力量的运作。爱就是渴望自己所没有的，拥有它就感到喜悦，受到威胁时就产生恐惧，丧失它就觉得悲伤。所以，一个人的所作所为，甚至包括罪恶在内，都是由爱引起的。

既然人的所有活动都是爱，那么爱就是生命力量的本质。只要活着、有生命力，就有各种欲望，欲望的对象就是你爱的东西。虽然很多爱会带来灾难甚至罪恶，但不能因此就消灭了爱，而要设法把爱加以净化，使它变得更为纯洁、更为干净。因此，爱是普遍的，可以用来解释人间各种复杂的现象。

（二）爱的真实性

真实的爱是爱万物最后的、最高的原因，或是爱永恒的理想。有些人爱大自然，但大自然也是由上帝所造。有些人爱人间的名利权位、富贵荣华，这些爱还需要提升才能抵达最高的层次。所以，爱的真实性只有一个标准，就是你所爱的是不是至高的理想。孔子曾经说过："若圣与仁，则吾岂敢？"代表他一生都在追求成圣、成仁这样的目标，他认为自己始终没有达到，因为最高的目标需要用一生的时间作为验证。这样的爱才是真实的。

（三）爱决定一个人的性质

奥古斯丁说："判断一个人是不是善人，不要问他相信什么，也不要问他希望什么，而要问他爱什么。"一个真正的善人不知道什么叫做善，他只是爱善，爱上帝超过爱自己。所以，奥古斯丁才会说"我的爱如何，我的价值也如何"，一个人的价值由他的爱所决定。爱得愈多，价值也就愈高。

有这样一个例子。一个农夫是东正教信徒，平常忙于工作。他向神父请教："我到底怎样才能走上成圣之途呢？"神父说："你每天念耶稣基督一万遍。"可以想见，每天从早到晚念耶稣基督一万遍，最后根本数不清念了多少遍。就像有些佛教徒口中一直在念"阿弥陀佛"一样，你不断地念，心思就不可能跑到别处去。如果你一直念兹在兹，一心追求一个对象，就有可能与它结合。

（四）爱的方式

爱的方式有两种：一种是对上帝的爱，另一种是对世俗的爱。人可以爱世俗之物，但要把世俗的一切当作手段与条件，而不能把它们当作目的。要记住一项原则：要把人生当作一次旅行，到了目的地才算完成旅行的任务。在旅行途中可以休息，可以且看且走，但你的心始终要放在最高的、最后的目的上。

再举一个例子。有两个人都喜欢抽烟，第一个人问神父："祈祷的时候可以抽烟吗？"结果被骂了一顿："祈祷的时候不专心，居然想抽烟。"第二个人问神父："抽烟的时候可以祈祷吗？"他得到了神父的称赞："抽烟的时候还不忘记祈祷。"这两个问题表面看起来没什么差别，但关键在于：你没有忘记的是什么？祈祷的时候不忘抽烟，你想的是抽烟；抽烟的时候不忘祈祷，你想的是祈祷。所以，第二个人理应受到肯定。

人生有如一次旅行，我们都是过客，而不是归人。你可能取得令人羡慕的成就，赢得欢呼和掌声，但无论旅途中的风景有多美，一切都会随着时间而消逝，你很容易像奥古斯丁一样觉得厌倦和空虚。如果把人生当作过客，代表你知道自己的目标是什么、归宿在哪里，这样就找到了正确的方向。

（五）爱的次序

这与前几点类似，你可以把爱世界当作过程和手段，这并不妨碍你去爱上帝。譬如，你爱可见的形体，那就是对上帝的疏离。但是你赞美上帝，然后再去爱有形可见的物体，就代表你没有疏离上帝。万物为什么值得被爱？因为万物由上帝所造，这就是最根本的理由。

作为中世纪的教父哲学家，奥古斯丁十分称职，他把当时宗教碰到的各种问题都做了深入的探讨。他有十分特别的人生体验：年轻时放荡不羁、纵情声色，由此探触到人性非常复杂的一面；后来改邪归正、努力修行，从而对人生有了较为完整而深刻的理解。他的作品超越时空的界限，受到许多读者的喜爱。

他是古代西方哲学界第一位对人性做出真诚而深刻反省的哲学家，他以自己的生命作为见证，要看一看生命可以堕落到何等程度，又可以经过悔改而提升到何等高度，让人的生命在寻寻觅觅中找到最后的归宿。

奥古斯丁说："我的力量如何，我的爱也如何；我的爱如何，我的价值也如何。"人的一生是否有价值，要看他能否把爱充分发挥出来，价值要靠人的实践才能创造。一个人生下来只有潜在的价值（潜能），他必须不断地实践（实现）才能创造价值。一个人通过积极的作为，对别人、对社会做出正面的贡献，由此可以确定他的价值，而价值的基础在于他的爱。从力量到爱，从爱到价值，这就是奥古斯丁爱的伦理学的基本框架。

1. 奥古斯丁作为基督徒和教父哲学的代表，他提出一套爱的伦理学，这既符合天主教的教义，又符合当时社会的需求。他的核心思想是要建立一种适当的秩序，你可以去爱世间的一切成就，但不能把它们当作最高的、最后的目的。最高的、最后的目的永远是上帝。

2. 一个人的人生价值要由他的爱来体现。无论是中世纪的教父哲学还是稍后上场的经院哲学，经常会谈到"上帝"一词。但是从古希腊哲学一路下来，哲学家所说的"上帝"与宗教中所信仰的"上帝"是不同的。哲学家的"上帝"是用来指涉万物的来源与归宿的一个名称。至于这个名称有何具体的内容，每个哲学家都会从自己的角度有不同的发挥。

课后思考

奥古斯丁说："你想知道一个人是否是善人，不要问他相信什么或希望什么，而要问他爱什么。"你赞成这句话吗？你能为这句话找到什么例证吗？

在此补充说明一点，信、望、爱是基督徒相信的最重要的三种德行，其中又以"爱"最为重要。

第 14 章

托马斯·阿奎那：温和实在论

哲学的慰藉

本章的主题是：中世纪哲学家托马斯·阿奎那的温和实在论。整个中世纪就是一个宗教、两个学派。其中一个学派是上一章介绍的教父哲学，另一个学派就是经院哲学，它采用类似于大学授课的方式，讲授与宗教相关的基本道理，并进行讨论和辩论。

托马斯·阿奎那（Thomas Aquinas, 1225—1274）是经院哲学的集大成者。在西方哲学史上，既可称他为托马斯，也可称他为阿奎那，指的是同一个人。我们先要介绍托马斯·阿奎那之前的几个重点。

本节的主题是：哲学的慰藉，要介绍中世纪初期的哲学家波爱修斯（Boethius, 480—525），他是在奥古斯丁去世 50 年之后诞生的。在雅典完成学业后，他担任东哥德王国的高级官员。他有贵族世家的背景，享受富贵荣华。他本身也是很优秀的学者，但后来被冤枉，以叛国罪被处以死刑。这是他一生简要的介绍。

他在学术上最大的贡献就是把亚里士多德的逻辑学传递给早期中世纪，把亚氏的《工具论》翻译成拉丁文并加以注释。直到 12 世纪，他是亚里士多德著作传入西方哲学界的主要渠道。他曾计划把亚氏著作全部翻译成拉丁文，但只完成了逻辑学这一部分。

波爱修斯在各方面取得令人敬佩的成就，却被冤枉而下狱，他该如何面对自己的处境？波爱修斯入狱后倍感委屈，就把他一生的哲学思维重新整理，写下一本重要的代表作——《哲学的慰藉》（The Consolation of Philosophy）。这本书的写法相当特别，内容分为五章，每章都是以一首感叹诗开头；然后请哲学女神上场，与他进行对话与开示，提醒他在患难中不要怨天尤人，而要把哲学的智慧运用在自己的处境上。从中可以发现，他学习的主要内容是我们所熟悉的苏格拉底、柏拉图、亚里士多德以及后续一些学派的思想，当然也包括基督宗教的信仰。

本节要介绍《哲学的慰藉》一书的四个重点问题，这四个问题对于了解中世纪的思想很有帮助。

第一，对自己命运的评价。

第二，幸福在内不在外。

第三，善恶应该有报应。

第四，上帝预知与人的自由。

（一）波爱修斯对自己命运的评价

人在评价自己的命运或遭遇时，总是选择比较好的一面来说，而哲学女神则提醒波爱修斯反思以下几点：

1. 你以为自己多行善事，但纵览你一生的所作所为，行善的比例其实很低；

2. 你以为自己是正人君子，但知道这一点的人并不多，别人只是把你当作一个名人；

3. 你控诉加诸你身上的罪恶，但这种冤屈在历史上屡见不鲜；

4. 你说你爱智慧，但显然爱得不够，所以你会不断批评你所遭遇的命运；

5. 你希望统治者（上帝）把天上的和平降临到世间，但他不见得用你期望的方式去达成。

这五点提醒我们，人在看待自己的处境时很容易流于主观，自以为是，自以为受苦、受委屈。重要的是不要忘记自己学过的哲学，要了解万物的终极目标所在，这个世界终究会有善恶的报应。

（二）幸福在内不在外

什么是真正的幸福？很多人都追求外在的幸福。举例来说，财富可以让人免于匮乏，但也制造新的匮乏，因为一个人再有钱也不能满足所有的需求。一个人有很高的职位有时反而更凸显出他没有特别的价值，甚至会使他的邪恶置于光天化日之下，让大家都看见。有权力的人需要一大堆随从侍卫，他比他要威吓的人更为畏惧。再大的名声在世界的另一边也没人听说过，且别人的赞美不会让你更高贵。肉体的欢乐如果也算幸福的话，那就必须承认动物都是快乐的。就算你有健美的身体，也会因为三天的热病而化为乌有。可见，外在的幸福不是不好，而是不可过度依赖。

所谓"幸福在内不在外"，就是要做到心灵知足、德行高尚、常保欢乐，并且必须找到幸福的根源，也就是至善。只有上帝是至善的、唯一的，他是万物存在的目的。

但问题是：如果上帝是善的，他用善来统治万物，那么恶从何而来？既然上帝是全能的，那么上帝能否制造恶呢？答案是不能。因为恶是虚无，虚无即不存在，上帝不可能制造虚无。这就是中世纪惯用的思考及辩论的方式。

（三）善恶有报应

一个人为恶可能出于以下几种情况：

1.无知，根本不知道什么是善，因此也无法分辨什么是恶；

2. 缺乏自制，明知是邪恶却避免不了它的诱惑，说明他是软弱无能的；

3. 如果他知道并且愿意为恶的话，由于恶是虚无，代表他陷入虚无之中，根本不能继续存在。

所以，我们不否认坏人的邪恶，但要否认坏人是充实的存在，他们已经变得不再是人了。

波爱修斯如此描写坏人：一个人如果贪婪、抢掠，那不是和狼一样吗？一个人如果狂妄、喜欢诉讼，就像爱叫的狗一样；一个人如果埋伏起来、四处行窃，那就和狐狸差不多了；一个人如果又笨又懒，大概就像驴子一样；一个人如果耽溺于欲望，那就和猪差不多了。可见，一个人如果放弃了善，就不再是人，只能沉沦到禽兽的水平。这就是中世纪对于人可以向上提升，也可以向下堕落的一种说明。

为什么我们常看到许多坏人没有受罚，而好人没有受赏甚至还受苦呢？谈到恶人受罚的问题，波爱修斯说："一个人为恶，这本身就是对他最大的惩罚，这使他陷于虚无之中，他让自己的存在消失了。他如果没有受到惩罚的话，对他而言更为悲惨，因为他甚至不知道自己在为恶。"

另一方面，没有哪一种善会伤害它的所有者，但是财富、权力、地位、名声等却常常伤害它的所有者，譬如，有财富的人不可能无忧无虑。他有一句常常被引用的名言："手中拿着空袋子，可以吹着口哨经过任何强盗的面前，因为你一无所有，所以根本不用担心。"

（四）上帝预知与人的自由

如果真的有上帝，请问这个至善的上帝在主宰一切的时候，人还有真正的自由吗？这个问题在基督宗教中经常被讨论，它的关键在于，如果上帝从永恒就预先知道一个人的行为，那么这个人就不可能有自由意志。应该如何回答呢？标准答案就是，并不是因为上帝预先知道，所以这些事将来会发生；而是因为这些事将来会发生，所以上帝知道它们。

上帝是永恒的，没有时间的先后问题，所以他不会"预先"知道任何东西；他是完美而完全地保有无限的生命，总是"当下"全面掌握一切；他也不存在"未来"的问题，而是同时掌握过去、现在、未来。这样一来，"上帝知道一切"与人的自由意志并不矛盾。也只有这种方式可以加以解释。

波爱修斯还分辨两种必然性：

1. 单纯的必然性，譬如人最后必然会死，事实上所有的生物都一样；

2. 有条件的必然性，譬如我知道某人正在走路，他就必然在走路。这种必然性并非强迫他走路，他自己决定要走路，他是以他的自由意志去走路，这称之为有条件的必然。当然，这一点还有讨论的空间。

因此，上帝预知未来是一种永无终止呈现出来的知，是向前展望，而不是事先预知。就像站在山峰上展望万物一样，上帝在永恒的现在展望万物，人只能在当下的现在看见某些事物。这样就可以将上帝预知与人的自由意志加以协调。

1. 中世纪依然使用古希腊时代几位大哲学家的观念来说明人生问题，但在关键时刻，他们就会把结论引导到宗教信仰的上帝，因为一切都来自于上帝，上帝必须为一切问题找到合理解释。

2. 谈到命运或遭遇，我们就会发现命运女神是善变的，她不会放手不管，命运的轮子不停地在转动。人对于自己的判断很容易流于主观，总觉得自己做了许多好事而没有好报，没做什么坏事却遭遇不幸。

3. 人间所谓的福与祸、幸运与不幸都是双面的，它们可能交替轮换。你以为外在的成就是幸运的，其实未必如此。人还是要经营内在的生命。不管上帝如何预知未来，人还是应该担起自己的责任，进行自我的修炼。

在《哲学的慰藉》这本书的结论中，波爱修斯说："要避免邪恶，实践德行，把心灵提升到正确的希望上，并发出谦卑的祈祷，一个伟大的必然性陈列在你之上。如果你对自己诚恳，一个伟大的必然性对你是好的，因为你生活在一个纵览万物的法官的视线之下。"

你是否认为人生的一切遭遇是由命运任意决定的？或者应该有一个比命运更大的力量在安排、主导这一切，让所有的善恶都有适当的报应？

14-2

共相之争

本节的主题是：共相之争。中世纪哲学界有将近一半的时间都在讨论"共相"（the universal）的问题，对此有丰富而深入的思辨。共相也是从希腊时代一路发展下来的重要观念。譬如柏拉图的"理型"就是共相的一种说法，而亚里士多德在逻辑中谈到的"种"和"类"则是共相的另一种表述。

本节要介绍以下三点：

第一，共相是什么？

第二，共相存在于什么地方？

第三，共相与个体的关系。

（一）共相是什么？

在中世纪讨论时间最长、最热烈，但收效不大的就是共相问题。共相的英文是 the universal，意为"普遍的"，原意是指"普遍之物"。凡是一个名词可用于指称许多个体，这个名词就称为共相。譬如"马"可以用来指称许多个别的马，因此"马"这个词就是共相。一般使用的名词，像车子、椅子、人、飞机等，都是共相。

中世纪为何会谈到共相的问题？因为当时包括波爱修斯在内的许

多学者，在翻译亚里士多德有关逻辑方面的著作时，都会涉及到分类的问题。亚里士多德的标准定义是"类"加上"种差"。所谓"种差"，就是种（species）与种之间的差别。

譬如，该如何定义人？首先把人归于更大的类——动物类，在动物类下有不同"种"的动物，人是其一。然后探讨人这一"种"与其他动物"种"的差别，就是理性。所以，由类（动物）加上种差（理性）就可以得到人的标准定义——人是有理性的动物。

"类"和"种"可以继续往下分，"种"底下就是个体。譬如，"人"这个词包括所有个别的人，它是一个"种"，往上就归为动物"类"。如果把动物当作一个"种"的话，再往上就是生物"类"。可见，"种"和"类"这两个词可以层层往上或往下加以使用。这些都属于共相。

（二）共相到底存在于什么地方？

接着就要问：共相在哪里？这是当时争论的焦点所在。中世纪在对共相问题进行长期探讨之后，基本上形成三种说法。

1. 唯实论

即实在论。唯实论主张共相是实在的，它本身可以独立存在，是一切个别事物的客观基础。这种说法显然来自于柏拉图的"理型论"。换句话说，人所见到的个别东西都分享或模仿一个完美的模型，那个模型真实地存在于理型的世界。人所见到的个体充满变化，反而是不可靠的。

2. 唯名论

唯名论则认为共相不是客观存在的，而是人的理智想出来的。世人约定俗成地想出一些名称来描写许多个别的东西，并把它分类、分种。共相只是人想出的名称而已，只存在于人的理性中；离开人的理性就没有共相的问题。

3. 折衷论

即把前两种说法加以折衷。折衷论主张：个别的东西是存在的，而人有认识能力，可以从个别东西中抽象出共同的特性，从而得到共相。所以，共相存在于个别事物之中，也存在于人的思想之中，只是存在的方式不同。折衷论似乎更符合一般人的想法。

主张折衷论的是中世纪经院哲学的一位重要人物——阿伯拉尔（Peter Abelard, 1079—1142），他认为共相存在于三个地方：

（1）共相在事物存在之前就已经是理性的概念，它存在于上帝心中，即上帝心中先有了某种概念，这样东西才能被创造出来；

（2）共相存在于个别事物之中，它使个别事物具有相同的特性；

（3）人类通过观察事物，经过理智的抽象作用而得到共相的概念。这代表了典型的基督宗教哲学家的解释。

换言之，共相不像柏拉图的理型那样可以独立存在。共相是一个名称，它代表普遍的概念，人的心智借着它可以认识许多个别事物。共相有其客观的指涉，不是单凭人类的主观想象就会出现的。经由共相的概念，我们认识了"在"对象中的是什么，譬如我认识"马"这个词，然后看到每匹马的时候都知道是马，不会跟牛混淆；但这并不代表我能真正知道这匹马实在的情况。上述就是有关共相之争的三种立场。

（三）共相与个体的关系

共相与个体有什么关系？在这里你会清楚地发现亚里士多德的影响。如果说一样东西的存在是质料加形式，那么共相显然比较接近形式，它能帮助我们辨认个体所属的种类，譬如这是马还是牛。辨认个体的差异则要看质料。

中世纪有一个有趣的问题：一根针尖上可以站立几位天使？由于

天使只有形式而没有质料，所以他不占空间，因此一根针尖上可以站立无数天使。问题是质料是个体化原理，由质料才能分辨个体，天使如果没有质料，我们如何分辨不同的天使呢？答案是：天使只有形式而没有质料，因此只能说某一"种"天使，如智慧天使、仁慈天使、勇气天使、正义天使等，而不能说某一位个别的天使。

这样的说法难免有凿空蹈虚之嫌，但中世纪的宗教信仰使众人普遍相信天使的存在。譬如在亚当神话中，正是蛇引诱夏娃偷吃禁果，蛇本来是天使，堕落之后成为魔鬼。就像古希腊时代每个人都相信有精灵一样，中世纪的人也相信每个人都有他的守护天使，可以为人生指明方向。

收获与启发

1. 中世纪讨论最热烈的是上帝存在问题，讨论时间最长但收效并不明显的则是共相问题。

2. 对于共相到底在什么地方，答案有三种可能：第一，共相在上帝的观念中，否则上帝不会造出这样东西；第二，共相独立存在于像柏拉图所谓的理型界之中，有独立的地位；第三，共相在个体身上，但人有抽象能力可以把个体的共性抽出来，形成某个"种"或某个"类"，这接近于亚里士多德的立场。

3. 中世纪的共相问题与后代的认识论有关。人是如何认识这个世界的？这种认识完全出自于你的主观想象，还是真有一个外在的、实在的东西让你认识？人的认识能到什么程度？"认识"就是适当地掌握外在事物的真实内容，再在某种程度上结合自己思想的作用，从而酝酿出某一种观念。这样或许可以说明认识的完整过程。

你在人群中可以一眼认出自己的朋友,你是怎么认出来的? 你有认错人的经验吗?

从定义可以证明上帝存在吗？

本节的主题是：从定义可以证明上帝存在吗？"上帝是否存在"，是中世纪哲学的核心问题。许多人并不信仰基督宗教，也根本否认上帝的存在，但我们还是有必要去了解西方的宗教背景。否则，我们无法理解为什么有些西方人谈到上帝的时候很自然，有些人则好像和上帝有什么恩怨似的，譬如尼采为何非要愤慨地说"上帝死了"？

中世纪哲学家都信仰天主教，对他们来说，上帝存在是一种信仰，没有什么怀疑的余地。但是作为哲学家，他们还是想用理性的方式来证明上帝存在。有关上帝存在的证明有两套基本方法：第一套称为"先天论证"，第二套称为"后天论证"。先天论证只有一个，后天论证则有很多。本节要介绍的是先天论证，下一节再详细介绍后天论证。

先天论证又称为"本体论证"，这在西方哲学界无人不知。对上帝存在提出本体论证的是安瑟姆（Anselm, 1033—1109），他的年代与中国北宋哲学家程颐几乎重合。在中国，当时处于北宋时期，是宋明理学的开始阶段；而在西方，当时仍处于中世纪后期。

安瑟姆是中世纪重要的哲学家，也是英国坎特伯里（Canterbury）的大主教。对于上帝存在的问题，他认为不能只以《圣经》来宣传，而应通过理性的方式来证明，因此他提出本体论证。为什么称为本体论证或先天论证呢？因为这个论证与后天经验完全无关，只从上帝的定义出发，就可以直接证明上帝的存在。

本节要介绍以下三点：

第一，什么是本体论证？

第二，本体论证在中世纪受到哪些质疑？

第三，后代对本体论证有何质疑？

（一）本体论证的内容

安瑟姆从"上帝"的定义出发，他说："所谓上帝，就是不能设想有比他更伟大的存在者。"即如果真有上帝的话，他应该是最完美的存在。不管你是否信仰基督宗教，大概都不会反对这句话。你一旦同意这个定义，就代表上帝非存在不可。因为如果上帝只存在于你的思想中而没有实际存在的话，那上帝就不是最伟大、最完美的，这就与上帝的定义相矛盾了。安瑟姆就是以这种方式证明上帝的存在：只要你接受他对上帝的定义，马上就会跳到"上帝存在"这个结论。这就是所谓的本体论证。

（二）中世纪的质疑

本体论证在中世纪受到两方面的质疑。在安瑟姆提出本体论证之后，很快就有一位名叫高尼洛（Gaunilo）的法国神父反驳这一说法。高尼洛认为："我就算理解了不是真实的东西，并不代表这样东西早就存在于我的心中。即使在我心中存在，也不见得在客观上存在。"高尼洛接着举了一个例子：想象一座最完美的岛屿，那么这个岛屿就一定存在吗？如果不存在，它不是就不够完美了吗？他采用安瑟姆的定义方法，安瑟姆设想上帝，他设想一座岛屿。但是由定义就断言"这种完美的岛屿一定存在"，显然是一种幻想。

高尼洛的质疑听起来很有力量，但他犯了一个明显的错误。安瑟姆指出："所谓完美的岛屿，它只有在脆弱而有限的感官观察里面是完美的。就岛屿作为岛屿的本性来说，再怎么完美也是有限的东西。在相对的时空条件之下，你用不精确的方式可以说这是完美的岛屿。但是，上帝与假设中的岛屿完全是两回事。"安瑟姆这个回应居然使高尼洛神父受到惩罚，被关了好几个月。由于讨论哲学问题而受到惩罚，这实在相当冤枉。可见，中世纪不是那么自由和开放的。

大约 200 年之后，出现经院哲学最重要的代表托马斯，他也反对安瑟姆的说法。托马斯说："我们在心中真的有一个完美的存在者的观念吗？我们有限的人类对于上帝只能有不恰当而间接的知识。我们的理解能力有缺陷，不可能认识上帝一如上帝在他本身，只能借着上帝所创造的万物去认识什么是上帝。"

托马斯后来提出的论证都是"后天论证"，又称作"宇宙论的论证"（Cosmological Argument），因为它牵涉到有形可见的世界万物，都与实际生活经验有关。托马斯认为，我们不能从对上帝不完整的观念，直接就得到"上帝存在"这样的结论。他的质疑有一定道理。

（三）后代的质疑

后代赞成本体论证的人不少，但反对的人更多，最有力的反对者就是近代哲学家康德。康德批评的切入点非常精准，他说："我反对的是'存在'这个词的用法。"他分辨两种说法，第一种说"上帝存在"，第二种说"上帝是全能的"，这两句话的意思是不同的。如果只说"上帝存在"，而没有说上帝的任何特征，意思是"不论上帝是什么，他都存在"，此时要否定这句话，只能说上帝不存在。但如果说"上帝是全能的"，那么就有两种方式来否定这句话：第一是否定上帝的存在，第二是否定上帝的全能。换句话说，一样东西的存在问题与它的特性问题是两回事，两者属于不同性质的观念。我们不必知道一样东西是否存在，也可以去认识它的特性。亦即不管上帝是否存在，我们都可以通过定义去认识上帝的特性。但"上帝是否存在"完全是另一回事。

譬如我说"张三存在"，又说"张三是勇敢的"，显然"张三存在"是废话，因为如果张三不存在，又何必谈论他呢？而"张三是勇敢的"这句话才有意义，这代表张三不是不勇敢的，不是非勇敢的。"勇敢"是述词（或称谓词或宾词），是用来描述主词的。

康德就此得出结论："存在"不能作为述词。不能说"上帝是存在的"，这等于说"如果有上帝的话，上帝一定存在"。这就如同数学说"如果有三角形，三角形三内角的和一定等于180度"一样，说了等于没说。"上帝"这一观念蕴含着"上帝存在"的观念，"三角形"这一观念蕴含着"三内角的和等于180度"这样的观念。因此，上帝的存在不可能从观念上得到保障。

康德的"存在不能作为述词"的说法很有影响力。我们不能因为说"张三是存在的"而对张三有更进一步的了解，因为如果张三不存在，你根本不能谈论他。我们只能说张三是勇敢的、聪明的，这时张三当然是存在的，否则何必谈论他的特性呢？类似的，你可以说神是完美的，却不能说神是存在的。一般认为康德这个论证的力量够强了，但还是有很多哲学家喜欢本体论证。

笛卡尔和斯宾诺莎（B. Spinoza, 1632—1677）都认为，宇宙万物的存在预设一个绝对的存在作为基础。也就是说，上帝是万物的理由，而未必是万物的原因。如果上帝是万物的原因的话，原因与结果位于同一个层次，那么有上帝就非有万物不可，两者不能分开，从而对上帝构成了限制。如果说上帝是万物的理由，就不会对上帝构成限制，上帝不一定非要创造万物。万物事实上是存在的，但一直处于变化生灭之中，万物本身并没有存在的保障，因此需要上帝作为充分理由来保障其存在。因此，万物都需要有原因，只有上帝是"自因"（自己是自己的原因）。如果万物没有一个"自因"的上帝作为基础，就很难解释万物是怎么来的，而只能认为万物的出现完全是偶然的。

无论如何，人有理性可以思考，自然会探求万物最后的解释是什么。要理解万物的存在，必须找到一个最后的根源，它叫什么名字反而不是最重要的。

收获与启发

1. 中世纪哲学有一个重要问题就是上帝存在的问题。许多哲学家都设法提出论证，奥古斯丁也曾提出他的论证，只是不像后代表述得那么明确。中世纪后期的经院哲学非常认真地看待这一问题。安瑟姆提出本体论证：上帝是"那不能设想有比他更伟大的存在者"，既然如此，上帝必须真实存在，否则就可以设想一个更伟大的、真实存在的上帝，才能符合对上帝的定义。他从上帝的定义直接肯定了上帝的存在。本体论证也称为"先天论证"，因为它不牵涉任何后天的经验。

2. 本体论证在当时受到高尼洛的质疑，后来受到托马斯的质疑。

3. 近代哲学家康德特别强调："存在"不能作为述词。所以，可以说上帝是"全能的""全善的"，却不能说上帝是"存在的"。完美的观念隐含着存在的观念，真正的完美当然隐含了真正的存在，但是从"观念"直接跳到"存在"显然有问题。并且，就算以这种方式证明上帝的存在，并说明上帝是自因的，是宇宙万物的基础；但这样的上帝与《圣经》里的上帝也是两回事，他更像是哲学家的上帝。

请问：有哪些理想的状况是你一理解就可以实现的，或者你只花费很少的力气就能让它实现的？

我们在问题中提到"费点力气"，就是不能直接从理解到实现，即不属于本体论证的范畴。有什么理想境界是你稍微费点力气就能实现的？我认为有两个。

第一个是去实践老子所说的话。老子特别提到："吾言甚易知，甚易行。天下莫能知，莫能行。"即我的言论很容易了解，很容易实践，但天下没有人能够了解，没有人能够实践。老子所谓的"很容易"是指稍微费点力气就可以了解和实践。老子认为，追求道，要"为道日损"，损就是减少、用减法。如果想了解"道"就是万物的来源和归宿，想领悟这个最根本的智慧，就要用减法，把个人的成见、欲望、偏差的念头尽量去掉。你真的学会老子，就能体会为什么他会说"很容易"。

第二个是孔子的核心思想——"仁"。孔子经常会提到"仁"这个字，学生都听不太懂，所以常常会问老师："我应该怎样行仁呢？"后来孔子说：行仁的机会离我很远吗？"我欲仁，斯仁至矣。"只要我要行仁，行仁的机会就立刻来到。你"要"就会有的东西不可能从外而来，一定是由内而发，那就是内心的真诚。要把"仁"这个字理解为"行仁"，因为"仁"是行动，不是名词而已。孔子认为，与别人来往时，内心的真诚会引导我走上一条行善之路，无论何时何地，我都可以行仁，这是稍微费点力气就能做到的。

西方的本体论证确实较难理解，但如果你把它转换为实际的生活情境，就会发现儒家、道家的思想都可以拿来参考和对照，所以学习西方哲学是有它的价值和意义的。

中世纪哲学确实比较难懂，不过，学哲学本来就不是一件容易的事。阿拉伯哲学家阿维森纳说过，他读亚里士多德的《形而上学》，读了整整 40 遍还没有读懂。既然这么难，何必要学呢？一方面这是个人选择的问题；另一方面，你难道不想探测一下自己的思维极限吗？你不断挑战自己知识的地平线，努力拓展它的范围，再进一步去整合建构，久而久之，自己的思想便会形成一个完整的系统，所以这种痛苦是值得的。斯宾诺莎在《伦理学》一书的结尾说道："因为困难，所以值得尝试。"我以这句话与大家共勉。

如果没有经过中世纪哲学的磨练，你对于西方人 1300 多年的精神世界与心理世界会感到一片空白，又怎么能了解近代西方人的想法呢？所以，这是必须经过的一个检验。我也曾走过这样的艰苦历程，希望我们一起继续努力。

14-4

从经验可以证明上帝存在吗？

上一节介绍了安瑟姆的本体论证，本节讨论是否可以从经验证明上帝的存在，重点介绍托马斯提出的上帝存在的五路证明，即如何从五条路线证明上帝的存在。在西方哲学史上，只要提到托马斯，大家就会立刻想到上帝存在的五路证明。他的论证被称作"后天论证"，因为他参考人类实际生活的经验和观察；又被称作"宇宙论的论证"，因为宇宙万物都是他参考的材料。

本节的内容包括以下三点：

第一，五路论证到底在说什么？

第二，后人如何批评五路论证？

第三，进一步的省思。

（一）五路论证的内容

五路论证是中世纪哲学重要的成果，我们不见得要接受，但至少要知道他们为何会有这样的思考。五路论证的内容可以概括为：第一，由万物在变动中来证明；第二，由万物的因果关系来证明；第三，由万物的偶存性来证明；第四，由万物的美善等级来证明；第五，由万物的目的与秩序来证明。

1. 由万物在变动中来证明

观察宇宙万物，会发现所有的一切都在变动，变动就是从潜能到实现。这显然采用了亚里士多德的说法。谈到西方的中世纪，前面有奥古斯丁，他主要参考柏拉图和新柏拉图主义的立场；后面有托马斯，他主要参考亚里士多德的立场。古希腊哲学的影响力在此充分展现出来。

如果变化是由潜能到实现的话，一定需要有别的力量来推动。换句话说，凡动者皆为他物所动。譬如人要吃饱喝足才能行动，如果没有这些资源，人哪有力气行动？宇宙万物不断互相推动，形成一个推动与受动的系列。它不可能无限制地向后回溯，总要有一个出发点，由此推到亚里士多德所说的"第一个本身不动的推动者"，那就是上帝。亚里士多德如此特别的一个术语在这里显示了它的作用。上帝是第一个推动者，他使万物开始运动和发展；但上帝本身不能动，因为运动代表尚有潜能需要实现，还需要另外的力量来推动，这就违背了上帝的定义。

2. 由万物必有形成因来证明

宇宙万物的存在都有形成因（或动力因），我们所见的一切都是某种原因所造成的结果。譬如我们是由父母所生，而父母是由他们的父母所生。任何一棵树都是由其他树的种子所生。一物不能是自己的原因，而向后追溯形成因也不能无穷后退，由此推到一个最初的原因，它本身不能是别的原因的结果，它是无因之因，那就是上帝。很多西方哲学家接受本体论证，就是因为他们认为宇宙的存在需要有上帝作为"自因"（自己是自己的原因）。

我们也许对这些概念感到陌生，但不能就此认为他们说的没有道理。在《庄子·大宗师》中，庄子继承了老子的"道"并加以发挥，他用"自本自根"四个字来形容"道"，描述得非常精准。意即"道"

的概念是自己为本、自己为根，这不是和"自因"的意思一样吗？

3. 由万物的偶存性来证明

"偶存"和"偶然"意思相近，不过在哲学上最好用"偶存"一词。"偶然"好像没有原因忽然冒出来似的，"偶存"则代表它不是必然的。如果万物都是偶存的，那么一定有一个必然的存在物作为万物的根据或者基础，就是上帝。前面三路的思考模式其实都很相似。

4. 由万物的美善等级来证明

我们评价万物有的真、有的善、有的尊贵，有的更真、更善、更尊贵，这就暗示着有一个最真、最善、最尊贵的标准，否则我们无法做出衡量和比较。而那个最真、最善、最尊贵的就称为上帝。

5. 由万物的目的与秩序来证明

托马斯说："万物显然充满各种秩序，而这种秩序显示了目的。"譬如，一只手表一定是经人设计的，它的目的是计算时间。人活在世界上很快就会发现：春夏秋冬、日月星辰都是按照规律在变化，好像有一个高明的设计者在安排这一切。这个设计者非上帝莫属。从万物的秩序和目的提出的论证又被称为"设计论证"或"目的论的论证"。

（二）五路论证受到的批判

可以想见的是，这五路论证受到许多后代哲学家的批判。

第一路，对于万物的变动，很难证明一定存在一个本身不动的推动者，因为万物也可能是在同一个层次上不断的循环。譬如，从古希腊时代的赫拉克利特，中间经过斯多亚学派，一直到近代的尼采，都认为会定期出现宇宙大火。他们都是要避免提出一个"超越的上帝"这样的解释。他们认为万物处于同一个层次，构成一个封闭的系统，必须定期消失再重生。可见，第一路论证可以受到很大的质疑。

第二路，如果说宇宙万物都是结果，需要一个无因之因；但"无因之因"是大家想象出的一个名词而已，人的经验都是有限的，怎么可能跳到超越经验的层次上呢？

第三路，如果说宇宙万物都是偶存的，需要有一个必然的存在物作为基础；但很多专家指出，"必然性"一词只能用于数学和逻辑中，在人类生活的世界里，必然性是很难想象的概念。

第四路，美善等级的论证较弱，人可以设定各种标准来判断更真、更善、更尊贵，不一定非要牵涉到一个超越的上帝。

第五路，目的论的论证受到较大重视，在柏拉图的《法律篇》中已经出现了对这一论证的大致构想，许多科学家也认可这个论证。譬如牛顿发现万有引力定律，他也认为这一切是经过完美的设计，目的论的论证很有说服力。但年代稍晚的英国哲学家休谟对这一论证提出有力的批判。休谟认为，在宇宙长期的演化或演化过程中，一切物质和生命都会自动调整以配合外在的条件；如果不能适应外在的条件，就会被淘汰而彻底消失。这就是自然淘汰或自然选择。我们今天看到春夏秋冬、日月星辰按规律运行，一切都充满秩序，好像经过某种设计；但那只是长期演化的结果，不需要有任何设计者来思考或安排这一切。

（三）进一步的省思

尽管上述批判都很有力，我们还是可以做进一步的省思。

五路论证的前三路都强调不能做无穷的回溯，人再怎么回溯也是在经验的世界里打转。简单来说，经验世界的一切都有开始、有结束，本质上等于"零"，再多的零加起来都不会等于一。我们对于"零"有很深的体会，人生短暂，过去没有我，将来没有我，我在本质上不是零吗？而"一"属于超越的层次，是像上帝一样的存在者。再多的"零"加起来也无法肯定有个"一"存在。

第四路美善等级的证明较弱，最后大家会把注意力聚焦在"设计论证"上。如果只靠演化或演化过程，只以自然淘汰或自然选择的方式来说明宇宙万物充满秩序，最后出现了像人类这样有理性的生物，实在很难令人信服。如果说"一切都是偶然，碰巧形成了这样的秩序，连人类也是碰巧出现的"，这种机率太低了。所以，许多人不一定接受上帝的存在，但他们认为设计论证还是值得参考的。

收获与启发

1. 后天论证是通过人类的经验和观察所提出的论证，托马斯提出的五路后天论证都无法确证上帝的存在。然而信者恒信，照样有许多人信仰宗教里的上帝；不信者也不会因为这些论证是哲学家提出的，就对宗教另眼相看。对于宗教界提出的观点，宗教界之外的人可以拿来参考，但走理性这条路不可能充分证明上帝的存在。
2. 近代哲学家康德从"人类的道德"这一全新角度对上帝存在提出论证，后文再做进一步的讨论。

课后思考

你认为仅靠自然演化与演化，可以说明万物的和谐与人类的出现吗？或者，你认为万物根本没有处于和谐状态，人类亦有很多复杂的问题。

补充说明

　　其实是一个非常大的问题。关于万物的和谐，许多人会指出：万物的和谐是表面的，这里面包含了食物链、生态平衡等各种复杂的现象；只是以我们人类的视角来看，会觉得它井然有序，好像经过某种设计。关于人类的出现，也有许多人会认为：人类的出现太复杂了，很多问题恐怕不是靠演化就能说明的；人类在自然界中虽然只是极小的一部分，但人被称为万物之灵，对自然界的影响不可小觑。

　　人为什么要证明上帝的存在？这是一种追溯根源的愿望。对于上帝是否存在这一问题，最好把它分成两个问题来看：第一，万物有没有来源与归宿？第二，那个来源与归宿究竟是什么？

　　中世纪最大的特色就是：采用一整套从犹太教接过来再加以修正的信仰系统，以此彻底解决万物的来源与归宿的问题。这体现出宗教的特色，它直接宣布真理，人用理性是无法充分证明的。因此，世界上的宗教一定是多元化的，用一种宗教统一全世界绝无可能。

　　所以，我们应该要分开来看：第一，万物充满变化，它一定有来源也有归宿；第二，至于这个来源与归宿的具体内容是什么，这是另外一个问题，在经验世界里恐怕无法证明第二种情况的上帝存在。

14-5

温和实在论的立场

本节介绍托马斯的温和实在论。他是中世纪最具代表性的经院哲学家，他到底有怎样的思想呢？

本节要介绍以下三点：

第一，温和实在论在说什么？

第二，认识上帝或表述上帝有什么方法？

第三，人生的幸福何在？

（一）温和实在论在说什么？

西方许多哲学家都有自己的立场，平常较常听到的是唯心论、唯物论，其实更多哲学家主张的是实在论或唯实论，英文叫做 realism。温和实在论（Moderate Realism）不像唯实论那么极端，也不像唯名论那么简单，它对于共相问题采取比较折衷的立场，认为共相还是有具体的指涉。

温和实在论首先肯定世界有独立存在的价值，就算人类不存在，世界依然存在，而且是客观实在的东西。因此，它显然不是唯心论，因为唯心论认为如果没有人类的认识能力的话，这个世界存在与否根本无关紧要；它也不是唯物论。托马斯接着肯定人也是客观的存在，更进一步，人可以认识这个世界。人在认识世界时到底发生了什么状况？这是温和实在论的重点所在。

人是如何认识世界的呢？温和实在论将重点放在认识的过程与方法上。首先，人的认识从经验出发，通过感官的方式，先在经验上掌握到一个对象，对它构成初步的认识。接着，要认识一个对象，需要知性的两种能力。我们在这里又看到亚里士多德的影响，亚里士多德已经将人的知性分为两种：第一种是被动知性，第二种是主动知性。

什么是被动知性？譬如我前面有一匹马，我不可能故意把它想象成牛，这代表我是被动的。我用眼睛、耳朵等感官去接触外在的经验世界，这是获得知识的第一步。所有知识都是从经验得来的，不能凭自己的想象，我的知性要被动地接受经验给我的材料。

此外，人还有主动知性，主动知性最重要的作用就是抽象能力。由被动知性接收到经验的材料后，主动知性把它的共性（共相）抽象为基本的概念，由概念就可以建构知识的系统。知识是否有效要看它能否与外在世界相符合，能否客观地说明外在的、个别经验的对象。

托马斯完全接受亚里士多德的说法，但是人掌握的概念与外在世界的实际状况不可能完全一样，这个问题在描述上帝时表现得最为明显。

（二）描述上帝的三种方法

托马斯提到三种描述上帝的方法，这对西方人来说是耳熟能详的，在描写宗教里的上帝或个人信仰的对象时都可以使用。第一种是否定法，第二种是肯定法，第三种是模拟法。

1. 否定法

所谓"否定法"是说，你只能描写上帝不是什么。这种描述可以被人直接理解。譬如说上帝不是高山大海，不是日月星辰，不是父亲母亲。这些话都没错，因为上帝确实不是这些，但这样一来，人的认识会受到很大的限制。

2. 肯定法

西方很多哲学家使用否定法之后，还是设法用肯定的方式来描写上帝，这样才能帮助别人了解上帝到底是什么情况。譬如说"上帝有智慧""上帝是善的"，这些都是用肯定的方式描写上帝。但是一说"上帝是什么"，则很容易产生误会和混淆，因为我们也会用"有智慧""善的"这类词来形容一个人，好像上帝和人只有程度上的差别，而没有本质上的差别。

有一种方法可以凸显本质上的差别。譬如说张三是勇敢的，李四是更勇敢的，不能说上帝是最勇敢的，而是要说"上帝是勇敢本身"。说张三有智慧，李四更有智慧，不能说上帝最有智慧，而要说"上帝是智慧本身"。这样就能减少误解，凸显上帝与人的本质差别。

另外，对上帝做肯定的描述时，可以加上一些附属的词，这叫做"加以限制"。但是，加上限制反而是为了取消限制。譬如，说人类是有智慧的，而上帝是全知的；有人是善的，而上帝是全善的；人有各式各样的能力，而上帝是全能的。这样的描写就能去除人类经验的限制。

托马斯还特别对上帝的位格性进行分辨。人类有位格，因此上帝也必须有位格，否则人类与上帝将无法沟通。但是只说"上帝有位格"很容易造成误解，因为上帝还有"非位格"和"超位格"的层次。上帝除了造人之外，也造了高山、大海等宇宙万物，它们没有显示出智能的特色，属于比人低的"非位格"的层次。此外，上帝还有"超位格"的层次，人永远也无法理解上帝本身到底是怎么回事。

总之，在使用肯定法描述上帝时，要加上修饰的语词才能避免让人产生误会。

3. 模拟法

模拟法也称为类比法，譬如可以说"上帝爱护人类，就像父母爱护子女"。但模拟法也有它的困难，父母生了子女，自然会爱子女，我们可以了解父母对子女的爱；但是上帝造人和父母生子女属于完全不同的情况。我们永远不能确知上帝的本性，所以无法说清楚上帝对人类的爱到底是什么情况。

宗教里有一门学问叫做"神义论"（theodicy），就是要设法证明神是正义的。人间存在着各种罪恶，有许多无辜的人受苦，有许多好人受了委屈，如果上帝真像父母一样爱护子女，绝不会让子女受苦受委屈。神义论对此要做出合理的解释，说明这种苦或委屈另有目的，从而证明上帝仍是正义的。他们可以讲出一套道理，但不一定能说服别人。

道家可以引申说，人的生命就像一滴水，很容易干涸；若要这滴水不再干涸，方法就是把它丢到大海里，大海就是"道"。道无所不在，只要悟道，就永远没有干涸的问题，人生的成败得失对你就不会构成任何干扰。这也是用比喻的方式来描写最高位阶的道。

（三）人生的幸福何在？

谈到人生的幸福问题，托马斯肯定自然的法则。他认为，有生命之物首先要保存自身，接着要延伸自身，即繁殖自身；对人来说还要追求真理，只有追求真理才能实现真正的人生幸福。什么是真正的幸福？既然一切都来自于上帝，那么最高的目标当然是认识上帝，也就是认识善的本身。

更进一步，人在追求善的时候要注意以下四点。

1. 任何一种真正的善均不能作为手段。譬如，如果把财富当作人生的善，迟早会发现财富只是手段。拥有财富之后，我们都希望过质量更好的生活，那么质量更好的生活才是目的。更好的生活一定要靠财富来维持吗？不一定。

2. 我们追求善的时候，必须要注意到人的全部，不能只关注身体和心理的需求，还要注意到精神层次的要求。

3. 善不能只是一种能力，譬如我学会某种专门技术，成为专家；能力和技术有可能被误用而变成行恶的工具。

4. 真正的善只有上帝，因为上帝是一切事物的原因，也是万物存在的理由。你不能说上帝是善的，而应该说上帝是善的本身。人生最后的目的就是认识上帝这个善的本身，人要靠信仰的启示才知道该如何去做。托马斯认为，人生最高的幸福是死后灵魂可以直接看见上帝。

托马斯在很多地方充分运用了亚里士多德的思想，但是两人有一点很明显的差别。托马斯是宗教家，宗教奠基于人与上帝的关系；但亚里士多德并不认为上帝是创造万物的主宰，他只把上帝看作目的因，上帝本身自满自足，不自觉地推动世界，吸引万物走向他这个完美的形式或完美的实现。

亚里士多德虽然也希望世人能认识并尊敬第一个本身不动的推动者，但他不认为人与上帝之间有位格上的关系，所以亚氏把哲学中的观想作为最高层次。托马斯则不然，他是宗教家，对上帝有清楚的观念，他相信上帝既是造物者也是统摄者，所以他能正面看待人的主要责任，注意到人与上帝的关系。

在亚里士多德看来，一个德行高超的人在某种意义下是最独立的人；而在托马斯看来，一个德行高超的人是最能够依赖上帝的人，他能够了解上帝是最后的力量。这就是托马斯与亚里士多德最明显的差异。

由此可见，托马斯哲学是一个完整的系统，他尽量合乎理性的要求，但遇到理性的瓶颈时，他会依靠宗教的启示来帮助自己追求真理。这并非迷信或不科学，而是人的理性确实有其限度。托马斯将启示与理性交互运用，建立了一套完整的世界观，他不断提醒我们上帝是什么，世界是什么，人应该如何在世界中立足，并逐渐接近上帝。他的时代背景与今天相去甚远，但不能否认的是，我们可以从他的思想中得到许多有参考价值的材料，可以藉此反省我们这个时代所面临的问题，这正是学习古人思想的意义所在。

收获与启发

1. 托马斯是中世纪经院哲学的集大成者，他提出的温和实在论能够与一般人的实际生活经验配合。

2. 他提出三种描述上帝的办法：否定法——说上帝不是什么；肯定法——从人的角度说上帝是什么，但要加上一些限制或修饰的词语；模拟法——把上帝模拟为大家能够想象的完美境界。

3. 关于人生的幸福，托马斯也非常务实。他强调：人所追求的幸福应该涵盖最终的目的，即你追求的善必须是目的而不是手段；这种善要涵盖人类生命的全部需要；真正的善只能是作为超越者的上帝。他作为一位宗教哲学家，自然会提出上述观点。

课后思考

通过学习和生活中的经验，你能否用自己的语言描述出西方哲学家所谓的"上帝"是什么样的情况？

第 15 章

哲学不再是神学的女仆

谁能给"善"下个定义？

本章的主题是：哲学不再是神学的女仆。从标题就知道中世纪哲学走向结束阶段，哲学要逐渐找回自己独立的地位。本节的主题是：谁能给"善"下个定义？重点介绍托马斯之后的司各脱（John Duns Scotus, 1265—1308）的思想。

本节包括以下三个重点：

第一，以前的哲学家对"善"的讨论；

第二，司各脱的意志优先主义；

第三，司各脱对"善"的定义。

（一）以前的哲学家对"善"的讨论

从小到大，父母老师都在教导我们要行善避恶，但究竟什么是善、什么是恶，恐怕很少有人能说清楚。

在古希腊初期，"善"这一概念与"有用的""有利的"可以通用，后来就以风俗和法律作为善恶的判断标准。但这些善恶观念都是相对的，所针对的都是人的外在行为，显然较为肤浅。

到了苏格拉底，他临终时对朋友说："今后你们要按照你们所知最善的方式去生活。""你们所知"代表一个人内心的觉悟。外在的判断可以暂且放在一边，自己内心的体会才更重要。

接着，柏拉图提出"理型论"，认为存在着一个完美模型的世界。"善的理型"在其中居于最高的位置，像太阳一样让光明普照大地。一个人若要追随"善的理型"，必须用理智驾驭意志与情感。这就是柏拉图著名的"御者与双马"的比喻，说明人需要修炼才能走上正确的行善之路。

亚里士多德则强调"德行论"，要在具体行为上修养自己，养成依规则行事的习惯，最高的德行是观想。但他不能回答一个问题：如果人为了行善而有所牺牲，甚至牺牲生命，又该如何理解？

中世纪接续古希腊时代的思想，最大特色是直接告诉众人至善就是上帝，在信仰中为"善"找到最后的基础。当时普遍认为人的天性有自然法则，它来自于上帝所定的永恒法则。如此一来，具体的人生问题可以得到相当程度的化解，这也是基督宗教的重要作用。

托马斯集中世纪哲学之大成，他综合百家，但以亚里士多德的思想为主，将宇宙、人生、价值方面的问题与基督宗教的信仰进行了协调。譬如，上帝创造人类，也要拯救人类，人生的幸福就在于归向上帝。人有理性，理性让人知道上帝的存在；但想要知道上帝到底是怎么回事，则要靠宗教的启示。这一套启示的说法由教会保存，一般人无法领悟"三位一体"等深奥的教义。

托马斯学问广博，但只要是集大成的思想，就有两种可能的发展：一种是全面式微，逐渐衰退；第二种是出现反对声浪。托马斯的情况属于第二种。他的思想是"主知主义"，强调"理智优先"。比托马斯晚出生40年的司各脱，则强调"意志优先"。

（二）司各脱的意志优先主义

司各脱认为托马斯的"主知主义"有问题，他强调意志优先。他说："如果把知性或理智当作优先，那只是一种自然的能力；但人的意志是自由的能力。"他在这里区分"自然的"与"自由的"，这个区分非常重要。人通过意志，才能做出自由的选择。

理智与意志到底哪一个优先呢？主张"理智优先"的会说："你要先知道一样东西，才会去欲求它；如果根本不知道，又怎么会去追求？"主张"意志优先"的则认为："是我的意志命令理智去注意某一样东西；如果没有意志的命令，我不会想去了解任何东西。"换句话说，意志比认识更善。你知道很多，但未必会采取行动；行动一定来自于意志。

司各脱怎样证明上帝的存在？他说："人的意志可以欲求并且喜爱比任何有限之物更大的东西，这是自然的倾向。去爱一个无限的善，在爱的活动中，我们才能体验无限的善。而这个无限的善因为被我们体验到了，所以它必然存在，那就是上帝。"

换言之，司各脱认为意志是人与上帝联合更直接的方法，他反对托马斯理智优于意志的观念。他有一句名言："高尚的人无论走到何处，身边总有一个坚强的护卫者，那就是良心。每个人的良心就是为他引航的最佳向导。"从意志优先出发，自然会进入到对"善"的探讨。

（三）司各脱对"善"的定义

从古希腊一路发展到 13 世纪，司各脱对"善"的定义值得我们学习和参考。他认为判断一个行为是善的，必须具备四个条件。

1. 该行为必须是自由的。是自愿去做而不是被迫的。被迫的行为没有道德价值，它只是被人利用的工具而已。

2. 该行为在客观上必须是善的。这一行为要合乎礼仪和法律，得到众人的认可。

3. 该行为必须本于正当的意图。该行为必须真诚，有良好的动机和意图，不能只计较利害。

4. 该行为必须以正当的方法来做。目的不能使手段合理。不管意图有多好，也不能不择手段。

当然，司各脱是宗教家，他最后还是要加上一句："善的首要条件就是要以上帝作为爱的对象。"但没有信仰的人该怎么办呢？可以换个角度来说：善的首要条件就是要实现我天生具有的人性。譬如《中庸》的第一句话就说："天命之谓性，率性之谓道，修道之谓教。""修道之谓教"就是学习具体行善的做法，而"天命之谓性"把天命与人性结合起来，代表这两者并不矛盾。

西方哲学经过漫长的中世纪，终于得到对于"善"的明确定义，可以对人生有正面的启发。不管是否信仰宗教，我们都要知道该如何判断善恶，并对自己的行为有所要求。

收获与启发

1. 古希腊初期的哲学家谈到善，往往都看外在的行为表现，以风俗习惯、法律规章为判断标准。苏格拉底之后，开始注意到个人内心的觉悟。柏拉图更进一步，把善当作最高的理型和万物归向的目标，并强调要进行修炼。对苏格拉底和柏拉图而言，理智始终占据着重要地位：一个人先有了"知"，"德"自然就会配合。这就是苏格拉底"知德合一"的观念。

2. 整个中世纪都以上帝作为至善。但后来司各脱认为"理智优先"的说法有问题，因为意志才是行动的主导力量。你可能知道很多，但你未必愿意去做，意志与善有直接的关系。这一点可以说得通。

3. 司各脱对"善"的定义，强调要具备四个方面的条件，值得参考。

　　根据你自己的行善经验，你觉得司各脱对善的定义还需要加以修订吗？该如何修订才更适合呢？

心灵火花不会消失

本节的主题是：心灵火花不会消失，要介绍中世纪后期的一位重要的密契主义者——艾克哈特师长（Meister Eckhart, 1260—1327）。艾克哈特当过修道院院长、巴黎大学教授，他上课时语汇丰富，思想深刻，广受好评。由于他一直从事教学工作，所以被称为"艾克哈特师长"。

他最具代表性的观念是提出一种密契主义（mysticism）。密契主义在中世纪的教父哲学时代就已经开始流传，更早可以追溯到柏拉图主义的启发。在方法上，他用否定的方式来说明至高的境界；在修养上，他要通过不断的修炼而达到忘我入神的境界。密契主义在各人宗教里一直存在，但因为密契经验是一种与信仰对象密契合一的个人体验，无法用言语清楚地表述，所以不可能成为宗教生活的主流。

本节要介绍以下三点：

第一，密契经验是怎么回事？

第二，上帝是什么？

第三，人的灵魂有火花吗？

（一）密契经验是怎么回事？

密契主义强调密契经验。许多人在修养过程中会抵达与神明密契合一的境界。密契主义的英文是 mysticism，代表密接契合。有不少地方将之译为"神秘主义"，这并不恰当，因为中文里"神秘"一词含有贬义。譬如说一个人"神秘兮兮的"，往往带有批评的意味。翻译为"密契主义"则没有任何批评的意思，只是纯粹描述个人在修行过程中达到忘我入神的境界。这种个人灵修的经验在很多宗教里都出现过。

密契主义有何特色？密契主义者的内心好像觉悟了平常不容易懂的道理，但却无法用言语来表达，亦即不可说。如果一定要说，只能用否定的方式，说它不是这个、不是那个。这种经验会让一个人显得更有活力，对他的人生产生深刻的启发。

密契经验主要有三种类型。

1. 爱的密契主义。这不需要有什么知识背景，只要全心全意地牺牲奉献、帮助别人，就很容易在爱的氛围里达到忘我入神的境界。

2. 知的密契主义。这需要靠理性去认知，慎思明辨，在表达时通常采用否定的方式。这是比较困难的途径，艾克哈特就属于这种类型。

3. 一元论的密契主义。你原本以为自己与别人、与万物是不同的，但是这纯属误会。在密契的境界里，误会得以消除，你知道这一切原本就是一个整体。在印度宗教里很容易发现这种类型的密契主义。

艾克哈特属于知的密契主义，又称为思辨的密契主义。"思"就是慎思，"辨"就是明辨。他的密契主义有两点特色：

1. 用哲学思辨陈述特定的主张，不能只强调"不可说"，只让大家自己去体会；

2. 他强调上帝就是"理解本身"，人由于分享了上帝的恩惠而具有理性，人可以通过理性的途径，抵达最高的层次。

（二）上帝是什么？

艾克哈特是一位虔诚的基督徒，他认为上帝创造万物，是万物存在的原因和理由；所以不应该称上帝为存在本身或存在物，最好称他为"理解活动本身"。理解是存在的纯净化，比存在更高级、更基本。

艾克哈特明确地说："只有对上帝可以合宜地说，他是存在、一、真与善。"西方到了中世纪经院哲学的阶段，就把"存在、一、真、善"四个词列为上帝完美的超级表现。譬如，上帝是"存在"，万物的存在可有可无，上帝则是存在本身。上帝是"一"，万物是"多"，上帝是"多"的来源和基础，只有上帝是统合的"一"。上帝是"真"，凡存在之物皆可被我们认识，存在是真的基础，没有存在则没有真假的问题。上帝也是"善"，善是我们欲求的对象，没有存在则无法欲求任何东西。

他认为，一般所谓的"神"可能有其他含义，不够纯粹。所以，他特别发明了一个词叫做"神首"（God-head），即"上帝的头"，以之代表最根源的地方。

他擅长使用否定法来描述上帝，也擅长以辩证的方式来说明。譬如他说："在神之外，无物存在。神不在本身之外创造万物。"彷佛万物都在神里面。但他又说："万物在神里面'找到''接受'及'拥有'存在。但神是单一的，万物是多样的，单一性和多样性之间又有无限的差异。"就因为强调"差异"，才让他免于受到"泛神论"的批评。事实上，很多密契主义的说法都有泛神论的色彩。泛神论肯定万物是神，神是万物；密契主义强调密接契合，统合为一。两者很容易产生混淆。

艾克哈特非常善于使用正反论旨（antinomy）。"正反论旨"是一个哲学术语，即先说正面，再说反面，让人自己觉悟什么是中道。譬如他说："没有东西像上帝一样，与万物是如此相异；也没有东西像上帝一样，与万物是如此相同。"他甚至还说："万物是神，万物也是虚无。"第一句"万物是神"，听上去像是泛神论的立场，但是第二句"万物是虚无"，就将艾克哈特与泛神论的立场区别开来。

他真正想要表达的是：上帝既超越万物，又内存于万物。上帝作为万物的来源与归宿，当然超越万物，无论万物怎样变化，上帝完全不受影响和干扰。但另一方面，上帝又内存于万物，即上帝遍在万物之中。如果对道家思想有所认识，就很容易欣赏艾克哈特的话。正如庄子所说，道一方面是"自本自根"的，它超越万物，永不变化；同时道又是"无所不在"的。

（三）人的灵魂有火花吗？

"灵魂火花"的说法是艾克哈特的经典格言。他认为，人的灵魂里有一种非受造的智力——理解能力。"非受造"代表它永远存在而不会消失。神就是"理解本身"，人分享了神的形式，因而具有理解能力。

基督宗教相信，上帝按照自己的形象来造人，拉丁文称为 imago Dei，英文是 image of God。如果说人的灵魂是上帝的形象，未免太笼统了。艾克哈特强调，人灵魂里的理解能力是上帝的形象。他说："人的理智有如灵魂的火花，上面印着上帝的形象，使人可以通过这一路径达到与上帝的密接契合。"这就是艾克哈特"灵魂火花"的说法。人的灵魂生来就有一点点火花，何时将它点燃使其发出光彩，就要看个人修行的成果或机缘了。

艾克哈特有些话值得反复思考。他说："上帝的眼睛正是人用以观看上帝的眼睛。若没有上帝，就没有人；同样的，若没有人，就没有上帝。""没有上帝就没有人"还比较容易理解，但为什么"没有人就没有上帝"呢？因为如果没有人的话，就不会有"上帝"这样的概念，而且是否有上帝也没有特别的意义了。

他还说："神与我，为一体。我藉由理解，把神带进我的生命，我藉由爱，进入神的境界。正如火把木块燃烧成火，同样的，我们也将变化成神。"这当然是比喻的说法，但是很容易被误认为有泛神论的倾向。艾克哈特在天主教里屡次受到警告，也屡屡为自己辩护。

由此可见，哲学要慢慢独立，不能被宗教完全笼罩。在 13 世纪后期，像艾克哈特这样的密契主义者相当多，他们大部分聚集在莱茵河畔进行修行。

收获与启发

1. 密契主义是宗教中普遍存在的现象，它强调的是密契经验。

2. 艾克哈特属于"思辨的密契主义"，即靠哲学思辨来叙述自己的主张。他把神当作"理解本身"，人的理性分享了神的理解能力，人可以由学习、理解而觉悟，从而进入密契的境界。艾克哈特把一般所谓的"神"再往上推，认为真正要掌握的是"上帝的头"，即"神首"。

3. 人的灵魂有火花，那就是人的理智能力。它是非受造的，具备神的形式，可以让人达到与神密契的境界。

你有没有偶尔出现过忘我经验，在一刹那间只觉得平安、宁静、满足？

补充说明

密契经验大致可以分为两种：一种是自然的密契经验，一种是宗教的密契经验。

自然的密契经验可用三个比喻来说明：第一种是如醉，好像喝醉；第二种是如梦，好像做梦；第三种是如醒，好像觉醒。

1. 如醉

一个人喝醉时，自我意识会慢慢消退，他与外界的人、地、事物很容易融合为一体，那是一种非常愉悦、放松的感觉。达到这种状态有几个可能的途径：

（1）在激烈的运动中或运动后，产生一种放松的心情，感觉到自己的生命融化了；

（2）陶醉于自然的风景中，有一种天人合一的感觉；

（3）通过艺术的审美感受，譬如通过音乐，忽然觉得有一种宁静和谐的体会。

2. 如梦

如梦的特色就是过去与现在合而为一，成为一种永恒的体会。我记得自己第一次到瑞士日内瓦，一下飞机就愣了一下，我看到一片青绿的山坡，上面有一些彩色的房子，我觉得我来过这里，但事实上我是第一次到瑞士。为什么会有这种体会？因为我小时候看过一本挂历，它的图案与眼前的景色完全一样。这说明我们的潜意识会把小时候见过的东西做有机的整合，甚至编一个故事出来。在如梦的状态中，你会觉得不知今夕何夕，感觉非常舒适，内心有深刻的喜悦。

3. 如醒

好像忽然从梦中醒来，产生了一种觉悟。当你偶尔念到一句格言，或是《圣经》、佛经、中国经典中的一段话，忽然会觉得自己找到了一把钥匙，可以解开一切秘密，当下就等于永恒。你会觉悟到：所有的一切原来都有它的意义，对我都有深刻的启发，我不能再忽略它们了。

自然的密契经验有什么特色？

（1）它跟心理学的高峰经验类似；

（2）你可以通过外在条件的配合使之重现，但不会完全一样；

（3）它缺乏内在的脉络。一刹那的高峰经验过后，你对真理是否有更深的觉悟？你今后的生命能否有重大改变呢？由于缺乏固定的脉络，自然的密契经验对自己影响有限，不会整个改变生命的状态。

宗教的密契经验则不同，它以宗教信仰为脉络。你不会突然出现密契经验，必须经过长期的修行过程。当密契经验出现时，你好像接通了能源，感觉到自己的能量源源不绝。你会觉得生命更加清澈透明，好像觉悟了最后的真理，但是说不出来。忘我经验是人类生命到达身心灵最高层次的表现，此时人与人完全相通，这种境界令人向往。

在学习哲学的过程中，思辨是很大的挑战，我们可能会对某些哲学家的说法感到难以理解，好像他们很执着，总是纠缠不清。但这些哲学家之所以这样说，一定是有某种特定的生命处境和体验，他们能在西方哲学史上留下名声和著作，绝非偶然。有朝一日，我们也可能碰到类似的经验，到那时我们就会发觉，这些哲学训练可以帮助我们简明地表达观念，能让我们说的每一句话都言之有物，"发而皆中节"。通过学习哲学，我们的思想和生活会逐渐找到方向，步入正轨。

15–3

奥卡姆的剃刀

奥卡姆原名奥卡姆的威廉（William of Ockham, 1285—1349），后来世人习惯称他为奥卡姆。他是一位虔诚的基督徒，发现天主教内部的腐化愈来愈严重，整个时代趋于毁灭。他经过深刻思考后提出一系列观念，成为中世纪后期维护基督宗教有关神的自由与全能的最有力的代表。

本节要介绍以下三点：

第一，奥卡姆驳斥所有古代偏差的形而上学观念；

第二，奥卡姆的剃刀是怎么回事？

第三，从人到神又该如何理解？

（一）驳斥所有古代偏差的形而上学观念

奥卡姆驳斥一切属于古希腊"必然性主义"的说法，尤其是"本质理论"。所谓"必然性主义"是指，当你看到某些既存的事物，就把它们当作必然如此。"本质理论"则是指本质的形而上学，主张上帝按照他对人的普遍观念（本质）创造了人类。换言之，你今天看到人有这样的外貌和想法、有这样的人性，就认为这是人的本质，上帝必须按照这种本质来创造人类。它采用回溯的方法，由当前我们对人性的理解，推到人性都有自然的道德法则，好像这是连神都不能改变的命令。这种说法在古代可以理解，既然世间万物已经出现，大家就接受它本该如此。但以这样的想法推到上帝，上帝就被他所创造的万物限制住了。

奥卡姆说："我们没有任何理由说上帝心中有一种固定的人性观念。我们谈到'人'这一概念时，并没有'人性'的问题，你看到的是每一个个别的人，这样才能保障上帝的自由与全能。另一方面，万物的存在纯粹是偶然的，它完全依赖于上帝的任何决定。"他的观念非常犀利，等于把过去一两千年的观念都搁置了。

（二）奥卡姆的剃刀是怎么回事？

"奥卡姆的剃刀"（Ockham's razor）在哲学史上非常有名。剃刀是男人用来刮胡子的工具，胡子是多余的东西。所谓"奥卡姆的剃刀"，就是要剔除不必要的东西。奥卡姆是英国人，英国经验主义（empiricism）的基本观念就来自于奥卡姆。奥卡姆的经验主义有以下三点特色。

1. 人对实在界的一切知识都植基于经验。人通过经验与理性所观察到的一切，只要不矛盾，都属于实在界的范畴。人对实在界的知识完全基于经验。你如果没看到、听到或接触到，就不要自己幻想，不要指望在脑袋里可以得到任何蛛丝马迹。

2. 在陈述任何事物时都要使用经济原则，不增加不必要的因素。我们可以自行判断哪些是不必要的因素。陈述愈简明扼要愈好，不必加上个人的想象、情绪或延伸的判断。

3. 如果有人设定了一些不必要的与不可观察的东西，那通常是受到语言的误导。人在说话时往往过于疏忽自己所使用的语言。奥卡姆的要求很高，他认为下列名词都应该去掉，如否定、缺乏、条件、本质、偶然、普遍性、行动、被动、运动，等等。譬如，你说"一个人正在运动"，如果他正在操场上跑步，你直接说"他在跑步"就可以了。

真的按上述要求去做的话，一个人恐怕一天也说不了几句话。他强调人很容易误用语言，这是很准确的观察，后来有一种说法就认为"哲学就是语言治疗学"。如果把你的语言治疗好，就可以减少不必要的废话，从而大幅提升思考或沟通的效率。

（三）从人到神是怎么回事？

奥卡姆的思想与托马斯分道扬镳，他比较接近司各脱的立场，强调意志优先的观念。他认为人的主要特色在于自由。自由显然是以意志作为基础。所谓"自由"是指一种能力，使人可以在不受干扰的情况下，偶发式地制造某种效果。譬如我看到一个人摔跤，我自由地去帮助他，这就是"偶发式"的，因为我并非每次都会去帮忙。所制造的效果是：他开心，我也开心。效果不见得每次都一样，也许某一次我帮助别人反而被告。

奥卡姆说："意志除非以神为最高目的，否则在指向任何事物时，都难免会有忧虑与哀愁。"这句话是奥卡姆的名言，含义非常地深刻。

一个人不管追求任何东西，就算达成目标，也难免会有忧虑与哀愁。为何会有"忧虑"？因为目标尚未达成之前，你会担心它无法达成；而达成之后，你又害怕失去它。为何会有"哀愁"？因为你会发现：这种向外追求的欲望永无止境。"忧虑"与"哀愁"这两个词用得非常精准。人活在世界上，无论追求任何东西，如果不是以人性的真正需要或最高境界作为目的，那么一切都是相对的。宗教强调以上帝作为目的；如果不谈信仰，则要以人性的最高标准作为目的。

奥卡姆从根本上否认有所谓的"神性"存在。他认为无法由受造的万物证明神的存在，因而托马斯提出的五路论证一概无效。因果性（从结果推到原因）和目的性（宇宙有一个设计的目的）都没有确证，甚至神的单一性与人的灵魂也都无法确证。人也无法论证神的本性，如全能、无限、永恒、从无生有，等等。上帝具体的存在方式与具体作为可能完全没有关系，只有这样才能保证神的全能。

去除一切不必要之物后，剩下的只有人依靠信仰才能得到的神的启示。神是完全自由的，神绝不是"先"有目的，"再"选择手段；对目的与手段的选择，在神皆为完全偶然的。所谓"偶然"就是不可预测，这是从人的角度来看。我们由此会联想到，一个人的遭遇也是完全偶然的，不能说一定会怎样。

最后他说："神没有任何义务，他是全能的与自由的，神可以做任何事，能够命令所有不合逻辑的、矛盾的事情。"西方人经过基督宗教 1000 多年的主导，形成很多固化的观念与行为模式。奥卡姆要将其一一破除，从而让一个人有完全的觉察，知道自己是一个个别的人，应该负责自己的人生。

收获与启发

1. 奥卡姆批判传统以来的形而上学，认为那些论证只有概然性。对于所有不必要的观念或描述，他都要用他的剃刀——去除。"奥卡姆的剃刀"成为哲学界的术语，但其内容并不复杂，亦即在没有必要时，根本不要增加任何因素。

2. 他强调信仰的特殊性，要把信仰局限于个人的意愿中。并不是所有人都要信仰某个宗教或某些教条，那样只是群众运动而已，没有什么特别的意义。

课后思考

"奥卡姆的剃刀"强调不增加不必要的因素。你可以用它来做减法，使你的生活与工作更单纯一些吗？

奥卡姆本人是虔诚的天主教神父，他不希望自己的信仰受到太多世俗的污染，因此最好把与信仰无关的东西统统去掉。他用"剃刀"的目的是找到真正的、纯粹的、信仰的上帝。换句话说，你们所谓的上帝可能是你自己想出来的，跟我们信仰的上帝完全无关。

你如果把上帝的框架去掉，只就能够看到的领域，并在其中进行自由的思考，那么就无法响应那个最根本的问题：自然界和人类这一切有来源与归宿吗？哲学就是爱智慧，总希望知道什么是根本的智慧。如果你把那个框架拿掉的话，根本什么都不能谈。你要么研究自然界，做一个自然科学家，永远找不到问题的答案；要么研究人类或研究自己，永远弄不清楚人的生命到底是怎么回事，尤其不能解释"痛苦、罪恶、死亡"这三大奥秘。

所以，奥卡姆的剃刀确实很有用，但是要一步步来，不要想把所有问题一次统统清除掉。

谈到语言的作用，第一可以帮助个人思考，第二可以帮助与人沟通。语言来自于传统，我们使用的语言隐含传统中的基本观念。在与人沟通时，你要思考一下跟谁沟通，沟通的内容以及层次是什么，这里谈不上语言的特别作用。当你个人思考时，情况会有所不同，如果你要治疗的话，就要自己多做思考和反省，从而让自己的思考更为精准，更有效率。语言治疗学只是西方哲学众多学派的一种。哲学当然不只是语言治疗学，因为语言背后还有观念。哪些观念是必要的？这需要做进一步的分辨。

博学的无知

本节的主题是：博学的无知。这是一本书的书名，作者是库萨的尼古拉（Nicholas of Cusa, 1401—1464），他的年代处于中世纪后期，与近代哲学相连接。

尼古拉的生平有些波折。他原是渔夫子弟，有一次与父亲起了争执，被父亲从小船上扔进水中，于是离家出走，到外面去学习。他取得博士学位之后，以律师为业，但第一场官司就打输了，于是转而从事神职工作。他最后升任为枢机主教，并且积极推动天主教与东正教之间的复合事宜。东正教是在 1054 年从天主教内部分裂形成的。此外，他对于日耳曼地区修会生活的整顿也做出具体贡献。当时的天主教正在腐化之中，在 1378 年至 1417 年这 40 年之间，有三位教宗并存，且各有支持者，这确实是让人担心的情况。

尼古拉有何特殊的见解？本节要介绍以下三点：

第一，什么是博学的无知？

第二，什么是上帝的本性？人对上帝可以认识到什么程度？

第三，说明大宇宙和小宇宙的观念。

（一）博学的无知

博学的无知又称为有学识的无知。在尼古拉看来，人的无知就像猫头鹰试图看太阳却永远看不清楚一样。一个人求知的直接对象就是自己的无知，能知道这一点就是有学识的无知。一个人愈明白自己的无知，学识就愈高。

古希腊时代的苏格拉底承认，除了自己的无知，他什么也不知道。后来，最有学问的亚里士多德也说："自然界中看来最明显的事物，也未必可以确认。"在宗教领域里，连犹太人最推崇的、以智慧闻名的所罗门王也说："一切事物之中，总有些困难是无法以言词解释的。"因此，尼古拉认为，人应该把无知当作最大的学问来讨论。

他认为，人类理智的处境就是一种无知状态，一个人对自己的无知认识得愈多，他就愈博学。这听起来似乎有些矛盾。不过，人所认知的对象是真理，但真理的基础是上帝。人的心智是有限的，上帝的本性是无限的、超越的。所以，面对这个真理的基础，人的心智必然处于一种无知状态，这是人对于自己应该有的认识。

（二）上帝的本性

上帝是怎么回事？人能够认识他吗？尼古拉认为，上帝是无法以任何言词来界定的，上帝是他自己的定义。上帝不在万物之外，因为他界定万物，是万物的来源与保存者。上帝等于"能够存在"，他在能够存在的样态中活动不息。

换言之，上帝就是"能力本身"（posse ipsum）。这就好比人需要能量才能活动，上帝就是能源本身。他是永恒的活动，他永远是"能有"，是超越的、无限的、不可理解的。密契主义者艾克哈特师长曾把上帝界定为"理解本身"，而尼古拉把上帝界定为"能力本身"，这些说法都有一定的根据。

尼古拉怎么形容上帝？他说："上帝就像一张脸，在不同镜子中显现，有无限的镜子就有无限的显现，上帝显现在万物里面。上帝一方面有超越性，另一方面还有内存性。"这就是让人难以理解的地方。对于上帝的超越性，你只能用否定的方式来说；对于上帝的内存性，你可以用肯定的方式来说。譬如，上帝就是"能够存在本身"，万物都来自于这个"能够存在本身"，否则万物无法存在。

尼古拉用三种方法描写上帝。

1. 否定法，要认识上帝所不是的样子。对于上帝的无限和超越，人无论怎样聪明、怎样有知识，也形同无知。人并非不认真求知或是漠不关心，而是只能停留在无知的状态里，只能说上帝不是这个、不是那个。

2. 尼古拉也不反对肯定法。上帝是多样性（万物）的根源，所以可以说上帝是"一"；但上帝不是任何一物，所以上帝又不是"一"。说他是"一"，或说他不是"一"，都有一定的道理。

3. 尼古拉认为否定的方式比肯定的方式要好，但更好的方法是把神当作"对立的统一"，这是尼古拉的专用术语，就是结合否定与肯定的方式。譬如说上帝是至大的也是至小的，这就是对立的统一。

从人的认知能力来看，认知的最低层次是感觉的认知，感觉只能肯定。譬如现在外面很冷，我就会觉得很冷而不可能觉得很热，除非我生病了。感觉的认知一定是当外面有某物出现时，我可以直接肯定它是什么情况。

第二层是理性的层次，理性可以肯定也可以否定。譬如我说这是桌子，就代表它不是非桌子，任何一个肯定都有否定的另一面。

除了感觉和理性之外，人还有一种能力叫做"悟性"，它以直观的方式直接掌握，但不容易表达出来。尼古拉用一个生动的比喻，说明人永远只能知道近似的东西，他说："在一个圆内画多边形，不管增加到多少条边，都不可能是一个真正的圆。"假设在一个圆内画一个三角形，它的面积与圆相差很远；如果是四方形，则稍微接近一点；边数愈多愈接近圆，但不管画多少边形，都不是真正的圆。

尼古拉这样说是要强调：对于万物的认识，我们只能接近它的真相，科学的推理只是更接近真相，但完全的真相隐藏在神里面。如果想要了解真相，要从感觉到理性，还要往上提升到悟性，使相反之物可以结合，形成对立之统一，但是它不能用言语来表述。这就是人类认知的特色，对于上帝的认知也可以对照来看。在尼古拉之后，西方便形成一个新的观念，认为上帝隐藏在奥秘之中，永远不可能让人了解。

人在认识与上帝同样位阶的概念时，都可以参考这一点。譬如孔子说自己"五十而知天命"，但对于天命本身是什么，他并没有完全的把握。老子和庄子既然谈到"道"，他们显然是悟"道"了，但是他们也都承认"道"有不可理解的侧面。这就像上帝有两面，一面是人可以认识的，另一面是上帝的奥秘本身，那是没有人能够认识的。

（三）大宇宙和小宇宙的观念

尼古拉认为上帝包含一切，因为万物都在上帝里面，若没有上帝，万物都是虚幻的，根本不可能存在。上帝又彰显一切，因为上帝本身在万物之中。这两者都显示了上帝的内存性。强调内存性容易流于泛神论，所以尼古拉还特别强调神与万物的差异性。我们再三看到，西方许多学者在阐述上帝具有内存性时，一定会强调上帝与万物仍有差异，只有这样才能避免被认定为泛神论。

所谓"大宇宙"就是上帝创造的整个宇宙，世界是一个由万物组成的和谐体系，万物彼此相关，也与整体相关，每一个个别事物都反映了整个宇宙。人尤其如此，因为人的生命包括四个方面：1. 质料；2. 有机生命；3. 动物的感觉性；4. 精神的纯理性。同时具备这四个方面，使人这样的"小宇宙"可以反映大宇宙的每一个层次。即使如此，人还是永远不可能完全了解上帝。

收获与启发

1. "博学的无知"这一说法在西方哲学界非常有名，也经常被引用。我们不能仅从字面去理解，以为它的意思是说一个人很博学，所以他的博学是无知的。"博学的无知"是说人本身是无知的，你愈了解自己的无知就愈博学。

2. 尼古拉对于上帝有各种描述，最特别的就是把上帝当成"能力本身"。上帝不是世人可以理解的，他是永恒的活动，没有停止的问题。你可以用否定的方式说上帝不是什么，也可以用肯定的方式说他是万物的来源；最好是用整合的方式造成"对立的统一"，说他是至大也是至小，是宇宙的来源与基础。

3. 尼古拉提出大宇宙和小宇宙的观念。人是最特别、最标准、最完美的小宇宙。

课后思考

学会大宇宙和小宇宙的观念，你能否通过举例来说明，在个人身上如何反映群体、人类、宇宙这三方面中的某一方面？

补充说明

个人反映出群体，这比较容易了解。就像蜘蛛需要一张网才能生存，人也需要生活在人际关系的网络之中。每个人都以自己为中心向外扩散，由亲人到朋友、同事，由此构成一个群体，这在社会学中称为"意义之网"。

谈到"人类"则比较抽象，因为人类是一个整体的概念。今天有个观念叫做"地球村"，是说人类生活在同一个地球上，彼此的关系非常密切。不过这种意识确实比较淡薄。譬如出国旅游时，还是会寻找自己比较熟悉的人物或景点，我们关心的问题也大都是从自己的角度来看的。宗教往往能让我们有清楚的人类意识，但宗教是多元化的，不同宗教之间的关系非常紧张。这些情况都导致我们对"人类"这个概念比较模糊。

"宇宙"反而比"人类"更容易吸引人注意，这是很特别的现象。譬如，中国南宋哲学家陆象山（1139—1193）说过："宇宙即是吾心，吾心即是宇宙。"他对王阳明的心学很有启发。

由此可见，从个人身上可以反映出三个层次：群体、人类、宇宙。但这三个层次不是连续的，中间"人类"这一环显得比较弱，让人觉得较为抽象和模糊。

我们可以总结出以下三点结论。

1. 要用理性去了解个人不是孤单的，由个人还可以推出后续的三个层次。

2. 要有敬畏之心。个人并不孤单，有更大的领域可以让个人得到安顿。个人对这一切都要尊重、敬畏和珍惜。

3. 对于个人与群体、人类、宇宙要有一种"对立统一"的观念。不可能把个人生命的特色全部放下，完全投入到其他地方；但可以慢慢扩充自己生命的范围，增加自己生命的能量，让自己不断地成长。

骄傲是七宗罪之首

本节的主题是：骄傲是七宗罪之首。我们从宇宙观、人生观、价值观这"三观"来说明中世纪哲学确实到了该结束的时候，哲学已经为宗教服务到一个限度而无以为继。其中提到"骄傲"是七宗罪之首，这一点特别值得注意。

本节要探讨以下三点：

第一，中世纪的宇宙观是怎么回事？

第二，中世纪的人生观有什么重点？

第三，中世纪的价值观造成何种影响？

（一）中世纪的宇宙观

中世纪长达1000多年，在宇宙观方面，主要是把公元2世纪出现的托勒密天文学与古希腊时代亚里士多德的自然学相结合。亚里士多德是一位大哲学家，这种结合使人对于宇宙的认识更有信心。这样的观念再进一步与基督宗教的神学相配合，认为人类生活的地球是宇宙的中心，人类处在天堂与地狱之间，往上提升可以抵达天国的领域，往下沉沦会降到地狱的世界，地狱深处是魔鬼与罪人；在往上提升时，中间经过炼狱山，最后可以到达天国。

如果一个人有完美的德行，死后就直接升入天堂，很多殉教的圣徒就是如此。如果是生前犯了重大罪过的恶人，或者没有受洗，死后就要下地狱，永世不得超生。大多数人的表现介于两者之间，就到炼狱里去，需要在世的亲友替他们祷告、行善，这叫做"通功"（功劳互通），有点像佛教所说的"回向"。

中世纪的宇宙观显然无法满足当时科学发展的需要。但丁（Dante，1265—1321）的代表作《神曲》（*Divina Commedia*）直接反映了中世纪的宇宙观，谈到地狱、炼狱以及天堂。包括伊壁鸠鲁学派在内的许多古代著名学者，由于主张人的灵魂和身体一起消失而被放入地狱中；许多重要的哲学家由于出生在耶稣之前，没有机会受洗，于是也被放在地狱里。所以，但丁对地狱的部分描写还算友善，并不是很可怕。其他人就按照各自的修炼成果，分别进入炼狱或升入天堂。

可见，但丁是从天主教的立场来描写人死之后可能的遭遇。其中有一句话令人印象深刻，他在《地狱篇》第三节"地狱之门"里写道："入此门者，当放弃一切希望。"所以，地狱就是没有希望的地方。这句话非常传神，可以表达宗教界对于人死之后的看法。

（二）中世纪的人生观

但丁的《神曲》中特别强调有七项死罪，这是由中世纪的宇宙观所发展出来的人生观。人因为有原罪，所以生下来就不完美。前文介绍过，原罪是指"罪的来源"，人有自由，所以具有一种原始的紧张状态。另外，人也有好的一面，因为人是按照上帝的形象所造的。

如果把焦点放在人间，到底有哪些罪过呢？排第一位的就是骄傲。骄傲是最严重的罪，因为人明明是受造之物，本身是虚幻的，但由于具有自我意识和自由选择的能力，居然以为自己可以像神一样，具有某种独特的价值。譬如在伊甸园神话中，夏娃受到魔鬼诱惑，魔鬼对她说："你可以吃知善恶树的果子，吃了之后就会像神一样知道善恶。"这句话的关键在于"像神一样"。人有了自我意识，就想超越自己的本分，由此演变出对于人间名利权位的追逐。

七大死罪大多数是以自我为中心，可以按以下方式分类。

第一类，是对自我的执着，表现为骄傲、嫉妒和愤怒三种罪。骄傲就是拿自己跟别人比，要胜过别人；嫉妒就是发现别人比我好而心生嫉妒；愤怒就是与别人相处过程中发现不公平的情况时，以自己作为裁判的标准，由此产生愤怒。

第二类，是自我的过度膨胀，表现为三个"贪"：贪财、贪食、贪色。

第三类，是"不及"，表现为懒惰，懒惰于为善。

但丁在《神曲·炼狱篇》第十七节对七大死罪分别进行说明，成为天主教思想的重要提炼。这样的人生观让人整天活在紧张状态中，面对这么多犯错的威胁，人应该怎么办？完全靠教会组织（像主教、神父、修女）的帮助显然有问题，因为当时正处于天主教最腐化的阶段，同时出现三位教宗，绵延的时间将近40年，让人感到不可思议。教会已然成为世俗的机构，它考虑的是各种现实的利益，造成复杂的局面。

此时，天主教内部也在慢慢寻求改革。有些信徒开始思考：难道信仰上帝、从事灵修活动，一定需要教会这样的机构吗？这时出现一种思想：个人的虔诚优于教会的职责，内在的体验可以代替外在的教规。精神自主的情况慢慢出现，引发后续的宗教改革。

换言之，宗教为人而设，信仰本身是单纯的，很难说宗教本身是好是坏；但信仰宗教的人如果缺乏修炼，就会出现严重的问题。恰好在14世纪中叶，欧洲发生大瘟疫，死亡人口超过总人数的三分之一。西方从中世纪后期开始，出现巨大的转变，逐渐脱胎换骨，进入到近代的世界。当时的人生观仍以信仰为基础，肯定"人有原罪"，却疏忽"人是按照上帝的形象所造的"这一点。

（三）中世纪的价值观

由上述人生观能够启发何种价值观呢？中世纪1300多年，西方人以《圣经》作为真理的标准，以宗教作为生命的依归，宗教成为一切的基础，尤其是道德的基础。西方人很自然地认为：一个人有道德是因为有宗教信仰；如果上帝不存在或者一个人不信仰上帝，就会为所欲为，做出许多令人难以想象的事。由此可见，中世纪的基督宗教让西方人的道德生活维持了一定的水平。

然而，如果道德要靠外界的力量、宗教的权威以及对死后的恐惧来维持的话，其实是非常脆弱的。1582年，即明神宗万历十年，天主教传教士利玛窦（Matteo Ricci, 1552—1610）奉命来到中国，他与中国的士大夫交往之后，写了一封信给罗马教宗，这封信直到今天还保存着。利玛窦说："中国许多读书人并不信仰我们的上帝，但他们有很高的道德水平。"这句话提醒我们两点：

1. 在西方世界如果一个人不信仰上帝，你很难想象他为什么要有道德，他可能什么事都干得出来。到18世纪启蒙运动时，这种现象仍非常普遍；

2. 中国有很多人不信仰上帝但道德水平较高，这是因为受到儒家思想的影响。儒家思想强调修身，《大学》一书就指出：从天子到百姓都要以修身作为基础。修身由内心的真诚开始，再付诸行动，遵守外在的法律规范和礼仪规定，经常自我反省，自然表现出较高的道德水平，不需要靠宗教的约束或上帝的赏罚。

利玛窦这句话反映出中国儒家思想的特色。当然，很多儒家读书人未必是由内而发的真诚，也许是因为身处上层社会，所以必须遵守某些礼仪和规范，从而使其在道德上显得比较高尚。

1. 中世纪接近尾声，在哲学上的创见有限。中世纪哲学主要是把古希腊时代柏拉图与亚里士多德的思想加以运用，使之与基督宗教的神学相配合，等于是哲学为神学服务，"哲学是神学的女仆"。这句话今天听起来很刺耳，但中世纪认为，让哲学有机会为神学服务，这是对哲学的抬举。可见，很多话不能只从一个角度来看，我们也很难为这样的哲学观念去辩护。中世纪哲学讨论最多的是共相问题、上帝存在问题，但最后也难以取得共识，更难说服那些不信仰宗教的人。

2. 对于中世纪的"三观"，宇宙观已经到了非改不可的地步，后面即将出现天翻地覆的转变，要从地心说转到日心说。在人生观方面，当时过于重视宗教的教义，强调人生下来就有原罪，从而造成现实人生的各种问题与困难。我们不用把七大死罪看得太严重，可以将其理解为：人如果忽略修养，很容易出现自我膨胀，把自己当作一切的中心，由骄傲开始会出现各种问题。有一部电影就叫做《七宗罪》(Seven)，由布拉德·皮特和摩根·弗里曼等演员主演，使很多人深受启发。在价值观方面，西方人形成一种惯性思维，认为宗教信仰是道德的基础，如果没有上帝，一个人就可能为所欲为。这种观念使一个人的人格很难有独立的价值，造成后续的各种问题。

请你按照自己的观察,重新排列七宗罪的顺序,从严重到轻微,你或许可以由此更了解自己的价值观。

为什么七宗罪的第一条一定是骄傲呢?因为从宗教的角度来看,人是受造之物;人忽略了这一点,以为靠自己可以取得各种成就,以至于对其他人、其他生物显示出一种傲慢的态度,由此造成各种罪过;所以就把骄傲放在七宗罪之首。这里有特定的宗教背景。

如果不考虑宗教的背景,该如何思考呢?我简要说一下我的想法。可以把七宗罪分成三组:第一组,把自己局限于人的世界;第二组,把自己局限于生物的层次;第三组,把自己局限于物体的领域。

1. 把自己局限于人的世界

这代表你没有往上提升,没有超越一般人的价值观。这一组包括三个罪过:骄傲、嫉妒、愤怒。这些都属于人的世界可能发生的情况。

所谓"骄傲"就是要胜过别人。你可能确实具备某些优点,可以让自己在竞争中胜过他人,但你以为这是自己的才华、努力或运气所造成的结果。与骄傲相关的是"嫉妒"。一个嫉妒别人的人,内心里一定有骄傲的成分;当你不如别人时,你的情绪可能就会转变为嫉妒。"愤怒"往往来自于你觉得委屈或不公平。

这三点用儒家的观点来看就是"小人"。"小人"就是没有立志成为君子、不想往上提升的普通人。孔子在《论语·泰伯》中说:"即使一个人才华卓越有如周公,如果他既骄傲又吝啬,其他的部分也就不值得欣赏了。"

所以，人一定要设法化解骄傲、嫉妒、愤怒这三种直接的情绪反应。要了解：第一，人各有优点；第二，人有不同的发展历程，有人少年得志，有人大器晚成；第三，你与别人生活在同一个世界。

2. 把自己局限于生物的层次

表现为三个"贪"：贪吃、贪色、贪财。需要特别说明的是："食色，性也"不是孔子说的，而是告子说的。这句话出于《孟子·告子》。告子与孟子是同一个时代的人，多次和孟子辩论。告子说："食色，性也。"孟子反对这种说法，认为食、色是生物的本能或本性，而人区别于动物的特色在于人心可以了解道义。所以，这三个"贪"属于生物的层次，比人的层次更低。

3. 把自己局限于物体的领域

表现为懒惰。活着只是过日子而已，能混就混，随着时间而老去，枉为一个人，甚至枉为生物，那就太可惜了。

在思考问题的时候，如果能找到一些分类的方法和原则，会帮助你把问题看得更清楚、更完整。在和别人讨论时，你的说法也会比较容易被别人接受。